"十二五"职业教育国家规划教材

经全国职业教育教材审定委员会审定

学前教育专业系列教材

幼儿园经营与管理

（第四版）

屈玉霞　主　编

高　明　徐　伟
　　　　　　　　　副主编
刘艳珍　李培胜

科学出版社

北　京

内 容 简 介

本书是学前教育专业及学前教育管理专业"幼儿园管理"课程的配套教材。本书以培养学生的综合素质和实践能力为目标,本着"基本理论够用,突出实践教学"的编写原则,努力将幼儿园管理的基本规律及基本知识的学习方法与提高学生实战能力策略有机结合起来,尝试改变原有幼儿园管理学的教学模式,体现出教材的实用性、时代性和创新性。

本书适用于高职高专学前教育专业的教学,亦可作为幼儿园教师和园长的短期培训教材,还可作为广大学前教育工作者和研究人员的参考用书。

图书在版编目(CIP)数据

幼儿园经营与管理 / 屈玉霞主编. —4 版. —北京:科学出版社,2019.11
("十二五"职业教育国家规划教材·学前教育专业系列教材)
ISBN 978-7-03-063369-9

Ⅰ. ①学⋯ Ⅱ. ①屈⋯ Ⅲ. ①幼儿园 - 经营管理 - 高等职业教育 - 教材 Ⅳ. ①G617

中国版本图书馆 CIP 数据核字(2019)第 255515 号

责任编辑:王 彦 / 责任校对:赵丽杰
责任印制:吕春珉 / 封面设计:东方人华平面设计部

科 学 出 版 社 出版
北京东黄城根北街 16 号
邮政编码:100717
http://www.sciencep.com

铭浩彩色印装有限公司 印刷
科学出版社发行 各地新华书店经销

*

2007 年 8 月第 一 版　　2019 年 11 月第一次印刷
2011 年 8 月第 二 版　　开本:787×1092 1/16
2016 年 1 月第 三 版　　印张:15
2019 年 11 月第 四 版　　字数:342 000

定价:45.00 元

(如有印装质量问题,我社负责调换〈铭浩〉)

销售部电话 010-62136230　　编辑部电话 010-62130750

第四版前言

"幼儿园经营与管理"是高等职业学校学前教育专业、早期教育专业的核心课程，课程目标是让学生了解幼儿园管理工作的意义，通晓幼儿园管理的基本原则和基本方法，掌握幼儿园保教管理、卫生保健管理、后勤管理等管理规范，进入工作岗位后能较快地进入状态，顺利地适应工作。

本书第一版自 2007 年 8 月出版以来，至今已有 12 年了，其间收到了来自教学一线和幼教一线读者的反馈意见，经过了 3 个版次的修改，日趋完善。2016 年出版的第三版被评为"十二五"职业教育国家规划教材。第四版在前三版的基础上做了较大修改，增添了新的内容，同时对原有的内容进行了精炼和提升。本书经过不断修订与完善，现已形成以下特色：

1. 幼儿园创建及管理的时间脉络清晰。本书按照幼儿园新建、运营、管理的时间先后顺序编写，首先阐述幼儿园的筹建事宜，历经选址、办理手续、招聘、招生等过程，详细论述了创办幼儿园的过程和应注意的问题，在新建幼儿园的基础上，详细解读了幼儿园运营与管理工作的方方面面。

2. 实践案例丰富。本书的重点章节均有幼儿园实践案例和案例分析，写作方法是实际案例导入、分析事件原因、评点案例、提出解决方法。每个案例都是幼儿园管理工作中出现的具有典型意义的实例，因此，概括性强、指导性强。读者能从案例中汲取幼儿园管理的经验和教训。

3. 第四版的修订更加突出为高校教师服务、为幼教一线园长服务的理念。一是针对国家教师教育课程的要求，增加了第七章"幼儿园班级管理"的内容，丰富了"幼儿园教育工作管理"的理论和实践。二是在本书后面增加了"3～6 岁幼儿日托机构教育质量评价表"和"3～6 岁幼儿日托机构教育质量参考标准"两大内容，方便幼儿园举办者、园长、从事幼儿园教学管理和科研工作的高校教师评价幼儿园工作时使用。"3～6 岁幼儿日托机构教育质量参考标准"共分六编，涵盖幼儿日托机构的保育、教育、保健卫生、教师队伍建设等主要工作内容，每一部分内容都包括工作内容、教育指导要点或管理指导要点板块。评价表和参考标准是幼教机构质量发展的参考点，也是进行各幼教机构工作评价的指标体系。三是为方便广大高职院校教师教学的需要，本次修订增加了微课内容，即把每一章的重点难点抽取出来，由多年讲授该课程的教学名师录制教学短视频，每段视频在 2～5 分钟，最长不超过 10 分钟，帮助新手教师尽快掌握该课程的讲授要点，同时也可以作为学生课下学习资料，为教师"翻转课堂"的教学改革提供帮助。

本书同时为广大幼教工作者提供可供借鉴和参考的理论知识和实践范例。书中列举了大量的幼儿园管理的实战案例，可以帮助幼儿园园长和教师不断完善幼儿园管理机制，提高幼儿园综合管理水平，实现更大的教育效益、社会效益。幼儿教育工作者也可利用本书持续充电，提高自身专业素养，不断充实和丰富专业知识，提升专业能力，促进学前教育事业的持续发展。

本书由屈玉霞担任主编，高明、徐伟、刘艳珍、李培胜担任副主编。具体编写分工如下：山东女子学院屈玉霞教授负责本书的框架设计、内容和写作体例安排，负责前言、第十章第一节、第十一章、附录一、附录二的编写和全书统稿；山东女子学院徐伟教授负责第五章、第九章的编写；山东英才学院刘艳珍教授负责第六章、第十章第二节、第三节的编写；潍坊工程职业学院李培胜教授负责第二章、第八章内容的编写；济南幼儿师范高等专科学校高明副教授负责第七章编写；泰山学院刘泽东教授负责第一章第一节、第四节、第五节的编写；泰安市泰山幼儿园单光耘园长负责第一章第二节和第三节、第三章、第四章的编写。高明与屈玉霞主编共同录制了 19 个教学短视频，以帮助教师和学生更好地使用本书。

最后，借此机会向多年以来一直关心和支持本书的广大读者表示感谢并希望继续关注本书，多提宝贵意见。

第一版前言

21世纪是知识经济时代，中国要想在本世纪中叶赶上世界中等发达国家的水平，必须将教育置于发展的首要位置。幼儿教育是基础教育的一部分，是人终身教育的奠基阶段，幼儿教育事业的发展关系着国家的未来和希望。因此，提高幼儿教育的整体水平是国家发展战略的重要组成部分。

目前，中国的幼儿教育正经历着前所未有的改革，这一改革是从教育理念、课程模式到教育评价体系的全方位的整合。2001年教育部颁布的《幼儿园教育指导纲要》（以下简称《纲要》）既是对改革的总结，又是进一步深化改革的催化剂。《纲要》的颁布对我国幼儿教育的影响是全方位的，不仅使幼儿园的教育改革有了正确的方向，而且对培养幼儿教师的高等学校的影响也是深远的。长期以来，高校的教学改革一直落后于幼儿教育实践，在许多幼儿园积极探讨课程、管理模式、办园体制的改革时，很多高校还在沿袭着上一世纪的教育理念，教学内容和方法。陈旧落后的人才培养模式使得很多学生一出校门就落伍，培养的幼儿教育人才不能适应迅速发展的幼儿教育实践，这不得不令我们进行深刻的反思。

教材建设是教学改革的一项重要内容，高质量的教材是培养合格人才的基本保障。目前国内设有学前教育专业的高校越来越多，仅山东省就有20余所高校，并且数量仍在继续增加。在办学过程中，我们切实感到现在使用的专业教材存在两大问题：

一是教材老化。现在很多学校学前教育专业使用的教材是20世纪90年代出版的教材，是《纲要》颁布之前的版本，教材中某些观点与《纲要》的精神相左，而且无法体现近年来的专业研究成果。

二是不成系列。在1995年曾有一套学前教育专业的系列教材，其体系相对完整，在当时比较好用。但随着时间的推移，这套教材越来越不能适应时代的要求，符合高职高专院校学前教育专业使用的教材可选择的余地很小。为了解决这些问题，我们组织部分长期在教学一线的老师们在博采众长的基础上编写了本书，以期能为学前教育专业的教学提供一定的帮助。

这次的教材编写我们本着"基本理论够用，突出实践教学"的原则，尝试改变原有的幼儿园管理学的写作框架，体现出教材的实用性、时代性和创新性。本书在许多地方都体现了实用性的特点。如根据现在学前教育专业毕业生的就业渠道越来越广泛的特点，在书中增加了"幼儿园筹建"一章，主要介绍新建幼儿园开办应做的事情，这一章是为准备自办幼儿园的学生准备的。另外，幼儿园的各种安全事故的处理是幼儿园管理中最重要的问题，过去的教材中都是分散在各章中讲解的，这种支离破碎的讲解方式不能给学生一个事故处理的总体思路和方法，一旦遇到安全事故，学生还是头疼医头、脚疼医脚，不会全面考虑和处理。对此，本书中增添了"幼儿园危机管理"一章，为学生学习幼儿园事故的应急处理提供了良好的范本。

本书在编写过程中，注重吸收近年来学前教育领域的研究成果，吸取幼儿园教育实践中有借鉴意义的经验，特别是将《纲要》颁布后在教育理念、课程改革、管理理念等方面的新的研究成果充实到教材中，使教材体现出应有的时代性。如本书中"幼儿园环境创设"一章，就是根据《纲要》中强调环境的教育作用的精神编写的。这一章内容也是过去的幼儿园管理学中所未曾提及的。

另外，本书一个较为突出的特点是把"经营"的思想引入到幼儿园管理中。在我国由计划经济向市场经济过渡的过程中，幼儿教育领域不可避免地会受到冲击。过去计划经济时代由单位举办福利性质的幼儿园的情况越来越少，现在仅存的类似的幼儿园也面临着改制的问题；过去是靠上级全额拨款来维持幼儿园的生存，现在需要靠自己经营来维持生存和寻求发展，这就使得很多幼儿园不得不考虑如何经营幼儿园。园长不仅要会管理幼儿园，还要了解一些经营幼儿园的基本知识。因此，本书不仅从题目到内容都充分体现了这一编写思路，而且也加进了企业经营的内容，并且尽量与幼儿园的管理工作结合起来。当然，这种结合还是初步的，还需以后进行深入研究，但这个尝试是一种思路的创新。

本课程的教学应注意两点：一是这门课程与国家的有关法律、政策联系紧密，任课教师应熟悉国家关于幼儿教育的方针、政策和法规，讲课内容应以这些重要文件为依据，不应与此相悖离；二是教师在讲授时注意理论联系实际，多带学生去幼儿园见习，聘请有经验的园长来校做报告，使学生对幼儿园增加感性认识；也可让学生以园长的身份制订管理措施，模拟幼儿园管理的过程。

参加本书编写工作的有：中华女子学院山东分院徐伟编写第七章、第九章和第十一章；潍坊教育学院李培胜编写第二章、第六章和第八章；山东英才职业技术学院刘艳珍编写第五章和第十章；泰安学院刘泽东编写第一章和第十二章；泰安市泰山幼儿园单光耘编写第三章和第四章；中华女子学院山东分院屈玉霞担任本书编写大纲的拟订、第十三章的编写和全书的统稿工作。

由于作者水平有限，书中难免有不足之处，敬请读者批评指正。我们将继续努力，使本书更加成熟和完善，为我国幼儿教育事业的发展尽绵薄之力。

目　录

第一章　幼儿园经营管理概论 ···1
　第一节　管理者与管理 ···1
　第二节　幼儿园管理过程 ···5
　第三节　幼儿园管理原则 ···10
　第四节　幼儿园经营环境分析 ··23
　第五节　幼儿园文化建设 ···26
第二章　幼儿园的筹建（选学） ··31
　第一节　园址的选定与改造 ···31
　第二节　筹措资金，确定办园性质 ··33
　第三节　申请注册，合法经营 ··36
　第四节　招聘教职工 ···41
　第五节　宣传与招生 ···43
　第六节　入园与分班 ···47
第三章　幼儿园环境与设备 ··53
　第一节　幼儿园环境对幼儿的影响 ··53
　第二节　幼儿园的园舍设计 ···54
　第三节　室外环境的设计 ···55
　第四节　室内环境的设计 ···59
　第五节　幼儿园基本设备的配置 ···64
第四章　幼儿园的组织结构与规章制度 ···68
　第一节　幼儿园管理机构的设置 ···68
　第二节　幼儿园的规章制度 ···71
第五章　幼儿园膳食与卫生保健安全工作管理 ································83
　第一节　幼儿膳食管理与安全管理 ··83
　第二节　幼儿卫生保健工作与安全管理 ······································91
第六章　幼儿园教育工作管理 ···101
　第一节　幼儿园教育工作目标 ··101
　第二节　幼儿园教育计划的执行与检查 ······································109
　第三节　幼儿园科研与教研活动（选学） ···································112

第七章　幼儿园班级管理 ……………………………………………………………… 118
　　第一节　幼儿园班级管理的概念和内容 …………………………………… 118
　　第二节　幼儿园班级管理的方法 …………………………………………… 127
　　第三节　幼儿园各年龄班的班级管理 ……………………………………… 130
第八章　幼儿园后勤工作管理 ……………………………………………………… 139
　　第一节　幼儿园后勤工作概述 ……………………………………………… 139
　　第二节　幼儿园的财务管理 ………………………………………………… 141
　　第三节　幼儿园的资产管理 ………………………………………………… 144
　　第四节　幼儿园档案管理 …………………………………………………… 146
第九章　幼儿园、家庭与社区工作 ………………………………………………… 150
　　第一节　家长工作 …………………………………………………………… 150
　　第二节　幼儿园与社区工作 ………………………………………………… 161
第十章　幼儿园危机管理 …………………………………………………………… 165
　　第一节　幼儿园危机的特征与类型 ………………………………………… 165
　　第二节　幼儿园危机的日常管理 …………………………………………… 169
　　第三节　幼儿园危机事件的紧急处置 ……………………………………… 172
第十一章　幼儿园工作评价 ………………………………………………………… 176
　　第一节　关于幼儿园工作评价 ……………………………………………… 176
　　第二节　幼儿园保教工作评价 ……………………………………………… 180
　　第三节　幼儿园后勤工作评价 ……………………………………………… 185
　　第四节　幼儿园安全及卫生保健工作评价 ………………………………… 188
主要参考文献 ………………………………………………………………………… 190
附录一　3～6岁幼儿日托机构教育质量评价表 ………………………………… 191
附录二　3～6岁幼儿日托机构教育质量参考标准 ……………………………… 196

第一章
幼儿园经营管理概论

本章提要：现阶段我国幼儿园由公办幼儿园和民办幼儿园组成。公办幼儿园为政府或集体投资建设并运行的幼儿园，而大多数民办幼儿园为自负盈亏的普惠制幼儿园，使得民办幼儿园的发展不仅仅涉及管理问题，更不可避免地涉及幼儿园的经营问题。如何使幼儿园能够在商品经济时代生存下去并获得可持续发展，这是所有幼儿园尤其是民办幼儿园必须面对的一个问题。本章主要介绍了幼儿园经营和管理的基本理论，学习的重点是幼儿园经营管理的基本理论知识，幼儿园的管理过程及管理原则等内容。

第 一 节　管理者与管理

一、管理者

（一）管理者的概念

我们通常认为定义管理者是比较简单的事情，在管理实践繁荣的早期，管理者通常被定义为"对其他人的工作负有责任的人"。这一定义比较明显地区分了管理者和所有者，但模糊了管理者与非管理者的界限。著名管理大师彼得·德鲁克指出，管理者并不是由他的权力和职务所界定的，管理者真正成为管理者的理由，在于他对组织的贡献和责任。在以实务导向的管理教材中，管理者被认为是与操作者相对立的概念，即管理者是组织中告诉别人该做什么以及怎样去做的成员，而操作者在组织中直接从事一项工作和任务而没有人向他们报告。该定义比较明显地界定了管理者与操作者的界限，但今天再这样定义就显得过于简单。现实中，组织和工作的迅速变化越来越模糊了管理者与操作者间的界限，许多传统的操作者职位越来越多地包含了管理性的活动，特别是在团队中，团队成员通常要制订计划、制订决策以及监督他们自己的绩效。

本书中应用斯蒂芬·P. 罗宾斯的定义，即管理者是这样的人，他通过协调其他人的活动达到与别人一起或者通过别人实现组织目标的目的。管理者的工作可能意味着协调一个部门的工作，也可能意味着监督几个单独的个人，还可能包含协调一个团队的活动，团队成员由来自不同部门的人甚至来自组织外部的人组成。另外，管理者可能还负有与协调或者整合其他人的工作无关的工作责任，如一个幼儿园的园长可能还要兼任某一班级的教学工作。

（二）管理者分类

管理人员按不同的标准可以分为多种类型，这里只介绍按所处的组织层次分类。按这一标准组织的管理者可以分为高层管理者、中层管理者和基层管理者。

高层管理者是指对整个组织的管理负有全面责任的人，他们的主要职责是制订总目标、总战略，掌握组织的大政方针并评价整个组织的绩效。

中层管理者的主要职责是贯彻执行高层管理者所制订的重大决策，监督和协调基层管理者的工作。他们更注意日常的管理事务。

基层管理者的主要职责是给下属员工分派具体工作任务，直接指挥和监督现场作业活动，保证各项任务的有效完成。

（三）管理者的技能要求

管理者的职责是变化的和复杂的，他们能否行之有效地履行自己的职责，能否行之有效地开展管理工作，在很大程度上取决于他们是否真正具备了所在管理岗位的相应管理技能。根据罗伯特·卡茨的研究结论，管理者需要 3 种基本的技能或素质，即技术技能、人际技能、概念技能。

技术技能是指熟悉和精通某种特定专业领域的知识、工作程序、方法、技巧等，如工程、计算机技术、教学、推销技术等。技术技能往往是管理者开展工作的基础。对于管理者来说，虽然没有必要使自己成为精通某一领域技能的专家，但必须掌握与其管理的专业领域相关的基本技能，否则就无法对所管辖业务范围内的各项管理工作进行具体的指导。如医院的院长不应该是对医疗知识一窍不通的人，学校的校长也不应该对教学工作一无所知，幼儿园的园长也不应该不懂幼儿教育。相比较而言，基层管理者对技术技能要求的程度更高一些，因为他们要直接处理员工所从事的工作。

人际技能是指与处理人际关系有关的技能，即理解、激励他人并与他人共事的能力。具备良好人际技能的管理者能够使员工努力工作，他们知道如何与员工沟通，如何激励、引导和鼓舞员工的工作热情和信心，同时他们也知道如何与上级管理者和其他部门同事沟通和合作。可以说，这项技能对于高、中、低层管理者有效地开展管理工作都是非常重要的。

概念技能是指管理者对复杂情况进行抽象和概念化的技能，是综观全局、认清为什么要做某事的能力。具体地说，概念技能包括理解事物的相互关联性，从而找出关键影响因素的能力、确定和协调各方面关系的能力以及权衡不同方案的优劣和内在风险的能力等。显然，任何管理者都会面临一些复杂而又混乱的环境，需要认清各种因素之间的相互联系，以便抓住问题的实质，根据形势和问题果断地做出正确的决策。因此，管理者所处的层次越高，其面临的问题越复杂，越无先例可循，就越需要概念技能。

二、管理

（一）管理的概念

管理的概念也是随着管理实践的发展而发展的。20世纪早期，一般行政管理理论的创始人法约尔是最早对所有管理过程的共性进行思考的人之一。他认为，管理是计划、组织、指挥、协调和控制。这一定义得到了大多管理过程学派学者的普遍认同，成为从管理职能角度定义管理的经典定义。20世纪五六十年代，孔茨和奥·唐纳等试图扩大管理理论的应用空间，从而使其在更宽广的领域内具有普遍性，他们成功地实现了这一目标。他们认为，管理就是通过其他人来做好工作。在这以后，管理理论有了飞速的发展，各种管理理论如雨后春笋般出现，管理理论进入空前繁荣的阶段，各学派也从不同的角度赋予管理以崭新的意义。

本书认为管理就是通过计划、组织、领导和控制，协调以人为中心的组织资源与职能活动，以便有效率和有效果地实现组织目标的社会活动。关于对管理定义的理解，如表1.1所示。

表1.1　对管理定义的理解

含义	具体理解
管理目的	有效实现目标，所有的管理行为都是为实现目标服务的
实现目标手段	计划、组织、领导和控制
管理本质	协调
管理对象	以人为中心的组织资源与职能活动

效率即通常所说的"正确地做事"，指以尽可能少的投入获得尽可能多的产出。效果即通常所说的"做正确的事"，即所从事的工作和活动要有助于组织目标的实现。

（二）管理的职能

管理是人们进行的一项实践活动，是人们的一项实际工作，一种行动。人们发现，在不同的管理者的管理工作中，管理者往往采用程序具有某些类似、内容具有某些共性的管理行为，比如计划、组织、控制等。人们对这些管理行为加以系统性归纳，逐渐形成了管理职能这一被普遍认同的概念。

所谓管理职能是管理过程中各项行为的内容的概括，是人们对管理工作应有的一般过程和基本内容所做的理论概括。管理职能一般根据管理过程的内在逻辑划分为几个相对独立的部分。划分管理的职能，并不意味着这些管理职能是互不相关、截然不同的。一般认为的基本管理职能包括以下几方面内容。

1. 计划

任何有组织的集体活动，都需要在一定的计划指引下进行。计划就是对组织活动进行的一种预先筹划。管理者通过制订计划，可以帮助组织成员认清所处的环境和形势，指明其活动的目标及实现目标的途径。任何活动在开始之前，首先需要制订出计划，这样才能做到有的放矢。计划工作要包括以下内容。

（1）研究活动条件

组织活动总是在某种环境条件下进行的。活动条件研究包括组织外部环境研究和内部条件研究两部分。外部环境研究分析组织活动的环境特征及其变化趋势，了解环境是如何从昨天演变到今天的，以找出环境变化的规律，并以此预测环境在明天可能呈现的状态。组织内部条件研究，主要分析组织内部对各种资源的拥有状况和对这些资源的利用能力。

（2）制订活动决策

活动条件研究为组织活动决策的制订提供了基本依据。如对幼儿园来说，在活动条件研究基础上制订活动决策，就是根据这种研究所揭示的环境机会和风险以及幼儿园在资源拥有和利用方面的优势和劣势，决定幼儿园在未来某个时期内的总体目标和方案。

（3）编制行动计划

确定了组织未来的活动目标和方案以后，还要详细分析为了落实这种决策，组织需要采取哪些方面的具体行动，这些行动对组织内各部门、各环节在未来各个时期的工作提出了哪些具体的要求。编制行动计划的目的，就是将决策所确定的目标在时间上和空间上分解落实到组织的各部门、各环节，对每个单位和每个成员的工作提出具体要求。

2. 组织

为确保制订出来的计划能够顺利得到实现，管理者还需要对组织中每个单位、每个成员在工作执行之中的分工协作关系做出合理的安排。为此，管理者需要围绕组织职能完成如下几方面的工作。

（1）设计组织结构

组织结构设计首先需要在组织任务目标分解基础上将各部分需要分工开展的工作落实到具体的承担者，同时设计出机制和手段来确保执行具体工作的个人和单位能够密切配合、协调行动，使个体或局部的力量整合成为组织整体的力量。组织结构指的是界定组织中所进行活动的分工和协作关系的一种架构或框架。

（2）配备人员

配备人员即根据各岗位所从事工作活动的要求以及组织所能整合到的员工素质和技能特征，将适当的人员安置在适当的岗位上，做到适当的工作由适当的人去从事。

（3）运行组织

运行组织即向配备在各岗位上的工作人员发布工作命令，并提供必要的信息和物质条件，从而使组织按设计的方案运行。

（4）变革组织

变革组织是指对组织运行的过程进行监视，根据组织活动及内外部环境的变化情况研究和推行必要的组织变革。

3. 领导

为了有效地实现计划，管理者不仅要设计出合理的组织结构并为组织配备合适的人员，同时还要设法使组织中的每一个成员都以高昂的士气、饱满的热情投身到组织活动中去，这便是领导工作的任务。所谓领导，是指管理者利用组织所赋予的职权和自身拥有的权力去指挥、影响和激励组织成员为实现组织目标而努力工作的一种具有很强艺术性的管理活动过程。实施有效的领导，要求管理者在特定的环境中，利用自身优秀的素质，采用适当的方法，针对组织成员的需要及行为特点，采取一系列的措施去提高和维持组织成员的工作积极性，使其将自己的能力充分地发挥出来。

4. 控制

控制是为了保证组织各部门、各环节能按既定的计划开展工作从而实现组织目标的一项管理活动。其内容包括：根据计划标准检查各部门、各环节的工作情况，判断其工作结果是否与计划要求相吻合以及存在偏差的程度。如果存在较大的偏差，则分析偏差产生后对业务活动的影响及产生偏差的具体原因。在此基础上，如果有必要的话，还要针对所发现的原因制订并实施纠正偏差的措施，以确保组织目标和计划的有效实现。

控制不仅是对组织计划执行情况的检查和监控，而且还可能是在偏差纠正措施难以取得预期效果或者组织内外环境出现重大变化时，使管理者在本计划执行期尚未结束前，就做出使某时间节点以后的组织活动发生局部甚至全局调整的计划修订或重新制订行为。这样，控制可能意味着新的计划过程的提前开始。

第二节 幼儿园管理过程

一、管理过程的一般理论

管理，作为一种社会现象，是随着时间的推移而不断地运动与变化的；作为一种人类活动，又随着进程的推移而形成多个环节。对管理的这种变动性与阶段性的研究形成了管理过程理论的基本内容。

（一）管理过程的含义

管理是人类所具有的一种活动。作为一种活动，就有开始与结束，就必然呈现出一定的步骤与环节，并形成相应的循环过程。管理过程主要是指为实现组织的预期目标，由管理者引导组织成员按计划进行共同活动的步骤与程序以及与之相应的观念与行为相互之间的联系和运作方式。根据管理过程范围的大小不同，可以分为宏观过程与微观过程，两者之间既相对独立，又密切相连。从管理过程的不同性质来看，管理过程包括决策管理过程、目标管理过程、计划管理过程、控制过程等具体工作过程。这就是说，管理过程包含着丰富和复杂的内涵，我们不能把管理过程仅仅理解为若干工作环节的简单连接。

现代管理科学对管理过程基本阶段的研究已经形成多种理论，其中最有代表性的要推美国管理学家戴明（W. E. Deming）所建立的管理过程理论。

（二）"戴明环"理论

戴明在关于全面质量管理的思想方法与工作步骤的研究中提出了管理过程的理论。

戴明认为，凡是一切有过程的活动，都是由 4 个基本环节构成的。他把管理活动的过程归结为计划（plan）、实行（do）、检查（check）、处理（action）4 个基本环节，由此构成了管理的 4 个基本阶段。

1. 计划阶段

计划是管理活动的起始阶段。计划阶段主要包括确定管理目标、制订行动方案、规定工作项目和设计工作方法等一系列管理活动。

2. 实行阶段

实行阶段主要是按照计划的要求去执行工作，用计划去指导工作的开展，这是管理过程的实质性阶段。

3. 检查阶段

检查阶段主要是对所进行的工作按照制订的计划加以检查、监督、纠偏和指导，对执行的工作予以有效的控制。

4. 处理阶段

处理阶段要求对按照计划所进行的工作过程通过总结不断地调整管理方式，形成更为完善的工作系统，为下一个阶段的工作奠定基础。

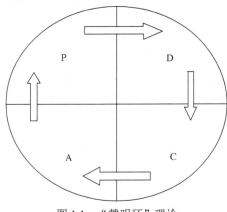

图 1.1　"戴明环"理论

戴明认为，这 4 个基本阶段构成了管理活动的一个周期。他把纷繁复杂的管理过程加以提炼，浓缩为 P、D、C、A 4 个阶段，并把这 4 个阶段有序地安排在圆环之中，形成一个完整的管理过程，如图 1.1 所示。随着圆环的不断循环、螺旋上升，管理活动也不断地向前发展。人们把戴明的管理过程理论称为"戴明环"理论。

由于戴明的管理过程理论用的是 P、D、C、A 的简单符号，十分形象和清晰地描述了管理活动的一般过程，并且具有很强的可操作性，所以一经提出便在工业管理中得到普遍应用，对于提高产品质量、改善企业的经营管理都起了积极的作用。

戴明提出的 4 个阶段的循环运作过程，科学地揭示了管理过程的一般规律与特点，这是对管理过程理论创造性的概括。戴明的管理过程理论不仅在企业管理中得到运用，而且也被应用到科研工作和学校教育的管理工作之中。日本的管理学家石川馨在他的《质量管理入门》一书中，对"戴明环"理论进行了如此评价："什么叫管理？'戴明环'不停地转动就是管理"。人们对"戴明环"理论如此认同与接纳，足以说明戴明对管理过程理论的贡献功不可没，而他最大的贡献就在于为管理提供了科学的思想方法和工作程序。

二、幼儿园管理过程的基本环节

幼儿园管理过程是由幼儿园园长组织全体员工为实现组织目标而共同进行的教育和保育的管理活动及其程序。幼儿园管理过程的运行与其他管理相比有着不同的内容与特点，但是从幼儿园宏观的管理过程来看，戴明的管理过程理论也为幼儿园管理过程的研究提供了理论依据。

根据"戴明环"理论，幼儿园管理过程的运行主要包括计划、实行、检查和总结这4个基本阶段。这既是管理工作的基本程序，又是管理工作的基本方法。幼儿园管理者应该自觉地运用这种方法，对幼儿园工作进行过程化的管理，而努力摈弃非过程化的管理习惯。根据幼儿园管理的特点，其管理过程的每个阶段的内容与要求又会有所不同。

（一）合理计划

计划作为管理的一种基本方法，既是管理职能的重要内容，又是管理过程的重要组成部分。在管理过程中，计划是管理活动的起始阶段。任何管理工作都是以计划为开端的，幼儿园管理工作也不例外。这里所说的计划，不仅指具体的工作计划，亦指幼儿园的整体计划。在计划阶段，关键不仅在于有无计划，更在于计划的合理性。

为了确保幼儿园管理计划的合理性，幼儿园管理者首先应该确立幼儿园的管理目标，搞好幼儿园的宏观决策。美国管理学家孔茨认为，计划可以使行为指向目标，也就是说，不能使行为指向目标的计划也就没有什么意义。所以，计划的合理性必须依靠一定的目标指向和决策方向作为保证。在这里，计划只是决策意向和目标方向的具体化。图 1.2 是幼儿园管理过程运行图。

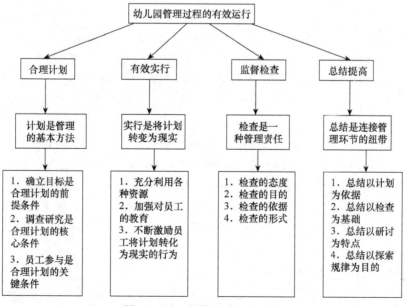

图 1.2　幼儿园管理过程运行图

为了确保计划的合理性，幼儿园管理者还应该组织全体员工共同参与幼儿园整体发展计划的制订工作。在制订计划之前，通常需要开展广泛的调查研究工作，获取各种信息，把握社会发展对学前教育的影响与要求，分析幼儿园未来发展的态势。在此基础上对幼儿园的未来发展进行科学的预测，做出总体计划，并以此作为幼儿园各类具体计划的制订依据，从而形成完整的幼儿园计划系列。

幼儿园计划的合理性还应表现为计划的适用性和可操作性。所以，制订的计划应该全面完整、重点突出、切实可行、分工落实、留有余地、便于检查。

（二）有效实行

实行是将计划转化为现实的管理活动，是将设想变为组织成员的具体行动的过程。实行是管理过程的核心阶段，是实现组织目标的关键。如果一个组织有了计划，但又不去实行，或者是不按照计划去行动，那么再好的计划也只是一纸空文。所以，在实行阶段，幼儿园管理者应该将计划的内容化为员工的自觉行动，提高员工对计划的执行意识。为此，管理者应该加强以下几方面的工作。

1. 要充分利用幼儿园的各种资源条件

将计划的要求付诸行动，并通过行动实现组织的目标，都需要有一定的资源条件，其中包括人力、物力、财力、时间、空间以及各种信息资源条件，这是计划执行的重要保障。然而，任何组织的资源条件又总是有限的。所以，管理者要在有限的资源中充分地挖掘、合理地组合，以有限的资源创造出更高的管理价值。在实行阶段，幼儿园园长实际上就是一个组织资源的运作者。

2. 要加强对员工的教育工作

组织任务的完成有赖于组织的生命力，而组织的生命力需要组织的教育加以维系。组织的教育犹如维生素，给组织补充丰富的营养，激活组织的生命力。由于计划的制订都带有一定的前瞻性，所以计划的实行一般都会存在不同程度的难度或障碍，这种情况表现在教职工身上，经常会出现畏难情绪、逃避工作、患得患失等现象。如果组织不及时地实施必要的教育，就会影响组织任务的完成。即便是教职工不发生上述情况，如果没有经常性的组织教育，其工作热情和工作责任感也不会持久。所以，幼儿园管理者应该及时地、经常地开展组织教育工作。这种教育工作不同于其他的教育工作，这是根据幼儿园组织、任务和教职工的特点而进行的教育工作，目的是鼓舞士气、提高工作热情、强化责任意识，形成不怕困难、团结奋进的工作氛围。这是保证计划有效实行的灵魂所在。一个组织如果没有了灵魂，就失去了生存的基础，也就没有什么生命力可谈。管理者在实行阶段，不能单纯地抓任务的完成，而应该通过组织的教育来促进组织任务的有效完成。

3. 要建立相应的激励机制

激励是管理的重要机制，并贯穿于管理的全过程，而在实行阶段，激励显得尤为重要。激励对组织成员完成任务具有重要的推动作用。在一个组织中，如果没有一定的激励机制，那么教职工工作的主动性、积极性和创造性就难以激发出来，计划所规定的任务也就难以有效地完成。所以，作为幼儿园管理者，在实行阶段，尤其要重视激励机制的运用，并应该根据幼儿园组织与教职工的特点，加强对激励机制的建立与运作的研究，形成适合本组织系统的激励方法。在这里，特别要注意激励的公平性、应对性、层次性，坚持物质激励与精神激励的统一、自我激励与组织激励的统一，不断引导教职工为组织任务的完成做出贡献。

（三）监督检查

对于管理者来说，计划得以实行并不等于管理过程的结束。在某种意义上，计划的实行还只是管理过程的真正开始。为了完成计划所规定的任务，管理者必须对所执行的任务进行检查。检查是控制职能的具体实施，是管理过程的中继阶段，是实行阶段的必然延伸，也是总结阶段工作的前提和依据。检查既是管理者对正在进行的工作及其发展所具有的一种权力，也是必须承担的一种管理责任，这种权力与责任又赋予幼儿园管理者对执行阶段的所有工作的监督权与评价权。所以，幼儿园园长应该利用评价权与监督权，认真做好监督检查工作，通过检查发现问题、解决问题，推广经验，使各项工作有效进行。

为了全面地了解任务的执行情况，幼儿园管理者应该采用多种检查方法。例如，按照时间来划分，有定期检查与经常性检查；按照内容来划分，有综合检查与单项检查；按照检查的执行主体来划分，有领导检查、教职工相互检查和自我检查。幼儿园管理者可以根据工作的实际需要采取相应的检查方法，或者是多种检查方法综合运用，对任务实行过程实施全面而有效的控制。

检查是管理者重要的管理活动。但是，在检查过程中，由于种种原因，又很容易激化管理者与被管理者之间的矛盾，造成管理关系的对立，甚至形成管理对抗的现象。所以，如何使检查工作产生实效，这是管理者必须认真思考和研究的重要问题。为做好监督和检查工作，幼儿园管理者应注意以下 4 个问题。

1）在检查过程中，管理者自己首先应该确立正确的检查目的，并让教职工感受到这种检查的必要性、公正性和合理性，而不是把检查作为一种管、卡、压的手段。同时，还应该帮助全体教职员工正确地对待检查，让每位教职员工都能以接纳的心态对待检查。这就需要在组织系统中形成一种对检查目的的共识。只有当组织系统中的每个成员都把检查看作是必需的，看作是获取信息、改进工作、完善自我的重要方法，检查才有可能进行。

2）在检查过程中，管理者的态度经常会影响到检查的实际效果。这里所说的检查态度主要是指管理者在检查过程中所显示的心态，即检查的风格与检查态度。管理者在检查过程中，不要忘记对员工的尊重，不要一概排斥教职工的意见，应该允许有对等的交流机会，应该对教职工的工作进行实事求是的评价。总之，检查的目的不是扰乱人的心态，而是督促教职工有效地完成工作任务。

3）合理地确定检查的标准也是十分重要的。幼儿园管理者要防止标准确定的主观化倾向，要以目标为依据、以计划为要求来确立检查的标准，这种标准应该是相对统一的。检查工作也就是通过统一的标准来协调组织成员的思想和行为，达到工作上的步调一致。

4）幼儿园管理者既对工作结果进行检查，又要对工作过程进行检查，其中应以工作结果检查为主，以工作过程检查为辅，这样更有利于调动每个员工的工作积极性，也更有利于工作的有效完成。

对于管理者来说，检查并不是目的，检查的目的在于沟通管理关系，形成管理共识，强化指导作用，提高工作效率。所以，管理者在发现问题、分析问题的基础上，对教职工工作进行指导是十分重要的。在指导过程中，管理者要处理好对特殊问题的指导与对一般问题指导的关系，使所产生的工作问题都能在实行过程中得到解决，从而提高组织的工作效率。

检查是促进幼儿园工作顺利进行的重要措施，也是实现工作计划、完成组织目标的重要保障。所以，管理者不能放松检查阶段的工作，不能满足于工作有人干的现状，而应该通过检查的环节增强全体员工的工作责任感。同时，还应该注重在实行阶段对幼儿园的决策方案、规划思路和管理者的工作方法，进行实践的检验，获取有关信息，调整工作部署和工作方法，把管理层的工作失误降到最低限度，从而确保管理任务的有效完成。

（四）总结提高

总结是管理过程的最后一个环节，是对工作过程和工作结果进行分析与评价。总结的目的在于分析工作中的经验和教训，为后一个管理过程提供各种有价值的信息。总结既是前一个管理活动周期的结束，又是后一个管理活动周期的预备阶段。所以，总结和提高是紧密联系的，总结的目的就是为提高下一阶段工作的水平。在幼儿园管理过程中，管理者一般也能认识到总结在管理过程中的特殊作用，但是，在总结阶段的实际工作中，总结的这种作用却难以体现。总结工作经常是走过场，群众表扬领导，领导表扬群众。表扬与自我表扬相结合，大家欢声一片，热热闹闹开场，圆圆满满收场。真正从总结中汲取经验和教训的目的很难达到，以致整个管理过程变得不完整，使下一个管理过程只能在原有的基础上重复运行。原先的经验得不到传递，原先的问题却在继续延伸。这样的总结只能是浪费时间和精力的无用功。

第三节　幼儿园管理原则

幼儿园管理原则是幼儿园管理活动所必须遵循的准则和基本要求，是根据对客观事物的基本原理的认识引申出来的，是人们的行为准则。它既是管理实践经验的总结，又是管理活动一般规律的客观反映；既受到一般管理理论的制约，又受到幼儿园管理自身特点的制约。在幼儿园管理工作中，管理原则是以管理原理为基础的，是管理原理的具体体现。为了实现幼儿园工作目标，提高工作效率，管理者必须形成一定的观念和行为

1.2

准则，并运用这些准则来指导管理活动，无原则的管理必然会导致管理过程的混乱。所以，在管理过程中，必须不断地强化管理的原则意识。根据管理的一般原则和幼儿园管理的自身特点，幼儿园管理应该遵循以下四个基本原则。

一、幼儿权利至上原则

（一）幼儿权利至上原则的含义

幼儿权利至上原则是指幼儿园各项工作必须以维护每一位幼儿的基本权益为出发点和归宿的管理原则。

首先，幼儿权利至上原则是由我国社会主义国家的性质决定的。儿童是祖国的希望和未来，他们的健康成长关乎国家的兴旺和发达。其次，我国是《儿童权利公约》（1989 年 11 月 20 日第 44 届联合国大会通过）的缔约国之一，《中华人民共和国未成年人保护法》（1991 年 9 月 4 日第七届全国人民代表大会常务委员会第二十一次会议通过）也明确规定了未成年人应享有的合法权益，要通过幼儿园的教育和管理确保这些法律法规在我国的施行。再次，幼儿是弱势群体。在市场经济条件下，管理和经营幼儿园涉及各个方面的权益。幼儿、幼儿园、家庭、社区等各个方面的权利问题往往交织在一起，有时发生激烈的矛盾冲突。幼儿园管理应当全力维护幼儿这个弱势群体及其各项合法权利，极力避免损害幼儿权利的行为和事件发生。幼儿权利至上原则符合管理的人本原理。

（二）贯彻幼儿权利至上原则的基本要求

1. 维护幼儿游戏的基本权利

喜欢游戏是孩子们的天性，游戏是他们的正经事。幼儿园要多方面创设条件，满足幼儿在游戏玩耍中相互交往的需要，满足他们学习模仿成人社会活动的需要，将幼儿园真正办成孩子们的乐园。

2. 维护幼儿的人格权利

幼儿的生理和心理发展虽然尚未成熟，但是他们与成年人一样具有独立的人格。首先，保教人员要保护幼儿的自尊心，将他们视为具有独立人格的人，不给他们起绰号，不讽刺和挖苦他们。其次，保教人员要尊重幼儿的差异性，慎用横向比较，不经常批评否定他们或进行消极的暗示。再次，必须杜绝体罚和变相体罚，既不要伤害幼儿的身体，也不要伤害他们的心理。

3. 维护幼儿生活自理和劳动的权利

学会生活自理和劳动是个人得以生存和发展的基本条件。只有首先学会生存，才有可能学会学习、学会做人、学会做事。大量事实说明，成人（幼儿园和家庭中的）忽略甚至剥夺幼儿生活自理和劳动的权利，将会给儿童的成长发展带来重重困难，出现不可逾越的障碍，一些曾经取得的成绩均可能前功尽弃，使他们身陷困境而不能自拔。

4. 维护幼儿身体健康和生命安全的权利

幼儿年幼无知，不懂得如何保护自己的身体健康和生命安全，因此，幼儿园管理的责任重大。首先，幼儿园管理门户要严紧，绝对避免孩子走失和成人接错孩子，一旦事故发生，严重的后果往往很难挽回。其次，幼儿园采购、储存和烹调食物都要严格按照卫生规程进行操作，防止食物中毒的事件发生。再次，幼儿园应当定期检查维修大型的儿童游乐器械设备，防止因器械设备失修造成的伤亡事故。最后，要对幼儿进行安全教育，使幼儿学习保护自己的初步知识，防止触电、烧伤、烫伤、骨折、出血等意外事故的发生。

案例 1.1

警方取证找晶晶，园长依法可拒

读幼儿园大班的晶晶跟奶奶住，他们家所在的胡同只住了两户人。两天前，邻居家来的客人将一个装有手机和几千元现金的提包落在了停在门口的摩托车上，几分钟后想起来时，提包已经不见了。邻居向派出所报了案，并提出可能是晶晶的奶奶拿走了提包。由于事发当天，晶晶因病没有去幼儿园，留在家里跟奶奶在一起。负责办案的警察便希望通过询问晶晶来获得线索。不过，警察来到幼儿园要求找晶晶了解情况时，幼儿园园长却拒绝了他们的要求。

幼儿园园长的做法合法吗？

【案例分析】

本案涉及对幼儿法律保护的原则。

幼儿法律权利保障的原则是我们学习、解释、适用保障幼儿权利法律规范的根本方针，特别是当法律缺少明确规定时，可以对法律适用起指导作用。在我国，对儿童权利的保护包含两方面。

一方面，国家根据儿童身心发展的需要及特点，将关于保护儿童权利的愿望与意志集中起来，以法律形式固定下来，从而转化为国家的意志，用以调整家庭、学校、社会各方面及公民个人同儿童权利保护之间的关系。

另一方面，对儿童权利负有义务的组织和个人，必须严格执行和遵守国家法律关于儿童权利保护的各项规定，按照作为或不作为的要求，确保儿童权利法律保护的实现。

为了保障幼儿身心全面发展，根据《儿童权利公约》及相关立法，对幼儿法律权利的保障应遵循以下基本原则。

1）儿童优先原则。

2）公平、平等，儿童不受任何歧视的原则。

3）保障儿童生存、生命和发展的原则。

4）尊重儿童的原则。

5）社会责任原则。

据此不难判断，本案中警察的要求是不适当的。根据儿童优先原则，要求成人或社会做决定时，应符合儿童的最大权益。一方面，未成年人生理和心理的不成熟性决定了他们不具备成熟的辨认能力，他们只可能回答那些与他们的年龄和智力状况相适应的问题；另一方面，作为办案人员的警察应考虑到儿童的身心承受能力，应防止为了追查案件而可能导致的对未成年人的不利影响或侵害。

幼儿园园长拒绝警察的要求是合法的。社会责任原则要求全社会通过在法律上承担义务，履行相关职责来实现对幼儿的保护。《未成年人保护法》明确规定了家庭、学校和社会对保护未成人所应承担的各种义务。幼儿园作为保育、教育机构，在保育、教育的过程中，除了要求本园的各类工作人员应当依法从教，尊重、保护幼儿的各项合法权益之外，还应特别注意在保教工作中防范社会上的其他人员（如家长、其他部门的人员等）可能对幼儿合法权益造成的侵害。

【建议】

1）幼儿园和家长要遵循儿童法律权利保障的原则，切实保护儿童。

2）幼儿园和家长应防范社会上的其他人员可能对幼儿合法权益造成的侵害。

【思考问题】

家庭中有哪些常见的做法会侵害儿童的合法权益？

二、过程管理原则

管理作为一种人类的社会活动，都是以一定的过程实现的。过程管理的原则就是要求管理者将管理看作一个过程，实施过程化的管理。如果管理者缺乏管理的过程化意识，就容易导致管理工作的盲目性，具体表现在：对管理工作缺乏全局性思考，一头扎进具体的、琐碎的事务中，忙于应付眼前的局部工作。这种非过程化的管理必然会使整个管理工作始终处于零乱松散的状态。

管理的过程化决定了管理工作的系统化特点，这就要求管理者在面对管理活动时，不能将管理工作看成是支离破碎的、零散的、没有联系的局部工作的简单处理，而应该树立局部管理与全局管理相统一的观点，建立以全局管理指导局部管理、以局部管理促进全局管理的工作思路。它要求管理者对管理系统的整体有充分、细致的了解，并将其分解为一个个局部系统，明确其分工，使各项工作规范化、责任化，然后再进行综合协调，从而实现局部管理与全局管理的统一。

过程管理原则主要是从管理思路上为管理者提出了全局管理-局部管理-全局管理的方法。

在管理过程中，分解是关键。分解正确，分工就合理。所以，分解是科学管理的基础，也是科学管理的基本方法。在幼儿园管理中，管理者应该运用分解的方法，将全局性的工作分解为局部的工作。这种分解具体表现为以下几种：一是工种分解，主要是对幼儿园内部各项工作种类的分工，如教师、保育员、炊事员、门卫等；二是责任分解，对已进行分解的工作制订相应的责任要求，如各类工作的岗位责任制和奖惩制度的制订与完善；三是组织分解，根据组织的目标与任务要求对幼儿园组织进行分解，建立合理的组织层面，形成相应的组织机构；四是制度分解，对原有制度不断地完善与创新，形成多种类、多层面的制度系统；五是目标分解，将幼儿园的整体目标进行分解，使之成为具体的、可以操作的目标。这些分解工作的合理性将会直接对局部管理产生影响，从而影响到管理的全局效应。

在对幼儿园管理工作进行分解的基础上，还必须进行整体协调与统一，才能产生管理的整体效应。这种综合主要表现在以下几方面：一是目标综合，通过目标要求来协调和综合幼儿园的各项具体工作，使各项局部工作都围绕着组织的总目标运行；二是责任综合，使每个人在各自的岗位上所承担的责任都服从于共同的目标，并形成责任系统，使幼儿园整体目标的实现具有责任保证；三是组织综合，通过各个层面的组织的协调与沟通，使各组织的工作产生协作效应。这种整体综合的目的在于使分散的、局部的工作形成系统，使局部管理更为有序化，更符合整体要求。

遵循过程化管理的原则，对管理者来说，就是要追求管理的完整化与全面化。这就要求幼儿园园长在具体的管理工作中不仅要关注局部的、具体的管理工作，而且还要关注对具体工作的整体把握，帮助员工提高工作的整体意识，从而使具体的、局部的工作产生综合效应。

三、效能管理原则

管理效能是任何管理都十分关心的问题。管理中的人力、物力与财力的投入都是为了获取管理的预期效果，而预期效果的实现是以一定的管理效能为条件的。

（一）什么是管理效能

管理效能是由管理效率和管理效益两个方面组成的，管理者应该树立管理效率与管理效益相统一的效能管理观。所谓管理效率，是指管理活动所产生的管理效果与所投入的人力、物力、财力之间的比率，也就是通常所指的劳动成果与所消耗的劳动或人力、物力之间的比率。比率越大，效率越高；反之，效率越低。这就是说，高效率意味着用较少的人力、物力、财力取得最佳的结果。所谓管理效益，是指在管理过程中利用各种资源所产生的管理结果和所获得的利益。管理效益不同于管理效率，但又与管理效率有着十分密切的关系。一般来说，管理效益取决于管理效率，在有些情况下也会出现管理效率高而管理效益低的现象。所以，在管理过程中，不能将管理效益与管理效率混同起来，而是要正确处理好两者之间的关系。

所谓管理效能，是指管理过程中某种潜在的管理能力，并由这种能力的发挥或运用所产生的积极效果或管理功效。管理效能是管理效率与管理效益的乘积。它们的关系可用如下的公式来表示：

管理效能＝管理效率×管理效益

这就说明，如果管理效率高，而管理效益不高，那么管理效能也就不会高；如果管理效益是负数，管理效率越高，那么管理效能的绝对值也就越大，管理的效能值也就越低。

从管理效能、管理效率、管理效益三者之间的关系来看，管理效能是指某种管理功能及其内容，管理效率是指实现这种功能的"经济性"程度。所以，管理效率是从属于管理效能的，是管理效能实现的指标之一。没有效率的管理效能是难以维持下去的，而管理效能又是实现管理效率的前提。管理效能与管理效益之间也存在着密切的关系，表现为管理效益的实现是建立在一定的管理效能的基础上，而管理效能的提升又会提高管理的效益水平。

（二）当前幼儿园效能管理存在的问题

管理者效能意识的强弱会直接影响到管理的效率与效益。若幼儿园管理者的管理效能意识不强，所投入的资源就得不到应有的回报，幼儿园管理工作无法实现预期的工作目标，从而大大降低了整个幼儿园管理的效能水平。这种无效能、无业绩的管理，是难以维持组织的生存与发展的。这些问题主要表现为以下现象。

1. 角色错位

幼儿园园长作为管理者、决策者，不能有效地实施其管理职能，经常弃管理者的角色和责任于不顾，一味地替代和干预教职工的日常工作。这种角色替代所导致的角色错位，不仅造成了教职工积极性的下降，而且还大大降低了管理者的管理效能。

2. 低效运行

幼儿园园长缺乏管理的效能意识，必然会导致管理工作的随心所欲。由于缺乏目标引导和系统的运行，管理工作经常是盲目地、混乱地进行，并极容易陷入事务性管理的误区，管理工作只能是无序低效地运行。

3. 形式化管理

幼儿园管理者在管理工作中勤奋管理的效能意识很容易陷入形式化的管理误区。为了迎合某种形式，消耗大量不必要的管理资源，全然不顾管理的效率与效益。尤为严重的是，这类形式化的管理还会大大地降低幼儿园教养工作的质量。

4. 资源浪费

资源浪费现象本身就是缺乏效能意识的又一种表现。在幼儿园管理中，资源浪费的现象会有多方面的表现。

（1）财力、物力的浪费

具体表现为财力、物力的管理不善而造成的浪费现象。例如，财物的使用不当、分配不当、保管不当，由此造成财物的流失和使用的低效，使有限的资源不能发挥应有的管理效用。

（2）人力的浪费

由于我国的幼儿园管理长期受事务性管理、被动式管理和家长式管理方式的影响，所以幼儿园管理者在其管理过程中对员工的主动性、积极性和创造性会有不同程度的影响。除此之外，人力的浪费还表现为对员工的使用和培养方面的观念与方法滞后，从而影响了幼儿园人力资源的有效利用。

（3）时间的浪费

浪费时间是低效管理的基本特征。时间作为一种管理资源，也有一个投入与效益的问题，应该引起管理者的重视。如何管理好有限的时间、提高时间的利用率，这是每个管理者都必然要面对的问题。在幼儿园管理中，时间浪费包括管理时间的浪费和教育时间的浪费两大方面。由于幼儿园管理者缺乏时间管理的效益意识，所以在工作时间、会议时间以及儿童的教育时间、生活时间的管理方面，都不同程度地存在着时间浪费和利用率低下的问题。尤其是在当前，时间经常成为幼儿园管理和教育工作的紧缺资源。如何将有限的时间管理好，充分利用有限的时间，不断提高单位时间的有效价值，这也是幼儿园管理者必须认真研究的问题。

（4）信息的浪费

从管理的角度而言，信息也是一种资源。任何管理都离不开信息，有效的管理是建立在对众多的信息获取与分析的基础之上的。所以，在某种意义上说，管理就是对信息的管理。但是在幼儿园管理工作中，由于管理者缺乏信息管理的意识与方法，放弃对信息的关注与管理，从而导致低效的、被动的、滞后的管理。这是一种由信息资源浪费和管理不善引发的低效管理问题。

（5）空间的浪费

空间是管理的基本资源，也是一种宝贵的资源。尤其是在现代幼儿园管理过程中，空间资源作为一种紧缺资源，就显得更为宝贵。所以，开发和利用空间资源也就成了提高管理效率的重要内容。在幼儿园的行政管理和教育管理中，对空间资源的开发和利用不足也是资源浪费的一种表现。其在教育管理中大量地表现为教育空间环境的浪费与利用不足，这些问题的存在都会影响到管理的效果。

（三）提高幼儿园管理效能的措施

效能管理原则实施的目的，在于提高管理效率和管理效益，实现有效管理。为此，管理者可以从以下几个方面开展工作。

1. 确立管理效能意识

作为管理活动成果的管理效能，是满足幼儿园内外各方面人员的利益要求的基础，也是幼儿园存在的基础。幼儿园也只有尽其功、毕其力，才能提升其管理的效能，才能真正体现其存在的价值，也才能从幼儿园内外获得充足的物质利益与道义资源。所以，在幼儿园确立全员的管理效能感是十分重要的。这就是说，仅有管理者确立效能感是不够的，还必须使全体员工也确立起效能感。同时，我们还应该将幼儿园效能、幼儿园园长效能、教师效能、幼儿效能、人事管理效能、课程管理效能等基本概念运用到管理实践中去，把幼儿园内部的各个层面的能量聚集起来，实现有效管理。

2. 加强质量管理

管理的效能往往取决于质量的管理效果。所以，在幼儿园管理过程中，把握质量管理的信息、建立质量管理的体系、加强质量管理的教育、确立质量管理的责任制是提高管理效能的重要保证。因此，管理者应该把质量放在管理工作的首位，使幼儿园的管理和教育工作朝着"无缺陷"方向努力，从而提高幼儿园的管理效能。

3. 强化管理的创新意识

我们可以发现，在管理的实践中，凡是成功、有效的管理，虽然有着不同的特点，却有着惊人的相似之处，那就是对原来管理的变革与创新。在创新中求发展、求效率、求效益，这是现代管理的基本特征。所以，实施创新管理是效能管理的核心内容。

对于幼儿园管理者来说，实施创新管理，首先应该形成有利于创新的环境和氛围，使幼儿园内的观念、行为和气氛有利于支持各种创新理念与创新行为的形成和发展。其次，创新管理应该采用渐进的方法。创新活动不适宜用高度统一和快速定型的方法、计划、制度来进行管理。对于重大的创新，最好将其分化为小步子递进，采用一种渐进的、引导式的、互相影响的方式来加以管理。再次，对创新管理的内容与方法的选择、尝试、探索和研究，也可以提高管理的效能水平。

效能管理原则的实施，要求管理者在管理过程中确立和强化管理的效能意识，不断提高管理的效能水平，从而实现有效管理。

案例 1.2

分析：三对矛盾和三次修订

围绕园本教研的 3 个要素"个人反思、同伴互助、专业引领"，我园积极开展园本教研制度的变革与创新。在落实园本教研制度的过程中，我园产生了三对矛盾，为此我们展开了三次具有针对性的修订，逐渐缓解了阻碍园本教研深入开展的这三对矛盾，并进一步完善了园本教研制度。

矛盾一："人数多"与"时间少"

随着我园规模的扩大，我们设立了总部和分部，教师总数也增加了近二分之一。每一次的大教研活动，参与人数多，但教研时间有限，两者形成一对突出的矛盾，也产生了教师之间缺乏交流互动的弊端。针对现状，我们对大教研活动的流程进行了修订。原先的大教研活动流程为：观摩教学实践活动→提出问题→执教者说课→群体研讨→专家点评。修订之后的大教研活动流程为：网上公布→观摩教学实践活动→分组研讨→大组交流→专家点评。

网上公布，即预先在网上公布研讨的问题以及教学活动设计，既给教师留下了提前思考的空间，也省去了教研现场中关于问题提出的缘由、教学活动的来源等背景介绍，把宝贵的时间留给群体互动；分组研讨，即教师群体分成 2~3 个小组，缩短了等待时间，增加了交流机会；大组交流，即各小组将组内研讨的内容进行梳理，委派代表进行组与组之间的交流。

教研形式的这一次修订使更多教师有了提出见解和质疑的机会，加强了同伴间的交流互动。与此同时，我们建立了"网络教研制度"，为个人反思、同伴互助搭建网络平台，实现了集体教研与个别教研在内容上的互补。

矛盾二："责任重"与"能力弱"

随着教研组功能的转变和教研重心的下移，教研组长在教研中承担了教研策划者、组织者、引领者等多重角色。然而，由于对"专业引领"内涵的误解以及自身能力的缺失，教研组长容易背上沉重的思想包袱，产生消极情绪，如缺乏对专题研究的全盘考虑，常常研究到哪里是哪里，每次教研活动后，缺乏对本次教研情况的总结、梳理和归纳，更缺乏寻找问题的敏感性。面对教研组长"责任重"却"能力弱"的矛盾，我们在给教研组长"压担子"的同时，也帮助他们分担压力，给予支持，使他们变被动为主动，增强自信，提升能力。

1. 强化组长的引领意识。首先，帮助教研组长了解"专业引领"并不等于"专家引领"。为了强化组长的引领意识，我们对大教研活动环节进行了第二次修订，变"专家点评"为"组长点评"，帮助组长冲破心理障碍，消除对"专业引领"的误解，并增加了提升自己的引领能力的紧迫感。

2. 提升组长的引领能力。我们建立了"教研组长例会制度"，通过专家指导、群体研讨、个人反思与行动研究等途径，提升组长的引领能力。如针对教研组长拟订的专题研究计划总是比较空泛、研究内容笼统、缺少具体措施等问题，我们通过科研的方法，由幼儿园教研室把关，与教研组长共同走好"四步曲"：构思、拟订、论证、修订。为了让专题研究计划更具操作性，我们还帮助教研组长提炼了"五要素"：与研究相关的关键词的界定、分解研究目标、细化研究内容、确定每次教研的形式、确定阶段研究后的反馈方式。在反复商讨、修订的过程中，我们邀请区教研员等专家来园参加例会，给予指导，让组长在倾听、理解、共鸣的基础上反复推敲，完善计划，以保障专题的有效落实。

矛盾三："任务驱动"与"内在需求"

我园每周五的大教研活动由各个教研组轮流承担领衔任务，向全园开放教学实践活动，这种任务驱动式的教研渐渐地暴露出一个问题：轮流领衔使各个教研组的研究缺乏连续性，"任务驱动"与教研组教师的"内在需求"之间形成了一对矛盾，对此，我们进行了第三次修订。我们将教研形式改为"以分为主，分合相间"，目的是放权给教研组长，鼓励各组围绕专题开展持续研究，不是为了展示成果而研究，而是要解决教师想要解决的问题而研究。

"以分为主"就是以教研组为单位，围绕专题开展共同性的主题研究，从主题架构到环境创设，从活动材料的分析与调整到集体活动的设计与组织，将研究一步步推向深入。一个教研组在学期内可以开展四轮循环的研究，保障每个教师都有"磨课"的机会。

"分合相间"也就是在满足各教研组需求的基础上，运用"任务驱动"的方式，由幼儿园教研室统一命题，举行全园性的"捆绑教研"，并将其纳入园本教研制度之中，着重交流各教研组的研究成效。所谓"捆绑"，即全组成员围绕命题，进行行为跟进式的教学实践。它的特点是，一次教学活动经过设计之后有三次实践、两次改进的机会，即围绕专题和命题设计教学活动→组内试教改进→园内教学实践→组内研讨改进→园内教学实践→组内研讨改进。

集体荣誉感使得所有教师都积极投入全园性的"捆绑教研",这一方面有助于各个教研组检验前一阶段的研究成果;另一方面,通过借鉴其他教研组的经验,及时发现本教研组在研究中存在的问题,明确下阶段分组研究的方向。

四、能级管理原则

能级是指人的能力层次或能力级别,这里也可称之为管理能级。能级管理的原则是指管理者根据管理对象的能力不同,采用不同的管理方法进行分级管理,从而充分发挥每一个员工的工作积极性。实施能级管理原则的目的在于最大限度地发挥幼儿园组织的人力资源优势,通过对各种人力的综合使用,产生"集体大于部分之和"的管理功能。幼儿园机构虽然不大,但是工种和人员的构成并不简单,每个工作人员都有各自的特点,由此也就带来了员工的能力级别的差异性。如果在管理过程中忽视了这种差异性,就容易造成幼儿园组织内部关系的复杂化,以致影响工作的正常开展。所以,能级原则对幼儿园管理同样也具有十分重要的意义。

（一）对不同能级的人予以正确的评价

管理能级是客观存在的,但是管理能级的存在并不是要将人简单地分等级。管理者不能因为被管理者的能力低而歧视他们、不尊重他们。管理者对每一个员工的能力要有一个全面的认识与正确的评价,既不要"一俊遮百丑",也不要"朽木不可雕也",要对他们的不同能力给予客观的评价与认可。在这里,善于发现他们的才能、充分发挥其潜在的能力是十分重要的。

（二）对不同能级的人采取不同的管理方法

能级的差异性一般表现在两个方面,即水平差异和类别差异。所谓水平差异,是指不同的人在同一种能力方面的差异,这是能级差异的纵向表现。所谓类别差异,是指同一个人在不同能力方面的差异,这是能级差异的横向表现。在一般情况下,水平差异容易引起人们的重视,而类别差异容易被忽视。这是因为当人们的主要能力得不到充分展示的情况下,他们的其他能力也就十分容易被忽视。所以,管理者对教职工的能力要有全面的分析,并建立教职工的能力档案,其中可包括学历、工作年限、工作业绩、能力特长、业余爱好、兴趣特征和发展趋势等内容。如果说幼儿园的教职工队伍是一种人力资源的话,那么,教职工的不同能力及其特征,就是构成资源内部的含金量因素。管理者就是要挖掘人力资源中的含金成分。这就需要根据员工能级的不同水平和不同特点,采用不同的方法进行管理。管理者对于不同能力和不同水平的教师与保育员,新教师与老教师,应该采用相应的管理方法。在这里,千篇一律、一劳永逸的管理方法是无法产生有效的用人效果的。

（三）不同能级的人应赋予其不同的权力与责任

不同的能级还会表现出不同的权力、不同的物质利益和不同的精神荣誉。当权力、物质利益和精神荣誉与能级相对应时，才能形成激励机制，才能产生能级效应。所以，贯彻能级原则，就应该使每个员工的能力与其所承担的责任和权力相称。如果能力高于责任，会使他们感到无用武之地，并容易产生消极情绪和行为；如果责任高于能力，会使他们感到力不从心，并产生心理压力，甚至还会产生自卑感。因此，管理者要注意协调能力与责任的关系，使两者尽量趋于一致。管理者应该根据员工的不同能力将其用于不同的岗位，使其承担不同的责任。能力与责任的一致性不是自发的，而是通过管理者的精心培养与教育才能达到的一种管理境界。

（四）发挥教职工的不同能力及其组合效应

在幼儿园管理中，管理者应该充分发挥各类人员的个性特长，形成人才优势，发挥各类人员的能力组合效应。例如，决策型人才具有战略眼光，善于组织员工，善于识人用人，善于判断决策；开拓型人才具有强烈的进取性，思维活跃敏锐，知识兴趣广泛，接受新事物快，综合分析能力强，敢于直言，具有坚持和追求真理的精神；管理型人才具有较强的组织能力，善于领会上级意图并把它转化为实践，对具体的工作人员具有较强的凝聚力，有较强的工作责任心和质量意识。这三类人才对幼儿园管理来说都是不可缺少的。人尽其才、职尽其责，是能级管理的基本要求。现代管理不仅需要识别不同才能的人才，把他们放在一定的工作岗位上，而且还需要形成能级效应，产生人才的组合效应，提高管理的整体效应。这就需要在管理中形成在其位谋其政、行其权尽其责、取其值获其荣、失其职罚其误的局面。为此，实施能级管理，一是要充分授权，二是要建立严格的岗位责任制。如果不能充分授权，部门负责人就不能充分负起岗位职能，凡事都要向幼儿园园长请示，管理的能级效应就会大大降低；如果不能建立严格而明确的岗位责任制，各级管理人员就不能明确自己所在岗位的责任、权利和义务，也就不可能做好岗位工作。因此，充分授权和建立岗位责任制是实施能级管理的必要环节。

能级管理的原则取决于能级差别的客观存在，在于管理者能否合理用人。贯彻能级原则，对于管理者来说，就是要充分发挥人的能力及其组合效应。能否将员工的能力及其组合的效应充分发挥，最终取决于管理者的管理艺术。为了有效地贯彻能级管理原则，管理者应该关注以下几个方面的工作。

1）发挥能级的角色效应，即对每个员工的能力认可，并根据员工的能力大小赋予相应的责任，予以合理的使用，协调好能力与责任的关系。

2）发挥能级的组织效应，即形成不同能力的互补效应，产生不同能力的整合优势，提高幼儿园整体的管理效能。

3）发挥能级的激励效应，即赋予的责任可以略高于能力，从而激励当事者在完成任务的同时激发自己的内在潜力，不断提高工作绩效。

案例 1.3

我园的四项管理方案

一、特色项目首席制：唤醒生命活力

"我申请担任毕业典礼首席执行官……""我申请担任'春之韵'文化节首席执行官……"每学期开学时看着一份份自荐申请，我一次次感受到特色项目首席制的魅力。

2005年9月，我走马上任后的第一次教师会议让我吃惊。当我习惯性地征询大家的意见时，却出现了集体失言的尴尬场面。我知道我面对的是缺少机会锻炼的教师群体，他们习惯了被动的接受，淡忘了自我主体的存在。可团队需要的不只是计划的实施者，更需要主动的策划者。怎么办？要唤醒生命的活力，就需要给教师飞翔的天空。大胆放权，推教师"上位"，这是我当时的想法。

于是，我尝试把一学期的工作罗列成"十大项目"，先选择一个项目，亲自带领领导班子、年级组长一起策划，从方案的制订、过程的落实到结果的反馈。一一指点。接下来，把其余的项目落实给班子成员，每人尝试独立策划，尽管大家压力很大，但是都很尽责。晚上回去都在思考，出现问题立即求助，有了办法欣喜若狂。班子成员顺利过关后，我就把一线教师推上了前台，让班子成员退居幕后，做好协调工作。几年来，一个又一个教师先后担任了"首席执行官"，全权负责组建团队、制订方案、后勤配备、经费预算、内外协调、总结反馈等环节，品尝了酸甜苦辣，同时也激发了主人翁意识，培养了自主工作的能力。

二、个体目标管理制：服务主体发展

2006年6月，两年一次的市级骨干教师评选结果让我坐立不安，7位教师参评，居然只有2人通过考核。针对这次失利我做了一次问卷调查，在信息表"本学期目标"栏里，大部分教师都是笼统地表示要在业务上不断发展，争取多出成果。由此我看出，教师对自己的特长、努力的方向、发展的目标、需要园部提供的支持，都没有静下心来思考过。教师个体成长目标的模糊，导致了他们虽然在努力，但成效不明显，进步不大。

作为园长，引领和促进教师的专业成长是对教师最好的服务。于是，我园建立了教师个体目标管理机制，推出了"天使的舞步"教师专业成长手册。基本格式包括以下几个部分：认识自我（通过自我剖析，找出自身的优势及劣势）、理想目标（为自己确定发展重点以及预期结果）、天使舞步（实现目标的时段，每一时段的计划、策略）、我行我愿（要求园部给予的支持和帮助）。把教师成长的历程分为三大板块记录，红篇：热忱与追求；黄篇：足迹与风景；蓝篇：睿智与广博。在分析自我条件、优势与不足的基础上采用相应的专业成长措施。

个体目标管理制让每一个教师追逐着面前的那一缕阳光，在幼儿园与自我的双重激励下，教师们在奋斗中体验着成长的乐趣，享受着成功的喜悦。

三、团队文化联盟制：分享团队智慧

2008年春节前的一天，我园的会议室里春意浓浓，一曲《致爱丽丝》被演绎得精妙绝伦。这里正进行着实幼阳光团队——"原色工作室"学期成果展示活动。

作为"原色工作室"之一的"哆来咪音乐室"的姑娘们，在优美的钢琴曲伴奏下，以"舞韵""歌韵""琴韵"三篇章展示了她们最靓丽的风采；"彩虹屋工作室"的"艺术大师"们展出了幼儿的绘画作品；"教学智囊团"的名师们展示了所承担的市级以上公开课和评优课一、二等奖的获奖证书……实幼的教师个个笑脸如花，在一张张笑脸里，我们看到的是掩饰不住的成就感和幸福感。

时间回到2006年底的教科研百分考核，分管教科研的主任很焦虑地告诉我，我园教师的科研成果寥寥无几，和其他姐妹园比起来有一定的差距。在和教师的交谈中我了解到，教师们也希望参与教科研活动，看到身边教师发表文章都很羡慕，他们建议让写文章好的教师组成一个团队，专门有针对性地进行辅导。教师们的话启发了我，是呀，身边有这些资源，为什么不好好地发挥作用呢？于是，在我的倡议下，擅长写文章的教师被聚拢起来，成立了一个团队，命名为"发现编辑室"。编辑室运行大致分五步：第一步，产生室长，毛遂自荐和集体推荐相结合，作为微型团队的领袖人物；第二步，就职演讲，招兵买马；第三步，文化建设，讨论室名、职责分工，制订活动公约、工作宣言、工作计划；第四步，每周活动一次；第五步，交流展示学期成果，团队智慧分享。一年后，"发现编辑室"成果斐然，实幼教科研百分考核跃居全市幼教系统的前列。

"发现编辑室"的成功，让我看到了团队智慧的能量，于是我开始向其他领域拓展延伸，先后成立了"哆来咪音乐室""彩虹屋工作室""教学智囊团""三味书屋"等，统称为"原色工作室"。目前，"原色工作室"已经成为实幼的特色品牌。

四、阳光天使激励制：成就幸福人生

一天晚上，我打开园长信箱，看到了一位教师给我发来的邮件，她在信中写道："园长，又到一年一度年终评先了，我的内心充满失落，因为，每年的评先总是那么几个全面发展的人，光环笼罩的总是他们，我在实幼工作十多年了，我也很努力，我的内心也渴望被认可，可是……"读完此信，我心情复杂。是啊，每年上级部门下达的先进指标是有限的，绝大部分的教师也许一辈子都和先进无缘，他们就如那片片绿叶，谦逊而专注，平凡而朴实，默默地把自己奉献给了花朵和果实。在赏花之时，我们给绿叶的关注确实太少。

怎样让每一个教师都感受到在团队中的自我价值呢？通过问卷调查我们发现，教师最渴望的激励方式排序如下：领导、同事的表扬占42%，金钱占38%，外出培训占12%，评先、评优、嘉奖占4%，考核加分占4%。看来，让教师获得价值感和幸福感的并不只是一个先进称号。于是，"阳光天使"教育之星的评选活动在我园诞生了。

我们专门设计了"你做得真好"卡片。精心制作了一个"发现的眼睛"箱子。每个教师持有卡片，发现同事做得出色的事情，及时写下来投进"发现的眼睛"。每周领导班子会同年级组长根据收集的卡片，推荐出本周"阳光天使"，每月再从周星中推荐出当月的"阳光天使"，学期结束再从月星中产生学期"阳光天使"。每周把同事们互相写的卡片在园内专版宣传。每月把"阳光天使"的事迹、照片在幼儿园网站、园刊上刊发。并专门制作"群星璀璨"专集在园门口展出。在教师例会上，每月之星由园长签名授卡，隆重颁奖，并宣读事迹。学期之星则邀请教育局领导颁奖，并由教师进行事迹演讲。

一年中我园教师撰写了 218 张"你做得真好"卡片，每一位教师都获得过提名，成功当选"阳光天使"教育之星的有 52 人次。在期末"2007之最"教师问卷中，35%的教师认为最骄傲的事情是成功当选"阳光天使"；30%的教师认为最幸福的时刻是在"阳光天使"颁奖典礼上全体教师呼喊自己名字的那一刻。2008 年 1 月，我们针对"阳光天使"激励机制运行以后的相关情况进行了专项问卷，98%的教师认为团队合作非常积极，96%的教师认为同事关系非常和谐，96%的教师个人对团队归属感强烈。

【案例分析】

面对缺少机会锻炼的教师群体，他们习惯了被动的接受，淡忘了自我主体的存在。可团队需要的不只是计划的实施者，更需要主动的策划者。怎么办？要唤醒生命的活力，就需要给教师飞翔的天空。大胆放权，推教师"上位"，这是积极、有效的做法。

个体目标管理制让每一个教师追求卓越，在幼儿园与自我的双重激励下，教师们在奋斗中体验着成长的乐趣，享受着成功的喜悦。

用"发现的眼睛"关注每一个平凡的教师，捕捉他们身上的闪光点，彰显他们在团队中的价值，教师才能真正体验到生命的幸福感和职业的幸福感。

【思考问题】

幼儿园应如何激励教师的自主能动性和主人翁意识？

（资料来源：刘慧. 2009. 我园的四项管理方案 [J]. 早期教育（4）: 36-37.）

第四节　幼儿园经营环境分析

幼儿园经营环境是指影响幼儿园经营的外部因素和内部因素。外部因素可分为政治、经济、社会等，内部因素有幼儿园自身的策略、经营、规定等。任何幼儿园都是在一定环境中从事活动的，环境的特点和变化必然会影响幼儿园发展的方向、活动的内容以及经营方式的选择。

一、幼儿园经营环境研究的必要性

幼儿园环境是幼儿园生存发展的土壤，它既为幼儿园各项活动提供必要的条件，同时也对幼儿园的活动产生制约。幼儿园经营所需的各种资源都需要从属于外部环境的房地产市场、资金市场、劳动力市场等去获得。离开外部环境中的这些市场，幼儿园的经营便会成为无源之水、无本之木，幼儿园也就无法生存下去，更不要说发展了。

一方面，外部环境为幼儿园的生存和发展提供了条件，但同时也会限制幼儿园的生存和发展。幼儿园规模的大小、内部设施的状况、聘用员工的层次乃至收费水平的确定，都只能根据外部环境提供的资源状况、所服务社区居民的数量、收入水平等来最终确定。因此，外部环境在为幼儿园提供了经营条件的同时，也限制了幼儿园的经营活动。另一方面，环境本身又处在不断的变化之中，这种变化经常为幼儿园的发展提供各种各样的机会，从而有利于幼儿园的发展，但也会给幼儿园的发展甚至生存带来威胁。因此，要利用机会，要避开和化解威胁就必须随时关注环境的变化，认真研究环境。

二、幼儿园经营环境的构成

环境是指能够对幼儿园经营绩效产生影响的所有外部力量和机构。笼统地说，外部世界存在的所有要素都会或多或少地对幼儿园的经营活动产生影响，因而都在环境研究的对象范围之内。但这些因素对幼儿园经营活动的影响有直接、间接及程度不同的差异，为了以较少的投入得到较多的产出从而提高幼儿园的经营绩效，在做外部环境研究时，通常侧重于研究那些对幼儿园经营有着直接的并且程度较深的影响因素。

对幼儿园经营活动有着直接而且重要影响的因素可能来源于不同的层面。我们一般认为外部环境由两个要素组成，即一般环境要素和具体环境要素。

（一）幼儿园经营的一般环境要素

一般环境要素包括可能影响幼儿园的广泛的政治和法律环境、社会文化环境、经济环境、人口环境、技术环境等。通常这些领域的变化对幼儿园经营的影响比较小，而且多为间接因素，但管理者在计划、组织、领导和控制时必须考虑这些因素。

1. 政治和法律环境

政治和法律环境泛指一个国家的社会制度、执政党的性质、政府的方针、政策及国家制定的有关法律、法规等。我国的社会制度是社会主义，但我国还处在社会主义初级阶段。这就决定了尽管社会制度不会改变，但不同时期的政府基本路线、方针、政策趋向会有不断的变化，有时会有巨大的变化。另外，我国正在致力于建设社会主义法治国家，这一过程中的法制系统及其运行状态也处在不断的变化之中。对于这些变化，幼儿园管理者是必须要进行研究的。通过这些研究，管理者可以明确国家和政府目前禁止干什么、允许干什么以及鼓励干什么，以便使幼儿园的活动符合社会利益并受到有关方面的保护和支持。如《中华人民共和国民办教育促进法》和《中华人民共和国幼儿园管理条例》（以下简称《条例》）的颁布实施为我国幼儿教育事业的发展提供了法律保障。《条例》第五条明确规定："地方各级人民政府可以依据本条例举办幼儿园，并鼓励和支持企业事业单位、社会团体、居民委员会、村民委员会和公民举办幼儿园或捐资助园。"

2. 社会文化环境

社会文化环境包括一个国家或地区的宗教信仰、风俗习惯、审美观念、价值观念等。人口的素质及其文化观念对幼儿园经营活动绩效水平有着重要的影响。如居民受教育程度会影响幼儿园员工的技能和心理需求层次；宗教信仰和风俗习惯会促进、禁止或抵制幼儿园某些活动的进行；审美观念会左右人们对幼儿园活动方式及成果的态度与偏好；价值观念则不仅影响着社会成员对幼儿园存在理由和目标的认识，还影响到幼儿园的文化类型和变化趋向。

3. 经济环境

经济环境是指教育所面临的外部社会经济条件。一个国家的社会经济运行状况及其发展变化趋势将直接或间接地对教育产生影响。经济环境因素主要包括经济发展阶段、地区与行业的经济发展状况、消费者收入水平、消费者支出模式与消费结构、消费者储蓄和投资机会与信贷水平等。经济的发展制约着学前教育发展的规模和速度，学前教育的发展必须依赖于一定的物质基础。因此，在经济相对发达的地区，社会对学前教育的投入较大，学前教育的规模较大，层次也较高；而经济落后的地区，国民经济收入是很低微的，无法拿出很多钱来办教育。由于社会经济发展水平有限，社会需要很多的人从事体力劳动，而社会物质条件有限，在客观上也不可能有较多的人接受学校教育和从事教育工作。总的说来，经济发展水平较高的国家，教育经费在整个国民生产总产值中所占的比例也比较高，反之，就较低。事实表明，任何一个社会、国家的各级各类学校的办学规模和水平，不是凭人们的主观决策或善良的愿望，而是由社会生产力的发展水平决定的。

4. 人口环境

人口环境包括人口各项特征的发展趋势，如性别、年龄、教育程度、收入水平、家庭构成等。如核心家庭为主的家庭构成可能意味着幼儿园有更大规模的生源市场；社区居民以老年人为主则意味着在该社区设立幼儿园可能要遭遇较大的困难。幼儿园辐射范围内居民受教育程度高并且收入水平高，则意味着居民对幼儿园的办学水平有更高的要求。

5. 技术环境

技术环境对幼儿园活动过程和成果的影响不容忽视。首先，幼儿园无论开展何种活动，都需要利用一定的物质手段。各种教学辅助手段的应用受到整个社会总体科技水平的影响和制约。社会科技进步会促进幼儿园的活动过程物质条件的改善和技术水平的先进化、现代化，从而使利用这些物质条件和技术进行活动的幼儿园取得更高的效率。其次，从幼儿园活动成果来看，不同的服务代表着不同的技术水平，对劳动者和劳动条件有着不同的技术要求。技术进步了，幼儿园原有的工作人员的技能和知识结构可能不再符合要求，幼儿园所用的各种设施可能需要相应的更新。最后，从幼儿园的管理方面来看，现代信息通信技术的发展使管理手段、管理方法乃至管理思想和管理模式发生了重大的变化。现在电子计算机和网络技术不仅在各项专业管理工作中得到应用，而且使各方面管理系统实现了集成化和一体化，改善了幼儿园内外整体管理的水平，同时也对幼儿园的管理提出了更高的要求。

（二）幼儿园经营的具体环境要素

任何幼儿园不仅存在于一般环境之中，而且作为具有特定使命和任务的机构，它又是在特殊领域内开展活动的。如果说一般环境要素对所有幼儿园均会产生相似的影响，那么，与具体使命和任务相关的特殊环境要素则会对特定的幼儿园产生某种特殊性的影响。这些具体环境要素主要有以下几个。

1. 供应商

供应商泛指幼儿园经营活动所需各种资源和服务的供应者。例如，为幼儿园提供原材料、设备、工具和房地产的各类供应商，为幼儿园提供资本金和信贷资金的股东、银行、保险公司、福利基金会及其他类似的组织，为幼儿园提供通信及网络服务的电信公司以及在劳动力市场上为幼儿园提供人力资源的个体、高校和中介机构等。另外，为幼儿园经营活动提供各种劳务和服务的机构，如设备修理、员工培训、环卫清洁及保安等服务机构，也都构成幼儿园的供应商。可以说，商品经济越发达，幼儿园的供应商队伍就越庞大。

2. 顾客

顾客是指幼儿园服务的购买者，主要包括所有购买幼儿园服务的个体和组织。

3. 竞争对手

这里的竞争对手是指与幼儿园存在资源和市场争夺关系的其他同类组织或个体。幼儿园的竞争对手包括现有的其他幼儿园、潜在的进入者等。近几年家庭幼儿园的兴起应引起幼儿园经营者的高度重视。

4. 政府机构及特殊利益团体

政府机构作为社会经营管理者，对幼儿园的经营行为需要从全社会利益的角度进行必要的调节和控制。教育主管部门、卫生防疫系统、新闻传播媒介等各种特殊利益的代表团体和反映公众利益要求的团体，还会对幼儿园经营行为产生某种影响和制约。这些都是幼儿园经营过程中不容忽视的环境因素。

第五节 幼儿园文化建设

一、什么是组织文化

我们知道每一个人都具有区别于他人的独特的个性，而这些个性是由一系列具有相对持久和稳定的特征构成的。当我们到不同的地方，我们可能对当地区别于其他地区的风俗习惯、生活方式、行为模式留下深刻的印象。当我们进入某个组织，就会感觉到人们相互交往具有某种约定俗成的行为规则，人们在工作时具有应用于某一工作群体的规范，具有某种占主导地位的价值观等。这种反映组织个性的东西，我们称之为组织文化。

一直以来，组织文化的定义因研究角度的差异而有很大的区别。当代著名管理学家斯蒂芬·P. 罗宾斯在其名著《管理学》中对组织文化的定义为：组织文化是指组织成员共有的价值观和信念体系。这一体系在很大程度上决定了组织成员的行为方式，它代表了组织成员所持有的共同观念。这一定义有以下 3 个方面的含义：首先，文化是一种感知，个体基于在组织中所看、所听、所经历的一切来感受组织的文化；其次，尽管个人具有不同的背景或处于不同的等级，他们仍往往采用相似性来描述组织的文化；最后，组织成员无论是否喜欢其组织，他们会描述组织文化而不是评价。

研究表明，可以从 7 个维度来表述组织文化，如图 1.3 所示。

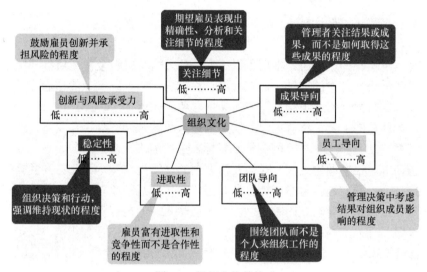

图 1.3　组织文化的构成

二、如何培养组织文化

1. 组织文化的基本内容

组织文化通常由物质层文化、制度层文化、精神层文化 3 个层次的内容组成。

（1）物质层文化

物质层文化是组织文化的表层部分，包括组织名称、标志、宣传手册、衣着制服、建筑风格、纪念物等。物质层文化是形成制度层文化的条件，往往能折射出该组织的思想观念、工作作风等。

（2）制度层文化

制度层文化是组织文化的中间层次，主要是指对组织成员行为产生规范性、约束性影响的部分，包括组织的章程、制度、管理细则等。这部分集中体现了组织文化的物质层及精神层对组织成员行为的要求。

（3）精神层文化

精神层文化是组织文化的深层，主要是指组织成员共同信守的基本信念、价值标准及精神风貌等。它是组织文化的核心和灵魂，决定着整个组织文化的性质与状态。

2. 组织文化的培养

一般来说，培养组织文化包括以下 6 个环节。

（1）分析、诊断

首先应全面收集资料，对组织现存的文化进行系统分析、自我诊断，看看组织创建以来形成了什么样的传统作风、行为模式和特点；现有文化中哪些是积极向上的，哪些是消极落后的；哪些是应该发扬的，哪些是应该摈弃的。

（2）条理化

在分析诊断的基础上进一步归纳总结，把组织最优秀的文化内容加以完善和条理化，用富有哲理的语言表达出来，形成制度、规范、口号和守则。

（3）自我设计

在现有组织文化的基础上，根据本组织的特色，发动组织全体成员参与组织文化的设计。通过各种设计方案的归纳、比较、融合、提炼，集组织员工的信念、意识和行为准则于一身，融共同理想、组织目标、社会责任和职业道德于一体，设计出具有特色的组织文化。本环节的主要工作有：起草幼儿园理念和幼儿园行为手册草案、幼儿园规章制度汇编；明确幼儿园文化建设的动机和目标，进行渐进式推进；对市场、社会、幼儿园进行调查研究，根据调研结果，对幼儿园理念的开发提出基本设想；开发具有识别意义的幼儿园使命；开发经营哲学；提出幼儿园口号、幼儿园座右铭的初步方案；用幼儿园理念推进、深化和完善幼儿园制度创新；增强幼儿园的核心竞争力；开发幼儿园行为系统；设定最高行为准则；设定决策集团行为规范；设定群体行为规范；设定个体行为规范，起草员工守则；设定公司媒介行为规范；完成幼儿园理念手册和幼儿园行为手册。

（4）倡导、强化

通过各种途径大力提倡新文化，使新观念家喻户晓，深入人心。在组织管理过程中，通过各种手段强化新的价值观念，使之约定俗成，为广大成员接受和认可。

（5）实践、提高

用新的价值观指导实践，在活动中进一步把感性的东西上升为理性的东西，把实践的东西变成理论的东西，把少数人的看法变为全员的观念，不断提高组织文化的层次。

（6）适时发展

在幼儿园不同的发展阶段，组织文化应有不同的内容、不同的风格，应当根据形势的发展和需要，使组织文化在不断更新中再塑和优化。

三、幼儿园文化建设中的形象战略

在幼儿园文化建设中实施符合幼儿园实际的形象战略对于加强幼儿园管理、提升幼儿园的经营水平都有重要的意义。

（一）幼儿园形象战略

幼儿园形象战略是运用统一的视觉识别设计来传达特定幼儿园特有的经营理念和活动，从而提升和突出幼儿园形象，使幼儿园形成自己内在独特的个性，最终增强幼儿园整体竞争力。这一概念有如下主要内容。

1. 幼儿园识别的三大内容

幼儿园识别的三大内容是：幼儿园经营理念；贯彻幼儿园理念的幼儿园经营活动；传达幼儿园理念、提示幼儿园内涵的视觉识别系统。

2. 幼儿园识别的直接目标和最终目标

幼儿园识别的直接目标是塑造统一的、系统的幼儿园形象，突出幼儿园自身特点。幼儿园形象战略的最终目标是通过树立统一的幼儿园形象提高幼儿园的整体竞争力。

3. 幼儿园形象要有自己的个性

幼儿园视觉识别方面必须要有自己的个性，如独特的标志、宣传的特点等，与其他幼儿园形成区别。

幼儿园理念识别策划中的重要因素是幼儿园的教育宗旨和教育目标，这构成了幼儿园的基本教育理念，这是幼儿园赖以生存的原动力，它规定了幼儿园形象战略策划系统的整体方向。幼儿园的基本理念主要有幼儿园基本价值观、行为准则、道德规范和员工责任感、荣誉感等。其中价值观是核心的内容，而行为准则、道德规范是幼儿园基本价值观的外在表现。幼儿园经营战略也是幼儿园理念的重要组成部分，但是会随时代的变化而改变。一个幼儿园的战略方针直接决定幼儿园的成败，正确的战略使幼儿园兴旺，错误的战略可能使幼儿园倒闭破产。因此，在幼儿园形象战略导入过程中一定要有符合幼儿园特点的幼儿园形象战略。

（二）幼儿园行为识别

通过对幼儿园实际状况调查制订出幼儿园理念之后，应通过幼儿园整体的活动识别、视觉识别，在实践中贯彻幼儿园理念。幼儿园行为识别，对内就是建立完善的组织、管理、教育培训、福利制度、行为规范、工作环境、开发研究等来增强幼儿园内部的凝聚力和向心力，对外则通过市场营销、公共关系、公益活动等来表达幼儿园理念，取得大众认同，树立形象。

1. 幼儿园内部活动识别

强化幼儿园内部的凝聚力和向心力有各种活动方式，大体有如下几类：关心员工的生活、利益、前途；幼儿园内部宣传、教育、培训，主要有员工手册、内部宣传海报、内部的活动等几种方式，要在幼儿园管理理念的指导下展开进行。

2. 幼儿园外部活动策划

幼儿园通过外部活动向社会公众传达幼儿园形象，提升幼儿园知名度，因此设计好广告等宣传材料对提升幼儿园形象大有好处。公共关系和公益活动对提升幼儿园形象也起着极重要的作用，是现代幼儿园竞争的有效手段。

（三）幼儿园公共关系

1）幼儿园对社会的公关策划。大型的公关活动越来越成为幼儿园展示良好形象的手段，也逐渐被大众所接受和赞扬。在举办时一定要明确幼儿园的宗旨和活动目的，制订详细的计划，并且这种活动必须持续不断地进行。

2）幼儿园欲树立良好的形象，必须处理好以下关系：幼儿园与员工的关系、幼儿园与消费者的关系、幼儿园与股东的关系、幼儿园与代理商的关系、幼儿园与求职者的关系、幼儿园与社区的关系、幼儿园与政府的关系、幼儿园与同业者的关系。

思考与练习

1. 试对你熟悉的某幼儿园进行经营环境分析。
2. 如何建立适宜的幼儿园文化？
3. 以某幼儿园为例进行幼儿园形象设计。
4. 结合实际，谈谈如何突出幼儿园管理过程中的重点环节。

第二章
幼儿园的筹建（选学）

本章提要：幼儿园筹建是幼儿园开办的法定环节，是幼儿园经营管理的前提和基础，也是一项系统工程。从市场调查到幼儿园定位、园址选择、资金筹措，再到申请注册、合法经营，直至招聘教职工、宣传招生、正常办园秩序形成，本章对这些问题给予了重点介绍。

第 一 节 园址的选定与改造

一、幼儿园园址选定的论证

为了幼儿园的长期发展，在幼儿园定位及选择园址前必须先分析幼儿园的周围环境，评估其市场需求，论证在本地区创立幼儿园的必要性。应调查本地区适龄儿童的数量、现已开办的幼儿园的数量及分布情况，咨询当地政府教育部门有关地区幼儿园发展规划和幼儿园相关政策及法规，征求儿童家长及大型企业、组织的意见等。另外，要了解当地社会对幼儿园的认可情况。具体来讲，对市场的评估工作应包括以下几方面。

（一）社区内的幼儿数量

向街道办事处、妇婴保健所、户籍管理等部门咨询半年内儿童的出生数量以及学龄前幼儿概数，若能获知名单更佳；同时应分析过去、现在与未来幼儿人口的变化。不同年龄段的幼儿人口会影响到幼儿园的发展，因此应当认真研究分析。

（二）家长的职业、经济能力和素质

幼儿园的市场需求是毋庸置疑的。家长的经济能力、素质以及对孩子的期望心理都是必须考虑的。根据中国目前的经济状况，招生对象应以中下等收入家庭为主，适当兼顾高收入家庭。

（三）区域环境

区域环境包括社会环境、行业环境、经济环境、教育环境。这些不同的环境特性也是影响幼儿园发展的重要因素，必须做好事前的调查与分析。

（四）同业的竞争

学区内幼儿园的数量，规模大小、收费标准、师资阵容、环境规划如何？家长的认可度如何？这些都需要在筹备阶段仔细调查、分析，以便制订对策。

（五）学区的潜在变化

我国目前经济发展迅速，由于各种因素影响，政策与规划变化较快，会对生源产生影响。例如，新兴的住宅区、大机构的迁移等，这些因素的变化将直接影响幼儿园的发展。

二、幼儿园园址的选择

幼儿园选址的卫生及安全标准是保证幼儿身体健康发育的关键。具体要求包括以下 4 个方面：一是空气洁净、清新。幼儿园的地址要保证空气的洁净，严禁在污染源附近设置，如严禁在化工厂、化肥厂、农药厂、皮革厂等产生污染气体的工厂内部、附近区域及在污染气体排放下风口的地方设置。要远离灰沙加工厂或有毒物品仓库、建筑粉、灰粉仓库，以防空气污染对幼儿的健康造成损害。二是安静、低噪声。幼儿神经脆弱，对外界噪声敏感，因此幼儿园坐落地应安静、噪声低，远离铁路线、强噪声工厂（如轧钢厂、木材厂、铁路、机场等）、建筑工地、农贸市场、闹市区等。选址要考虑周围的噪声干扰因素，保证幼儿睡眠环境安静。三是周围环境干净、卫生。幼儿园周围宜清洁卫生、环境优美或接近绿化地带。不宜在农田、垃圾堆放场、饲养场、物资回收站等场所附近，以上场所在夏季蚊蝇成群，易滋生各种有害病菌，进而威胁幼儿的身体健康。四是有充足的日照、有通畅的排水设施。充足的日照是保证幼儿户外活动及室内采光的首要条件。幼儿每天要保证 2 小时以上的户外活动，充足的阳光能保证幼儿骨骼和智力的正常发育。通畅的排水管道和设施避免积水造成环境污染。如夏季多雨季节，如果雨后积水不能及时排掉，会很快滋生蚊蝇，妨碍幼儿健康。

此外，幼儿园落址还要注意远离易燃、易爆工矿所，如煤气站、酒精厂等，以免上述工厂发生事故，威胁幼儿生命安全。选址还应考虑无高层楼房及建筑物遮挡、排水设施完备的地方，使其环境卫生得到保证，幼儿的健康得到保障。

三、幼儿园选址的地理位置条件

幼儿园周围环境可直接影响日托机构的知名程度、家长接送幼儿方便与否、日托机构的招生工作。因此，幼儿园的地理位置选择要周密考虑。

（一）周围环境安定

幼儿园要设置在安全区，杜绝危险因素的存在。不要建在过于偏远的地区、治安差的地区以及临近监狱、精神病院的地方。应设在居民区和治安机构附近，如发生紧急情况，能及时报警并得到援救。在落址时要与当地派出所联系，使幼儿园在安全问题上得到保障。

（二）便于家长接送幼儿

幼儿园落址要考虑生源的居住位置，落址要本着方便家长的原则，设置在居民区内或居民区附近和在家长上、下班顺路或较方便的位置，如在居民区与主干道路的交界处附近。街区过于狭窄、农贸市场或无停车空地的位置会给家长造成不便，造成接送时间的拥挤和堵塞，影响交通，须慎重选择。

四、旧园舍或非幼儿园用房的改造

通常争取并改造一所现有的建筑是新建或扩建幼儿园的简便易行的方案。房屋状况不同，需要改造的工作量不同，费用也就大不相同。在制订改造计划时我们应该认真分析一下改造的利弊。

一所幼儿园的最佳园址是在已建好的社区里。然而，在这样的社区里，空地可能是不存在的，也可能非常昂贵而难以建设新园。因此，利用现有的幼儿园用房或非幼儿园专用房改造成幼儿园的可能性较大。另外，完全建造一所新的幼儿园是很费时间的。相反，把现有的建筑改造成幼儿园就可以节省很多时间。

从所需费用来看，尽管重修的费用也不尽相同，但若找到一所现有的建筑，很可能只需做较少的工作，用较少的花费就可以满足幼儿园的需要了。但改造旧园舍也存在着问题。首先，通常现有的旧园舍即使进行一定的改造也很难满足幼儿园在空间和功能上的需求，不合适的教育环境可能产生许多问题。此外，除改造幼儿园的费用外，老房子的保养和维修也会产生定期支出。

幼儿园的房舍改造需要非常了解幼儿园的专业人员和建筑方面的专业人员共同商定改造计划，切忌盲目动工，因为幼儿园房舍的改造既要符合幼儿园的需要又要保证其绝对的安全性，二者缺一不可。

第二节　筹措资金，确定办园性质

根据我国有关政策法律法规，本着"谁办园谁出钱，谁受益谁负责"的原则，建立财政支持、举办者投资、社会捐资、幼儿园自筹等多元化投资机制，形成以公办幼儿园为骨干和示范，以社会力量兴办幼儿园为主体，公办与民办教育相结合的发展格局。根据城乡的不同特点，逐步建立以社区为基础、以示范性幼儿园为中心、灵活多样的幼儿教育形式相结合的幼儿教育服务网络，为0～6岁儿童提供早期保育和教育服务。

从上述内容可以看出，我国的幼儿园主要分为公办园、私立园和民办普惠园。公办园是由国家机关、企事业单位、社区、福利机构出资开办的幼儿园，具有福利性质。私立园是指由个人承包或完全由个人独立出资所办的幼儿园，民办普惠园是民办公助性质。

经济是幼儿园发展的基础。没有资金或资金不足是幼儿园经营者可能常常面临的问题。许多幼儿园是由个人或者股份制创办的，因而有时只有非常有限的资金和担保物。幼儿园的持续运营既需要充足的启动资金，也需要一定的周转资金。作为管理者，既要认真地分析研究，合理地分配使用资金，同时又要制订出可行的融资计划。首先，在启动阶段需要大量启动资金，这些资金要用来购置特定的设备或者制订一项新的发展计划；其次，幼儿园运转也需要周转资金，它必须包括所有常规预算项目。只有具备充足的周转资金，才能保证教育计划的正常实施。因此，为了满足各种各样的预算需要，幼儿园就必须进行融资。融资活动包括一系列手段与措施。可以说，一切符合法律、有利于社会与幼儿园发展的融资办法均可以实施。

一、新建幼儿园所需的资金

（一）启动资金

启动资金是指幼儿园开办前所必需的资金和支持幼儿园最初运转所需要的资金，后者一直要延续到所收缴的学费以及其他资金已经非常充足，能够维持幼儿园的正常运转为止。一般来说，董事会或园长必须在幼儿园正式开园之前的几个月里筹措到足够的资金，用于幼儿园地点的选择与建设、设备的配备、办公用品的采购以及开办阶段职工工资的发放。因为在幼儿园开园的最初几个月里，常常只有较低的入园率，所以在幼儿园刚开始运转的阶段，手头至少要备有 6 个月的充足资金。因此，重要的一点就是必须非常仔细地做预算，以保证以上所述的启动资金是充足的，能够使幼儿园维持正常运转。

大多数由机关、学校或社区机构主办的幼儿园是不以盈利为目的的。许多幼儿园需要资金时，都可以从主办机构得到充足的资金。有些经营连锁幼儿园的公司或者非常大的幼儿园是从投资者那里获取资金的。没有任何赞助机构只靠收取学费的私立幼儿园，为了运转起来，就必须投入个人的资金或者贷款。在一些大型的连锁幼儿园中，幼儿园设有专门的投资者办公室，根据他们的市场调查来为幼儿园投入启动资金。

如果没有雄厚的资金基础，那么从一开始幼儿园就可能会陷入财政困境。没有一定的资金作为保障，要平衡一个幼儿园的预算是非常困难的。因此，在幼儿园启动阶段，至关重要的一点是要寻求充足的资金，以满足启动所需的费用，从而达到预算上的平衡。

（二）周转资金

周转资金是指幼儿园运转所需要的资金，它包括所有常规预算项目，如租金、公用设施、员工工资等。一旦幼儿园建立起来，并且基础的设备也已经购买，那么就必须有充足的周转资金，以保证教育计划的正常实施。许多幼儿园主要依靠学费或者政府资金来作为幼儿园大部分甚至全部的周转资金。幼儿园周转资金是随着幼儿数量的变化而变化的。例如，当幼儿增加时幼儿园就要订购更多的食品，也需要更多的教材、教具以及教师等。

根据有关规定，当幼儿园达到特定注册人数时就必须再雇用教师。例如，一个有30名幼儿的幼儿园，应该以低于1：10的比例要求来配备教师。若幼儿人数超过30名，幼儿园就必须另外增加教师，即便有可能所增加的幼儿的学费根本就不能支付一个教师的工资。因此，幼儿园应额外多投入一些周转资金。

二、幼儿园资金的主要来源

（一）学费

学费是幼儿园资金的主要来源之一。现阶段我国幼儿园收费主要分为两大部分，即管理费和餐费。管理费就是保教费。餐费用于幼儿的食品供应，它要求按照专款专用的原则进行开支，不能盈余或挪用。所以，幼儿园可支配的资金主要是保教费。

在幼儿园刚刚启动时，可能只有几名或几十名幼儿入园，并且这种状况可能会持续好几个月，这就要求把开支尽可能地削减到最低水平，即使是一些固定的投资也应尽可能地减少。学费主要是用于支付教职工工资、房租和日常开支。教师工资和房租是预算中较大的开销部分。因此，学费标准的确定就应当考虑满足幼儿园正常运转的需要，并根据所开办的幼儿园类型来确定合理的标准，这个标准也应该通过与周边的幼儿园相比较来确定。

有些幼儿园根据家长的支付能力以灵活的标准来收取学费。例如，对双生子同时入园的情况幼儿园可以减免一部分费用，如一周的餐费等。这样可以吸引更多的孩子入园。

幼儿园应经常注意地方的教育行政部门、物价部门或者专业组织可能提供的一些关于收费标准方面的信息，合理地确定收费标准，不应随便涨价或降价。学费的涨跌对幼儿园来说是一个需要慎之又慎的问题。除非一个幼儿园提供给幼儿的教育和服务与附近幼儿园提供的有很大的差距，否则要让家长支付比另一个幼儿园高得多的学费可能是相当困难的。如果一个幼儿园采用降低学费的办法吸引家长，那么这个幼儿园在为教师提供合理的工资和雇用有能力的职工方面可能就会有财政困难，因此也很难与其他幼儿园进行竞争，从而影响幼儿园后续的发展动力。

（二）社会资金和贷款

幼儿园的另一个收入来源是社会资金。许多幼儿园有来自个人、企业、地方机关、学校等团体提供的资助。一般来说，这种资助有些是有偿的。例如，某个企业给幼儿园投资，幼儿园可以对该企业的职工子女实行免费或减费。有时单位的资助是无偿的，可以提供现金，也可以提供实物。有些部门提供隐性资助，如减免租金、免除部分管理费用等。

银行贷款也是幼儿园资金来源的一部分，幼儿园主办人可以以个人信誉贷款，也可以不动产抵押贷款。贷款人的信誉至关重要，如果逾期不还失去信誉，经银行间联网查实以后在任何银行贷款都很困难。

资金是幼儿园正常运转和发展的重要保证，因此园长必须重视这一问题，应该做出相应的、创造性的筹资计划，多多吸引社会的捐助。为了筹资，园长应当对幼儿园所在社区有一定了解，向社区介绍幼儿园的发展计划，尽量取得社区的支持。对一些新园长来说，筹款是困难的，但当园长有了大量的筹款经验和渠道时，筹款就会变得相对容易了。虽然如此，如果园长希望能筹到更多的资金，仍然必须花费大量的时间和精力来准备，这对于民办幼儿园来说是更困难的事。有些民办幼儿园不惜借高利贷，这种做法是非常危险的，一旦幼儿园招生困难，债务问题就很难得到解决。

公办园是由国家各级机关或企事业单位筹资兴办的，其所有权和管理权属于出资的单位。公办园的资金来源主要是主管单位，其次是学费。因此，公办园的资金普遍来说相对宽裕。

通过融资活动募集的资金不能作为幼儿园的运营资金，不列在幼儿园正常的收支范围内。任何融资活动都应该认真考虑、合理设计，应该和幼儿园的长远发展结合起来。

 **第三节 申请注册，合法经营**

一、举办幼儿园的主体资格

举办幼儿园的主体资格是指对哪些组织和公民可以兴办幼儿园的能力限定。我国宪法对举办教育机构的主体资格做了原则性规定。《中华人民共和国宪法》第十九条中明确规定："国家举办各种学校"，"发展各种教育设施"，"鼓励集体经济组织、国家企业事业组织和其他社会力量依照法律规定举办各种教育事业"。《中华人民共和国教育法》根据宪法的精神，结合多年来办学的正反经验，规定："国家制定教育发展规划，并举办学校及其他教育机构。国家鼓励企业事业组织、社会团体、其他社会组织及公民个人依法举办学校及其他教育机构。国家举办学校及其他教育机构，应当坚持勤俭节约的原则。以财政性经费、捐赠资产举办或者参与举办的学校及其他教育机构不得设立为营利性组织"。《中华人民共和国民办教育促进法》第十条明确规定："举办民办学校的社会组织，应当具有法人资格。举办民办学校的个人，应当具有政治权利和完全民事行为能力。"这对我国的办学体制、举办学校的原则和办学主体资格作了限定。

（一）国家、企业事业组织、社会团体，其他社会组织和公民个人可依法举办幼儿园

这一规定首先在法律上明确肯定了各级政府、企事业组织、社会团体和个人都可以办园，成为举办幼儿园的主体，确立了多渠道办学的法律地位；其次，规定了各级政府、企事业组织、社会团体、公民个人要取得办学主体资格必须依法律规定，即符合法定条件和法定程序。

（二）根据《教育法》和有关法律规定，下列组织和公民不得举办幼儿园

1. 不具有法人资格的社会组织

社会组织要举办幼儿园必须具备法人资格。法人成立的条件是：依法成立，有必要的财产和经费，有自己的名称、组织机构和场所，能够独立承担民事责任。社会组织要举办幼儿园，只有具有法人资格，才能以一个法律主体的资格参加到法律关系中去，或者说取得平等的、合法的法律地位，独立享受权利，更重要的是承担民事责任。如果社会组织不具有民事权利能力和民事行为能力，就无法享受权利、承担义务，故不能举办幼儿园。

2. 限制民事行为能力或无民事行为能力者

公民的民事行为能力是公民以自己的行为行使民事权利和承担民事义务的能力。根据是否达到法定年龄和具备一定理智，可以划分为完全民事行为能力人、限制民事行为能力人和无民事行为能力人。限制民事行为能力和无民事行为能力人，包括精神病人、间歇性精神病人或未成年人，他们自己不能独立享受民事权利、承担民事义务，应由其监护人或法定代理人行使、承担。因此，限制民事行为能力或无民事行为能力者都不能举办幼儿园。

3. 被剥夺政治权利或被判处徒刑以上刑罚正在服刑者

根据《中华人民共和国刑法》的规定，被剥夺政治权利的罪犯不能担任国家机关职务，不能担任企事业单位、人民团体领导职务；被判处徒刑以上刑罚正在服刑者，即使没判附加剥夺政治权利，实质上在服刑期间也没有担任国家机关职务的权利，没有担任企事业单位、人民团体领导职务的权利。所以，他们都不能举办幼儿园。

二、举办幼儿园的基本条件

我国教育法规对幼儿园设置条件的规定，比较早的是 1989 年国务院通过的《幼儿园管理条例》，其中第二章对举办幼儿园应当具备的基本条件和审批程序做了规定。《教育法》的颁行，对学校及其他教育机构的设立条件做了全面规定，也涵盖了《幼儿园管理条例》规定的幼儿园的设置条件。全国各地方政府及主管部门制定了具体的实施办法，例如，2015 年 12 月山东省教育厅等 7 部门联合下发《山东省学前教育机构登记注册管理办法》，规定了办园基本条件。

山东省学前教育机构办园基本条件

一、学前教育机构工作人员任职资格

学前教育机构工作人员应拥护党的基本路线，热爱学前教育事业，爱护幼儿，努力学习专业知识和技能，提高文化和专业水平，品德良好，为人师表，忠于职责，五官端正，口齿清楚，身体健康。慢性传染病、精神病患者，不得在学前教育机构工作。家庭成员患有上述疾病者，不得开办家庭托幼机构。

（一）园长应具备幼儿师范学校毕业及以上学历，有 3 年及以上学前教育工作经验和较强的组织管理能力；获得幼儿园园长岗位培训合格证书；取得山东省幼儿园园长任

职资格证书。

（二）教师。幼儿师范学校（包括职业学校学前教育专业）毕业或高中以上文化程度，接受过累计半年以上的学前教育专业培训；获得幼儿园教师任职资格证书。

（三）保育员。具有初中以上文化程度并受过3个月以上保育职业培训；获得幼儿园保育员任职资格证书。

（四）保健人员。医师应当具有医学院校毕业文化程度，医士和护士具有中等卫生学校毕业文化程度，或者取得卫生行政部门的资格认可。保健员应当具有高中毕业文化程度，并受过儿童保健培训。

（五）财会人员与炊事人员。应当按照国家和省有关规定，持证上岗。

二、学前教育机构教职工编制标准及班额

园长：3个班以下学前教育机构设1人，4个班以上的学前教育机构设2人，10个班以上的学前教育机构设3人。寄宿制学前教育机构适当增加。

教师：城市全日制学前教育机构每班配备2～3名专职教师，教师与幼儿比为1：10～1：15；农村全日制学前教育机构每班配备1.5～2名教师，教师与幼儿比为1：15～1：20。寄宿制学前教育机构适当增加。

保育员：全日制学前教育机构3岁以上班平均每班配备1人，3岁以下班平均每班配备2人。寄宿制学前教育机构适当增加。

炊事员：每日三餐一点的学前教育机构按1：45的比例配备，少于三餐一点的学前教育机构人数酌减。

保健人员：全日制学前教育机构一般配备1人，超过200名幼儿的增加1人；寄宿制学前教育机构一般配备2人，超过200名幼儿的增加1人。

财会人员：3个班以上的设专职会计1人；出纳员视学前教育机构规模大小设专职或兼职1人。

其他人员可酌情安排。

严格控制班额，家庭托幼机构、亲子园每班不得超过10人；幼儿园小班25人，中班30人，大班35人，学前班不超过40人。

三、学前教育机构园舍设施

（一）学前教育机构应设置在安全区域内，独门独院，周围无污染、无噪声，方便家长接送，避免交通干扰。园舍坚固、适用，符合安全、消防等要求。家庭托幼机构必须在一楼，独门独户，向阳、明亮，有单独出口，不与住户交叉。

（二）学前教育机构应设婴幼儿活动室、寝室、办公室、资料室、卫生室、盥洗室、幼儿厕所、传达室等。就餐园（所）应设伙房。有条件的学前教育机构可设多功能活动室、音体室、美工室、多媒体教室、图书阅览室、接待室等。各室采光合理、通风、向阳、清洁卫生。

（三）室内活动面积生均2平方米以上，活动室面积不少于30平方米。室外活动场地生均不少于4平方米，其中包括2平方米的绿化面积。两个班以上应有3件以上大型体育活动器械，中、小型活动器械基本能满足幼儿活动的需要，符合安全、卫生要求。

环境应达到绿化、美化、净化、儿童化、教育化。创造条件开辟沙水池、动物饲养角和种植园地。

（四）各年龄班都要配备足够一个班使用，适合婴幼儿年龄特点，符合安全、卫生、教育要求的各种游戏玩具的材料（具体配备见学前教育机构教、玩具配备基本标准）。每班自制教玩具 5 种以上，每种不少于 30 件。

（五）有防寒、防暑、饮水和流水洗手设备。厕所应能流水冲刷。

（六）有符合幼儿身高的桌、椅、床和便于幼儿自由取放的玩具厨、图书架。

（七）婴幼儿每人一巾一杯，有消毒箱和卫生保健设备，就餐园应配有一定数量的炊事设施。

（八）有适合婴幼儿阅读的不少于 10 个种类的图书，生均 3 册以上，并经常更换。全园订有幼教刊物 5 种以上，教学资料 100 种以上。

（九）每班配有风琴（或电子琴、钢琴）、录音机，全园配备计算机、照相机等现代化教育教学设备。

以上办园基本条件为下限标准要求，条件好的地方可适当提高标准要求。

学前教育机构教、玩具配备基本标准

体育活动器械：蹦床、攀登架、平衡木、滑梯、秋千、跷跷板、钻圈或拱形门、幼儿体操圈、体操垫、高跷、皮球、跳绳、哑铃等。

角色游戏玩具：娃娃、木偶、小家具、各种小玩具、头饰教具等。

结构游戏玩具：积木（小型、中型、大型）、结构玩具、各种积塑插件、各种巧板、拼图、接龙、串珠等。

沙水教玩具：沙池、沙水配件、各种模子、水上玩具等。

科学启蒙玩具：小风车、陀螺、万花筒、放大镜、地球仪、磁铁块、七巧板、计算器、钟表模型、量杯、天平、塑料彩棍、逻辑几何块、计算卡片、昆虫盒、水杯、挂图、幻灯片、寒暑计、温度计、电磁游戏盒、教学试验盒、地球仪、镜面教具、幼儿认识器等。

美工教具：美工教具盒、十二彩色水笔、幼儿油画棒、蜡笔、图形块、泥工板、调色板、小面板、小画架等。

音乐教具：钢琴、小铃鼓、儿童简单打击乐器、鼓等。

劳动工具：喷壶、儿童铁锹、小铲子、小锤子等。

活动室专用设备：电视机、风琴或手风琴、收录机、幻灯机、贴绒板、木偶台、幼儿书架等。

三、幼儿园设置的程序

在我国，各级政府、企事业组织、社会团体、其他社会组织及公民出资创办教育机构，并使其取得《教育法》上的合法地位。不仅要符合前述实体规范，而且还要符合程序规范。对此，《教育法》第二十八条规定："学校及其他教育机构的设立、变更和终止，应当按照国家有关规定办理审核、批准、注册或者备案手续"。也就是说，我国对教育机构的设立实行登记注册和审批两种制度。根据《条例》的规定，幼儿园实行登记注册制度。

1. 什么是办学登记注册

办学登记注册是指主管部门对申请者提交的申请设立教育机构的报告进行审核，如未发现有违背法律、法规规定的情形，只要拟办的教育机构符合设置标准，都必须予以登记注册，使其取得合法地位；对不符合设置标准的，予以拒绝，并通知申请者。注册的实质是确认申请者所办教育机构的法律地位或事实。

2. 登记注册的程序

登记注册的一般程序如下。

1）举办者提出办园申请，并附相应文件。以山东为例，根据《山东省学前教育机构登记注册管理办法》，申请举办学前教育机构的单位和个人，应在筹设前 2 个月向审批机关提出筹设申请，并提交下列材料：

① 申办报告。主要包括学前教育机构举办者（或法定代表人）及管理者情况、办园性质（公办、民办）、招生对象、办园规模、办园形式（全日制设餐、全日制不设餐、寄宿制等）、内部管理体制、经费筹措与管理使用等。

② 举办者资格证明。

③ 房屋使用证明，并注明产权。

④ 办学资产来源、资金数额及有效证明文件。

⑤ 审批机关要求提供的其他材料。

联合办园的，还应提交联合办园协议书。

申请正式设立学前教育机构的，举办者应当向审批机关提交下列材料：

① 山东省举办学前教育机构登记注册登记表。

② 筹设情况报告。

③ 学前教育机构章程。

④ 提供举办者房产证或租赁合同、房屋抗震安全鉴定报告；公安消防部门出具的消防验收合格证明，县级公安机关出具的安全保卫人员和安全防范设施达标证明；县级卫生计生行政部门依法确定专业机构出具的托幼机构卫生评价报告；食品药品监管部门核发的食品经营许可证。举办民办学前教育机构需提供风险承诺证明。

⑤ 学前教育机构资产的有效证明文件。

⑥ 学前教育机构工作人员（拟任园长、教师及其他工作人员）身份证明、学历证明、专业资格证明、健康合格证明、无犯罪记录证明。

2）教育行政机关对办园申请进行审核。

3）教育行政机关经审核后对办园申请作出答复，对符合条件者予以登记注册；对不符合条件者不予注册，并将原因通知申请者。审批机关应在自收到申请之日起 3 个月内，以书面形式作出答复。

3. 幼儿园登记注册的机关

根据《条例》的规定，城市幼儿园的举办、停办，由所在区（不设区的市由市人民政府）教育行政部门登记注册；农村幼儿园的举办、停办，由所在乡、镇人民政府登记注册，并报县人民政府教育行政部门备案。

还应指出，由于学前班在幼教事业发展过程中占有相当重要的地位，今后举办和管理学前班，同样要建立学前班登记注册制度。未经登记注册，任何单位和公民个人不得举办学前班。学前班经登记注册后，在行政上由主办单位及其上级部门管理。农村学前班可实行乡办乡管或村办村管；附设在小学的，可实行乡（村）办校管，在业务上归当地教育行政部门统一管理。教育行政部门内应由主管幼儿教育的机构负责此项工作。

至于幼儿园（班）的变更和撤销，不管何种原因，也都必须向原登记注册机关办理注销备案手续。

第四节　招聘教职工

一、发布招聘信息

幼儿园园长应提前2个月甚至更早确定新学期教师的需求，并开始积极的招聘活动。有3种主要方式吸引有关人员来应聘教师职位：登广告、参加有学前教育专业的学校的毕业生招聘会、定向培养。采用登广告方式招聘具体职位，能够使幼儿园得到许多应聘者，包括经验丰富的教师。招聘信息应以不同方式打出广告，以得到较多的应聘者。广告应刊登在当地的报纸、广播、电视和幼儿园的网站上。参加有学前教育专业的学校的毕业生招聘会可以吸收青年教师，而且大学毕业生虽然没有很多工作经验，但文化基础和专业基础较好，可塑造性很强，能较快地融入集体中，年龄适合。因此，近年来从学校直接选拔毕业生的幼儿园越来越多。这对于新建幼儿园来说是很好的招聘教师的渠道。定向培养的方式适合比较大的幼儿园和幼教集团，特别是对教师有特殊要求的幼教机构，它是一个更长周期的招聘方法，这使得幼儿园可以满足扩展计划，并准备好应付突发性的教师空缺，为幼儿园的长期、可持续发展做准备。此方法还可以使教职员工建立起长期的责任感。

幼儿园在招聘教师时，应尊重其他幼儿园，直接联系或挖掘其他幼儿园的某一教师是不明智的。应该将招聘的详细信息传达给更多的教师及幼儿园园长，并允许有意者得到更详细的资料。

案例 2.1

某幼儿园招聘启事

幼儿园地处某区民主大道旁，交通便捷。园内环境优雅，教学设施完善，功能区布局合理，是一所格林式童话建筑的学园、乐园、家园式的大型民办幼儿园。现因发展需要，招聘以下工作人员。

一、招聘岗位

保健医生：1名。

带班老师：3～5名。

二、招聘要求

保健医生：限女性，20～35岁；大专以上学历，助理医师，有上岗证；具有良好的医德，敬业爱岗，乐于奉献，富有爱心，具有团队协作、务实求真的品质。有幼儿园工作经验者优先。

教师：限女性，20～35岁；学前教育专业，大专以上学历，有幼儿教师资格证；敬业爱岗，乐于奉献，富有爱心，具有团队协作等优良品质。有幼儿园工作经验，有特长者优先。

三、工作待遇

包食宿，工资每月××元左右，购买社保，寒暑假享受带薪休假等。

四、递交资料及联系方式

个人资料：个人简历；身份证、教师资格证（医师证和保健医生上岗证）、学历证等及其复印件。

联系电话：123456789

联系人：某某

幼儿园地址：某市某区某街道某号，可乘坐某次公交车直接到我园。有意者请拨打联系电话，预约面试时间。

【思考问题】

应聘人员最关心的问题是什么？如何应对？

二、审查申请

申请职位的材料应包括个人信息、教育及工作经验方面的简历、专业的推荐人名单。很多幼儿园还要求申请人提交个人评价或书面回答一系列问题。

幼儿园园长与所有应聘者的推荐人联系。如果应聘者是个有经验的教师，则与其原在幼儿园的领导及教职工谈话是非常重要的。无论如何，申请人必须提供推荐人。园长应该确定一套标准的审查问题，节省与推荐人的联系时间。

三、面试

复审完申请表以后，幼儿园领导筛选出一些应聘者以备面试。此面试应被视为互惠的对话。这样，园长和应聘者可以在个人和幼儿园中找到共同点，以便达成协议。

面试时，应让面试教师与其他教职员工见面，并有一天的时间与从事类似工作的同事在一起。最好能让应聘者给孩子们上一堂课，或至少与孩子们交流一下。无论如何，招聘负责人应注意观察交流中的各种现象与问题，以在决定人选时参考相关的反馈意见。

园长应准备一套问题进行面试。面试问题通常应包括职业态度、基本的专业知识和专业技能。设计的问题最好不是教条的，而是可扩展的，并应与个人和职业发展相关。设计的问题应能考察出应聘者解决问题的能力。不过须注意，如果面试者是个没有经验的新教师或毕业生，则问题的侧重点应放在学校的成绩和表现方面。随着面试的进行，园长应注意到其他重要的方面，如自信程度、语言表达能力、是否热情大方、有无幽默感及总体表现。

有些幼儿园安排应聘者与其他优秀教师进行第一次面试，与应聘者相同水平的教师或同事面谈交流，这对于应聘者与园长双方都是非常有价值的。园长应如实地向应聘人介绍幼儿园的现状、发展情况、重要的规章制度以及工资与福利待遇等具体的问题。

一般来说，招聘结果不必在面试当天给出，但是做出积极的反应并说明何时做出决定是很重要的。应聘者一旦接到录用通知，应得到一份合同，并指明是否应聘的答复期限。一旦得到肯定的答复，园长应亲自通知参加面试的其他应聘者，告知招聘工作已经结束，对所有应聘者表示感谢。

第五节　宣传与招生

一、幼儿园的宣传

报纸、杂志、期刊广告、网络、电台、电视广告、海报以及传单等都是宣传的方式。宣传与招生是一个系统工程，成功的招生有赖于宣传的内容和方式。园长要面临许多事情，包括宣传地点的确定、宣传材料的制作、公共关系的建立以及广告招生的费用等。

为了招生和发展，在决定宣传方式和地点之前，必须弄清楚哪些家长是宣传的对象。如果一个幼儿园的生存依靠的是学费，那么很明显，目标就应该定位于那些能够承受得起的家庭。但是，如果有外部资金支持和帮助，就可以拓宽宣传的对象，以吸引大量的潜在客户。是否为附近的居民服务，是否为郊区、乡村的居民服务，是否为附近的城市服务，是否靠近商业区，幼儿园由谁主办，幼儿园坐落在什么地点等，这些因素都会影响宣传工作。比如，有些投资者把幼儿园的服务对象限定为大学教师的家庭、贫困家庭、医院工作人员家庭，或者仅仅为某个工厂、办公室、俱乐部成员。这些因素都决定着在哪儿宣传和怎样进行宣传。就宣传的覆盖面来说，计算机网络、电台、电视广告的涉及面广，而通过直接邮递小册子、宣传信函，在橱窗展示布告，挨家挨户地宣传，或者在社区的公告栏上进行宣传的涉及面比较窄。

作为园长，应该充分利用一切机会，邀请记者来幼儿园，为幼儿园做新闻报道或者进行电视宣传。因为电台和报社记者可能会对幼儿园里一些比较新鲜的东西感兴趣，所以如果有一个新幼儿班开班了，或者有一个具有文化内涵色彩的新户外场地建立了，记者就会来幼儿园进行采访报道。如果幼儿园和一些大商社、机构或者医院联系密切，它们公关部的工作人员或许会感兴趣，也可能提供帮助。

在宣传方式方面，还可以把幼儿园的宣传材料带到地方集会、家长教师协会以及社区会议上，发给那些因为太忙而没有时间读书看报、听广播、看电视的家长；如果允许的话，还可以播放一些幼儿园的老师如何照顾幼儿的短片，这会让宣传更加生动形象。

对公司而言，它们最感兴趣的是其职员的幼儿能否在当地幼儿园里获得悉心的照顾。一些公司首先考虑社区的幼儿园，因为它们能够获得优惠，比如能够进行集体价格协商等。这时，要制作一个专为公司职员设计的幼儿园简介，并且经常与这些公司联系，这对吸引公司职员很有帮助。

通过多种渠道、多种方式对幼儿园进行广泛的宣传是非常重要的。同时，不要低估那些对幼儿园质量交口称赞的家长们的口头宣传。一个值得信赖的高质量教学或一个由接受良好培训、高素质的教师执教的幼儿园比什么宣传工作都重要。

二、幼儿园的招生

（一）幼儿园招生规模的确定

幼儿园招生规模是指幼儿园招收婴幼儿入园名额、年龄等预计指标，是幼儿园有目的、有计划管理婴幼儿入园工作的首要保证。招生规模的确定，要依据本幼儿园园舍、设施、师资、经费实际情况以及幼儿园生源情况而确定：一方面满足社会对婴幼儿入园的要求；另一方面要保证婴幼儿入园后的生活、游戏等活动及其身心的健康发展。

确定招收幼儿的数量应按照调查、分析、确定等步骤进行，以使所确定的招生规模更为合理、实际、精确。

1. 调查

调查包括了解本幼儿园情况及幼儿园周围社会生源情况。首先要对本幼儿园现有的园舍及设施情况、师资、经费等逐项调查、了解，如入托婴幼儿入园后有无符合条件的活动室、盥洗室、卫生间及喂奶室、哺乳室等，厨房工作规模能否满足全园婴幼儿伙食需要，幼儿园教师及工作人员与全园婴幼儿的比例是否合乎幼儿园教职工编制水准及超出标准量的具体数据，对幼儿园现有资金及招入婴幼儿后全园资金的使用预算，综合起来即幼儿园招收婴幼儿入托的承受力；其次是调查幼儿园周围社会对幼儿园收托入园的意见、建议以及生源情况。幼儿园招收婴幼儿范围不限，以就近入托入园为主。对长期驻本地区外地婴幼儿，在幼儿园招收规模外可适当考虑，给予照顾，如外地机关、企业及国外人士的子女居住在本幼儿园附近，幼儿园要了解以上居民家庭中适龄婴幼儿的情况，对编外招收生源有所了解，作为确定幼儿园超额招生规模的依据。

2. 分析

在充分调查幼儿园内外人力、物力、财力及生源等情况的基础上，认真分析幼儿园已具备的招收婴幼儿入园条件，尚未达到的条件以及生源情况，不符合条件的项目应尽量弥补。遇到入园高峰时，幼儿园应尽量满足家长送子女入园的要求，如果房屋不能满足入园需要，应尽量扩大房屋使用面积或调配、增设婴幼儿活动用房及相应的生活用房。若生源短缺，应想办法扩大招生范围，如对幼儿园各年龄班扩大，增加班容量或设置新班，以弥补招收适龄入园婴幼儿数量的不足等，使招入婴幼儿数量与本幼儿园规模相适应。

3. 确定

在调查、分析基础上确定幼儿园较为可行的招生规模。例如，幼儿园将要毕业两个班共 60 名幼儿，计划招生应在 60～70 名，但正值婴幼儿入园生源较少时期，预计招入不足 50 名婴幼儿。因此，可扩大幼儿园婴幼儿其他年龄班的招收数，如兼招 10～20 名各年龄插班生，以保持幼儿园规模的平衡。幼儿园婴幼儿招入规模的确定是动态的、灵活的，应在确定的预计招收规模范围内适当机动，但应杜绝无原则的机动、灵活招生。过多或过少招入婴幼儿都是错误的。

（二）幼儿园招生简章的制订

招生简章是幼儿园招收婴幼儿的计划工作以简要的文字表述成文，并报上一级行政主管部门批准后，在幼儿园外公开张贴，使适龄婴幼儿家长见到简章后及时按简章规定到幼儿园报名办理子女入园登记手续的宣传性提纲，是幼儿园每年一次的定期大规模招生工作的开端。婴幼儿入园简章包括：报名条件、时间、地点、手续，招收婴幼儿入园的规模，注意事项等部分。简章既是婴幼儿家长为其子女入园报名的指南，同时也便于幼儿园招生工作的顺利进行。

1. 报名条件

报名条件是指幼儿园招收的婴幼儿身体状况、智力等健康要求及居住地范围等要求。在招生简章中要明确表述，以提醒不符合要求的婴幼儿家长明白招生条件，量力参加报名。如规定智力不健全或有严重遗传病、传染病的幼儿，如患有心脏病、肝炎的婴幼儿，不允许报名，一旦报名，经体检不合格未能录取，无疑会给幼儿园招生工作及家长带来不必要的麻烦。

2. 报名时间、地点、手续要求

招生简章中应明确提出报名的起始时间和结束时间，报名地点、应携带的证件及方法。如"请家长在规定的时间内到幼儿园报名，携带婴幼儿户口册、父母双方工作证或所在单位开具的证明信以及孩子，进行验证、登记、面试（主要是面试婴幼儿身体智力有无明显缺陷、残损等）等，办理入园的简要手续"。

3. 招生规模

应在招生简章中标明此次幼儿园新招收婴幼儿的年龄，即出生时间范围、婴幼儿数量以及适龄插班幼儿年龄和数量。

4. 注意事项

注意事项是招生简章中强调的重要内容及规划，如婴幼儿无本地区户口或临时户口的不予报名；身体或大脑有严重缺陷以致影响生活、活动的婴幼儿以及患有传染性疾病如肝炎、猩红热等病的患儿不予报名；婴幼儿家长不得同时在两个或两个以上幼儿园报名，经检查发现应予以取消录取资格，以免给招生工作带来混乱等。

录取方法：一般在幼儿园门口公布或以短信形式通知家长，录取与否均应发出通知，以免家长到幼儿园询问、打听，影响正常工作。下文为招生简章的范例。

金童幼儿园 2019 年招生简章

金童幼儿园是按照幼儿园建设要求建造的规范化幼儿园，该园坐落在新华小区院内，占地面积 4000 多平方米，建筑面积 3000 多平方米，设有可容纳 400 名左右幼儿的标准教学班 12 个。童话般的建筑风格，优雅和谐、童趣盎然的学习环境，户外有超大的游戏活动塑胶场地，为孩子们提供无限乐趣和创意。幼儿园严格按照示范幼儿园的标准配备玩、教具及其他设施，每个教室都配置有品牌化的空调、远程视频系统、数字化的大电视和 DVD、实物投影仪、钢琴、绿色环保太阳能以及高质量的幼儿配套盥洗设施，冬季用热的流动水洗手，为小朋友生活、学习、游戏提供丰富的物质条件。除此之外，幼儿园还配有安全舒适的儿童专用接送车。

一、办园宗旨

我们的办园宗旨是让每一个孩子拥有快乐童年。

二、教育理念

我们的教育理念是关注每一个孩子的成长；走进每一个孩子的童心世界。

三、培养目标

孩子在我们这里将得到健康的身体、强烈的求知欲和探索力、高尚的人格。

四、优质的教师队伍

我们不仅面向全市招聘了从事多年幼教工作的优秀教师，又从××大学引进了部分学前教育、英语、音乐、美术等专业的本科和专科优秀毕业生，搭建起了一支教育理念先进、数量足够、结构合理、素质优良的幼儿教师队伍。

一流的教育、生活设施，高端的管理团队和优质的教师队伍，金童幼儿园是一所适合孩子身心发展的儿童乐园。

五、办园特色

1）小班化教学。每班 25 人左右，配备 3 名教师，面向全体，提高幼儿的综合素质，注重个体发展，关注幼儿学习生活的不断提高。

2）双语教学。使用××版《英语》，有专业的英语教师任教，还有外籍教师任教，将课堂英语活动、区域教育活动、生活英语教育活动、英语学科活动融为一体。

3）分享阅读。以培养儿童的阅读兴趣与习惯，发展基本的阅读能力为目的，让孩子在轻松、愉快的气氛中，加速语言能力的发展。

4）幼小衔接课程。充分发挥学校一体化优势，从幼儿园大班下学期起，由某双语学校的教师来引导孩子学习一些幼小衔接的知识，为孩子适应小学生活打下良好基础。

5）丰富的特长教育。设立了奥数思维训练班、分级阅读班、舞蹈启蒙班/考级班、钢琴启蒙班/考级班、架子鼓班、拉丁舞班、形体班、创意美术班等，让每个孩子至少拥有一项特长。

6）双语化、生态化、儿童化的育人环境。一楼蓝色海洋，二楼绿色森林，三楼神秘的太空，全部双语文化设计，从视觉、听觉等方面让孩子感受到英语的魅力，形成英语意识。

7）多人的智慧促进孩子的发展。每个班除了专任的 3 名教师任教之外，另有逻辑思维训练教师、专业英语教师、外籍教师、艺术特长教师来任教，每个孩子至少拥有 8 名以上的老师，多人的智慧促进孩子的发展。

六、2019 年春季招生计划

1）今年春季招收小小班、小班、中班和大班（学前班）共 8 个班，年龄为 2.5～6 岁，额满为止。

2）报名的家长请携带户口本、孩子的接种卡前来幼儿园报名。

七、说明

1）每名在园幼儿可以自主选择 2 种特长教育，不再收费。

2）外教上课费、保险费等教育费不再另收。

3）幼儿园厕所设计采用幼儿专用坐便器和小便池，适合孩子的生活习惯。

4）定期组织园所开放活动，邀请家长观摩、体验孩子一日生活。

5）幼儿园提供科学营养的配餐，满足幼儿的营养需求。

6）全园电子监控，全职保安，保证孩子安全。

八、报名地点

1）金童幼儿园一楼招生办公室。招生热线：1234567。

2）报名时间：2019 年 3 月 15 日～2019 年 4 月 15 日（周六、周日及寒假期不休息，欢迎家长朋友带孩子来参观幼儿园。）

金童幼儿园采用全新的教育模式和体系，让孩子快快乐乐地游戏、轻轻松松地发展，给孩子一次科学超越、理想发展的良机，您会发现宝宝的潜能原来如此惊人！

【思考问题】
还有哪些更好的方法来宣传幼儿园呢？

第六节 入园与分班

一、入园工作的特点与原则

（一）幼儿入园工作的特点

幼儿入园工作是幼儿园园长对幼儿园幼儿管理的首要工作。幼儿园教育是社会主义教育事业的重要组成部分，是我国学校教育的预备阶段，同时又为幼儿家长安心参加社会主义建设提供便利条件。幼儿的入园工作是从每个家庭的需要出发的，幼儿家长有权决定幼儿是否入园。

幼儿入园工作具有以下特点。

1. 服务性

《条例》及《幼儿园工作规程》（以下简称《规程》）中都明确提出了幼儿园工作应解放妇女劳动力及使家长安心参加建设的要求。因此，幼儿入园工作应首先为家长服务，其形式也应体现服务性特点，如幼儿家长可随时办理离退园手续，幼儿园应根据幼儿的缺额随时补招新生入园。

2. 入园形式多样化

为适应本地区特点，幼儿园学制为托儿所 3 年、幼儿园 3 年制或 1 年制或 2 年制等。开办幼儿园形式分为全日制、半日制、定时制、季节制、寄宿制以及临时性计时收托入园等。

3. 入园检查制度化

幼儿园是幼儿集体生活、游戏的场所，幼儿年龄小、机体免疫力较差，因此首先必须防止传染病的传入和蔓延，以保证幼儿身体健康。《规程》中指出："幼儿入园前，应当按照卫生部门制定的卫生保健制度进行体格检查，合格者方可入园。"入园前幼儿体检一般由地区指定医院，定点、定员进行统一检查，以保证入园幼儿身体素质能适应幼儿园的生活作息制度。

4. 开放性

幼儿入园工作具有开放性特点。各企、事业单位和机关、团体、部队幼儿园，有条件的，应面向全社会招收适龄的附近居民子女入园。国有、集体幼儿园应面向社会开放，招收幼儿入园。

幼儿入园工作还具有工作计划性、周密性特点。从入园开始，幼儿园为每个幼儿建立较为详尽的档案，为幼儿园全面管理幼儿的生活提供各方面的数据及材料。

（二）幼儿入园工作的原则

幼儿入园工作是一项制度严格、计划周密、细致琐碎的工作。入园工作是幼儿园科学管理、统筹调控的体现。因此，幼儿园入园工作应本着严肃认真、一丝不苟的作风，逐项工作认真落实，提高幼儿入园工作的效率和质量。

幼儿入园工作应遵循以下原则。

1. 立足为社会服务

热情对待每一位前来报名的幼儿及家长。幼儿园应对烈士子女、家中无人照顾的残疾人子女及单亲子女给予照顾，优先考虑其入园条件。有条件的幼儿园应安排专人对以上被照顾对象上门招生，办理入园手续。集中、大规模招收新生时，应为家长贴示办理报名程序指示和路标，方便家长顺利办理报名手续。对平时到幼儿园报名有实际困难的家长，应根据幼儿园缺额情况及时办理报名及入园手续。

2. 严格执行有关幼儿的体检制度

本着对幼儿、家长及托幼工作的负责态度，对每一名前来报名的幼儿进行有关卫生部门规定的体格检查。集中招收新生时，可将本地区指定医院的医务人员请到幼儿园中对幼儿进行集中体检。个别入幼儿园的幼儿，则必须令其到地区卫生部门指定医院体检，并加盖专用体检章，经审核该幼儿符合入园标准后方可批准其正式入园。对不符合入园标准的幼儿家长，要进行耐心的解释，使其理解幼儿园规定，支持入园工作。

3. 端正入园工作作风

应制订入园工作规章制度，园长以身作则，对前来报名的幼儿及家长一视同仁、公正对待，杜绝收受家长馈赠。对不符合入园条件托人说情现象严加制止，在社会上树立幼儿园正面形象，保证入园工作的质量。对违反规定的幼儿园工作人员，应查明事实并追究其责任，给予处罚，认真执行本地区收费规定。

4. 热情迎接每一位入园的幼儿

耐心、细致地对新生进行分析，了解其生活习惯，对入幼儿园的新生给予细致入微的照顾，通过多种手段以游戏形式消除幼儿的陌生感，使其尽快适应幼儿园生活。

幼儿园园长应带头执行并监督入园工作原则，把握正确的指导思想，从幼儿入园工作抓起，全面提高保教质量。

二、了解入园幼儿的情况

全面了解幼儿情况对迎接幼儿新生入园后的生活、游戏等活动，使其尽快适应陌生环境有着不可忽视的重要作用，是更好地迎接新生入园的首要工作。

（一）全面了解入园幼儿情况

1. 了解幼儿的生活习惯

幼儿在入园前的生活大多是在家庭中度过的，因此其生活习惯是其所在家庭生活习惯的缩影，在不同程度上反映了该家庭的生活习惯。幼儿园是幼儿集体生活的场所，并有着严格的作息制度，幼儿从熟悉的家庭生活中转到幼儿园的集体生活的确有很大的困难。了解幼儿的生活习惯，便于迎接新生时针对不同生活习惯的幼儿给予不同的照料，使其感到犹如在家中一样，而后把幼儿园的生活常规教育逐渐渗透到幼儿的集体生活各环节之中，以便使其尽快适应幼儿园的生活。

2. 了解幼儿的身体健康状况

幼儿身体健康状况对其适应幼儿园集体生活有很重要的影响。根据了解到的情况对幼儿健康状况及体质情况进行认真分析，建立幼儿园及班级幼儿健康档案，以便在幼儿入园后针对不同体质及健康状况的幼儿给予适度照料，也可以有针对性地锻炼幼儿身体，提高其健康水平。

3. 了解幼儿个性特点

每个幼儿都有着不同的个性和气质，其个性及气质特点是其适应陌生环境的心理因素。了解幼儿个性特点有助于因人施教，以促进幼儿的心理健康发展。

（二）了解入园幼儿情况的方法

1. 问卷调查法

问卷调查法通过问卷的形式，对幼儿在家庭中的生活习惯、健康状况及个性特点等进行调查，得出结果，以帮助教师分析、研究，采取相应的措施，帮助幼儿尽快适应集体生活，并得到充分发展。事先准备好有关题目，一般以回答"是""否"或划"√"等题型出现，将要调查的内容编成题，印发给幼儿家长，要求其填写回答试卷上的问题，幼儿园统一保存建档作为学期开始评估幼儿发展水平的依据之一。

2. 家庭访问法

家庭访问法是指幼儿园教职工深入到幼儿家庭中了解其生活习惯、健康状况及个性特点等的方法。访问法可以了解到幼儿更多的情况，较问卷法了解得更深入，但需幼儿园有一定的人力和时间。

3. 观察法

可由幼儿园举办幼儿园开放活动，请将要入园的幼儿及家长到幼儿园参加，允许幼儿及家长进入各班活动室，参与幼儿园教学班师生的游戏活动，以观察幼儿的反应，了解情况，为新生入园工作的顺利进行做准备。

可见，做好入园幼儿身体、生活、个性等方面情况的调查、了解工作，是幼儿园幼儿入园工作的重要准备。只有全面了解幼儿情况，才能有目的、有计划地做好幼儿入园迎接工作。

三、办理入园手续

（一）办理幼儿入园登记手续

登记手续是幼儿园在招生报名后，批准录取的幼儿随家长来幼儿园报到所需进行的注册手续。

登记手续是建立幼儿入园档案的基础，是新入园幼儿花名造册的重要依据，也是科学管理幼儿入园工作的体现。

入园登记手续包括：家长填写入园登记表格，幼儿出生后健康卡片登记，预交幼儿伙食、管理、保育等费用及幼儿入园后使用的物品费用，幼儿安全保险登记，须取物品登记，班级幼儿家庭情况登记等。

1）填写入园登记表格。家长持录取通知及体检报告单前来登记，经审核体检报告为健康的，发放登记表 1 张，请家长填写 1 或 3 份（园内幼儿档案 1 份、保健室存档 1 份、班级保教教师 1 份，以备与家长联系用）。

2）交纳各种费用。家长填写表格、验表。填表处留下 2 份，家长持 1 份表格到会计室交费，财会人员凭登记表为幼儿家长办理入园预收费用及用品费手续。

　　3）领取物品。家长凭交费收据及用品费收据到指定房间领取幼儿用品，包括幼儿个人用被、褥、毛巾、水杯、枕巾、枕套、床单（幼儿园有学习用具，如色笔、幼儿园用书）等。除文具、毛巾、水杯以外，其他用品需家长绣上幼儿姓名，以便班级保教人员对幼儿物品的保管和保证幼儿使用自己的睡具。毛巾、水杯每日须清洗，定时消毒，因此可供幼儿集体统一使用。

　　4）到医务室或保健室送交幼儿出生后的健康、防病卡片，注射各种药物的时间、地点等登记卡，便于幼儿入园后统一进行定期免疫、防病注射、服药等工作。

　　幼儿入园登记手续是入园工作的重要环节，登记手续应做到细致周到、认真审核、耐心服务，以确保幼儿入园后正常的生活、游戏，利于幼儿园保健、教养、幼儿管理等工作的顺利开展，因此幼儿入园登记手续要认真做好。

　　（二）入园体检

　　体检是幼儿入园工作的关键环节。幼儿入园体检是幼儿园经过本地区幼儿保健所指定医院对申请入园幼儿进行规定项目的身体健康检查，为幼儿做身体、智力状况的鉴定检查，并作为幼儿园收托幼儿入园的依据。

　　幼儿园幼儿入园体检可集中在幼儿园进行。大规模招生时，为方便幼儿及家长，可与指定医院联系，请负责有关体检项目的医生来幼儿园为幼儿进行统一体检。如为日常性招生，可由家长带幼儿到指定医院体检。

　　集中在幼儿园进行体检前要与医院联系好，以便医院做好在幼儿园体检的各方面准备工作，使体检有条不紊地进行。

　　幼儿入园体检一般包括身高、体重、血色素、视力、智力、身体发育、心脏功能、肺功能、骨骼、传染病、营养状况检查等方面内容。

　　幼儿入园体检工作应由保健医生负责组织，收集体检报告，将体检情况如实上报园长，告之因体检不合格而不能录取的幼儿名单，并将已录取及未录取幼儿的体检报告建立入园体检档案，作为每一位入园幼儿成长健康档案材料，统一管理。不合格的报告单独存放备案。

　　幼儿园幼儿入园体检工作是幼儿园录取新生工作的最后环节，也是最重要的环节。经体检合格的、符合招生条件的幼儿则为正式录取的新生；反之，符合其他条件，而体检不合格的幼儿不能被录取，或经复查合格以后方能录取。

　　为此，幼儿园要对幼儿入园体检工作严格把关，为提高幼儿园幼儿身体健康水平以及身心健康和谐发展提供重要的保证。

四、入园编班

　　幼儿入园编班是指幼儿园对录取的新生从促进其身心发展出发，为便于幼儿入园后的生活、游戏、学习活动、保教人员对其进行养成教育及相应的生活照料，按规定编制一定数额的幼儿为一班，根据招生规模大小及实际招生数编为若干个班。

幼儿入园编班依据《规程》关于招生编班的规定及幼儿园实际，可按年龄分别编班，也可将幼儿年龄相近的混合编班，分组教养。

幼儿园编班时要严格按照《规程》的编班规模限制各班幼儿定额。幼儿园每班幼儿人数一般为：小班（3 周岁至 4 周岁）25 人，中班（4 周岁至 5 周岁）30 人，大班（5 周岁至 6 周岁）35 人，混合班 30 人。寄宿制幼儿园每班幼儿人数酌减。

幼儿园幼儿入园编班工作应从以下两方面考虑。

（一）考虑合理的幼儿性别比例

幼儿性别比例是编班的重要内容之一，幼儿园应根据招收入园幼儿总体性别比来确定编班性别比例。如某园招生录取的小班幼儿共 58 名，其中男孩为 26 名，女孩为 32 名，男、女孩比例为 1∶1.23，那么在编班时，各班幼儿性别比例也应在 1∶1.23。每班幼儿性别比例不能严重失调，如小班，甲班女孩占 2/3，乙班男孩占 2/3。因此，在编班时，要考虑幼儿性别比例，使各班幼儿性别比例合理，利于幼儿发展及保教人员的教养。

（二）考虑各班幼儿的身体素质状况

它是指依据入园幼儿体检报告，分出体质强弱的幼儿，在编班时合理地分配不同体质的幼儿在一个班，避免体弱儿集中在一个班，不利于保育员、教师的个别照顾。一方面，体弱儿集中在一个班会给保教工作带来困难，如分别编到各班，相对地各班体弱儿比例变小，便于教师和保育员的个别教育和特殊照顾，减小班级负担；另一方面又有利于幼儿间的相互影响，共同促进。因此，编班时应避免各班体质好、中、弱的幼儿比例失调，应合理搭配，使各班比例比较均衡。

编班工作关系到幼儿入园后的生活、游戏、学习和身心健康和谐发展，同时也是幼儿园合理分配保教人员工作负担量的体现。因此，应认真做好幼儿入园编班工作。

🐻 思考与练习

1. 幼儿园园址的选择有哪些条件？实地察看一所幼儿园，看是否符合选址要求。
2. 调查几所幼儿园，试写一篇关于幼儿园办学体制改革情况的调查报告。
3. 假如你自己办园，试写一个筹建幼儿园的申请报告。
4. 拟一份幼儿园教师招聘启事。
5. 拟一份幼儿园入园工作计划。

第三章

幼儿园环境与设备

本章提要:《幼儿园教育指导纲要》(以下简称《纲要》)明确指出:"幼儿园应为幼儿提供健康、丰富的生活和活动环境,满足他们多方面发展的需要,使他们在快乐的童年生活中获得有益于身心发展的经验。"幼儿园是入园幼儿主要的生活和活动的地方,幼儿园环境的好坏直接影响着幼儿的成长。本章主要论述幼儿园室内、室外环境创设的一般方法及基本设备的配置。

 第一节 幼儿园环境对幼儿的影响

一、健康、丰富的生活和活动环境可以满足幼儿多方面发展的需要

环境是人类赖以生存、发展的大背景,是物质社会、心理条件的综合。幼儿园环境是幼儿成长和发展的资源,是对他们进行全部教育活动的物质基础。幼儿对环境的选择带有明显的倾向性,他们喜爱熟悉的环境,常常对不熟悉的环境产生陌生、害怕感。适宜的环境对幼儿的认知活动起到良好的启发、引导作用,能够激发他们去尝试、探索、思考,使其语言、交往认知、动手操作等能力得到相应的发展,智力水平得到相应的提高。可见,为幼儿创设一个他们喜爱的、适合其身心健康发展的环境,不但能激发幼儿的兴趣,调动幼儿的主动性和积极性,更能使幼儿获得用其他手段难以达到的效果,从而促进幼儿整体的和谐发展。

二、幼儿园环境是重要的教育资源

幼儿园的环境是指幼儿园内幼儿身心发展所必须具备的一切物质条件和精神条件的总和。幼儿的成长离不开环境,环境对幼儿发展的影响是极其深远的。我国古代对此就有精辟的论述。如"近朱者赤,近墨者黑",就是强调环境对人的感染作用。又如"孟母三迁"的故事说明培养人才要重视环境的选择。古代教育家颜之推认为,环境是通过潜移默化的方式对儿童产生影响的,而这种影响是深远而持久的。瑞士心理学家皮亚杰认为,人的潜力行为就是适应能力,环境是儿童发展最重要的因素之一。所以说,环境对幼儿的发展作用是重要的,不可替代的。

幼儿园是促进幼儿身心发展的重要场所之一，对幼儿具有特殊的意义。对于 3～6 岁的幼儿来说，他们不具备成人对环境具有的那种选择、适应、改造等能力，这决定了幼儿对环境具有广泛的接受性和依赖性，创设一个科学的幼儿园教育环境就显得更为必要。幼儿园环境创设有利于用环境对幼儿进行生动、直观、形象和综合的教育，让幼儿参与和利用环境，对幼儿进行全方位的信息刺激，激发幼儿内在的积极性，让幼儿直接得到一种情感体验和知识的启迪，从而促进幼儿的全面发展。

幼儿园环境依据不同的标准可以进行以下分类。以活动空间为分类标准可以分为室外环境和室内环境；以环境的形成过程来分，可以分为自然形成环境和人为创设环境。前者简称自然环境，后者简称人文环境。在幼儿园中，两者往往是相互渗透的，在两者的交互作用中，共同完成对幼儿的教育作用。

 幼儿园的园舍设计

幼儿园规划工作的首要任务是建筑设计，其原则是更好地体现幼儿园的办园及教育理念，并为幼儿园的发展预留空间。

一、幼儿园园舍功能的设计要求

《城乡建设环境保护部、国家教育委员会托儿所、幼儿园建筑设计规范》中明确规定了幼儿园园舍功能的设计要求。

《城乡建设环境保护部、国家教育委员会托儿所、幼儿园建筑设计规范》的部分标准及要求

第五条　四个班以上的托儿所、幼儿园应有独立的建筑基地，并应根据城镇及工矿区的建设规划合理安排布点。托儿所、幼儿园的规模在三个班以下时，也可设于居住建设物的底层，但应有独立的出入口和相应的室外游戏场地及安全防护设施。

第六条　托儿所、幼儿园的基地选择应满足下列要求：

一、应远离各种污染源，并满足有关卫生防护标准的要求。

二、方便家长接送，避免交通干扰。

三、日照充足，场地干燥，排水通畅，环境优美或接近城市绿化地带。

四、能为建筑功能分区、出入口、室外游戏场地的布置提供必要条件。

第九条　托儿所、幼儿园室外游戏场地应满足下列要求：

一、必须设置各班专用的室外游戏场地。每班的游戏场地面积不应小于 60 平方米。各游戏场地之间宜采取分隔措施。

二、应有全园共用的室外游戏场地，其面积不宜小于下式计算值：

室外共用游戏场地面积 $M=180+20（N-1）$

注：1. 180、20、1 为常数，N 为班数（乳儿班不计）。

2. 室外共用游戏场地应考虑设置游戏器具、30 米跑道、沙坑、洗手池和贮水深度不超过 0.3m 的戏水池等。

第十条　托儿所、幼儿园宜有集中绿化用地面积，并严禁种植有毒、带刺的植物。

第十一条　托儿所、幼儿园宜在供应区内设置杂务院，并单独设置对外出入口。

第十三条　托儿所、幼儿园的生活用房必须按第二十一条、第二十八条的规定设置。服务、供应用房可按不同的规模进行设置。

一、生活用房包括活动室、寝室、乳儿室、配乳室、喂奶室、卫生间（包括厕所、盥洗、洗浴）、衣帽贮藏室、音体活动室等。全日制托儿所、幼儿园的活动室与寝室宜合并设置。

二、服务用房包括医务保健室、隔离室、晨检室、保育员值宿室、教职工办公室、会议室、值班室（包括收发室）及教职工厕所、浴室等。全日制托儿所、幼儿园不设保育员值班室。

三、供应用房包括幼儿厨房、消毒室、烧水间、洗衣房及库房等。

第十四条　平面布置应功能分区明确，避免相互干扰，方便使用管理，有利于交通疏散。

第十五条　严禁将幼儿生活用房设在地下或半地下室。

第二十二条　寄宿制幼儿园的活动室、寝室、卫生间、衣帽贮藏室应设计成每班独立使用的生活单元。

第二十四条　幼儿卫生间应满足下列规定：

一、卫生间应临近活动室和寝室，厕所和盥洗应分间或分隔，并应有直接的自然通风。

四、炎热地区各班的卫生间应设冲凉浴室。热水洗浴设施宜集中设置，凡分设于班内的应为独立的浴室。

第二十六条　供保教人员使用的厕所宜就近集中，或在班内分隔设置。

以上这些条款就是对幼儿园园舍功能设计的具体要求。

二、幼儿园园舍外观设计

幼儿园的外观设计要求首先是满足功能的需要，房屋、廊柱、屋顶、阳台等应在安全的前提下考虑美观的问题；其次是形状和色彩应符合儿童的审美需要，根据对儿童心理的研究，儿童喜欢复杂的图形和鲜亮的色彩。因此，幼儿园园舍的外观色彩设计应尽量采用红、粉红、黄、淡绿、天蓝等儿童喜爱的颜色进行搭配。房屋的形状尽可能地富于变化，不要过于呆板，有的幼儿园设计的像童话王国的宫殿一样，孩子们会非常喜欢，这样能吸引孩子喜爱幼儿园，愿意上幼儿园。

第三节　室外环境的设计

幼儿园室外环境往往是给幼儿走进幼儿园的第一感觉，同时也是一个幼儿园办园理念、教育理念的固态表现。幼儿园室外环境作为教育的大背景，具有预设性。为更好地完成其教育功能，就必须科学划分，合理利用空间。随着我国经济的不断发展，全社会对幼儿教育的日益重视，幼教改革的不断深入，幼儿园的物质条件有了较大的改善。人们更加注重环境构建能否发挥环境的最大效用，提高了对环境的教育功能的认识，更新了教育观念，增强了利用环境的自觉意识，对环境进行科学的创设，不断优化。基于以上对环境的认识，在室外环境设计中，应集中体现设计的整体性、区域划分的合理性、科学性和安全性等原则。

一、室外设计的原则

（一）整体性原则

室外活动环境是一个小空间、大自然，可以给幼儿提供丰富的、立体的、多层次、多角度的大教科书，可以满足不同幼儿多种发展的需求。所以整体环境应变化中有统一，能够达到自然和谐的最高境界。做到曲直搭配、高低错落、难易结合。在可利用空间中，设置成品、半成品及原始材料，为不同年龄段和不同发展层次、发展要求的幼儿提供可选择的余地。

曲直搭配：如各种跳方、跳绳、迷宫、奥尔夫音乐线、竹竿、竹梯、轮胎、桶、箱、绳、各类沙包、球类等。

高低错落：如地面、草坪、沙池、水池、大型玩具、攀爬墙、秋千、跳球等。

难易结合：这一点主要是教师根据幼儿情况灵活把握，从而做到因人而异、有的放矢，选择适合幼儿的活动方案，更好地促进幼儿身心健康的发展，提高幼儿的运动技能。

（二）区域划分合理性原则

当建筑空间与各项设备都俱全以后，接下来需要考虑的便是如何将这些硬件设施与空间做合理的设计和布置。幼儿园若能有效利用空间，做好环境的设计，不但可以解决空间有限的困扰，同时美观的布置也能吸引幼儿的兴趣；而思虑周详的布置方式，也会相对减少幼儿的错误与破坏行为，并使幼儿养成良好习惯。一般来讲，幼儿园室外环境应包含以下功能区：种植区、饲养角、水池、沙池、大型玩具区、绿化区、攀爬区、运动区等。有些区域可以相互结合，如种植区与饲养角结合，水池和沙池可以共用，大型玩具和绿化区相结合等。这样既能保证各个功能区正常发挥作用，又能尽可能地节约空间，起到事半功倍的效果。

（三）科学渗透性原则

幼儿园的教育内容是全面的、启蒙性的，可以相对划分为健康、语言、社会、科学、艺术五个领域，也可作其他不同的划分。各领域的内容自成体系又相互渗透，从不同的角度促进幼儿情感、态度、知识、技能等多方面的发展。为完成这一教育目标，在设计环境这一大背景的时候，就要考虑环境教育作用的相互渗透。教育幼儿知道必要的安全保健常识，学会保护自己，并且喜欢参加体育活动，使动作协调、灵活。通过有趣的体育游戏，使幼儿喜欢参加体育活动，在活动中感到愉快，并在情绪愉悦的过程中，完成各种动作技能养成良好的习惯。如幼儿在攀爬区进行活动时，教师可以引导幼儿学习正面钻以及较自然、协调地爬，学习科学的运动方式，养成爱好运动的好习惯，并在攀爬中认识攀登设备，增长知识，提高能力。另外，饲养角的活动同样可以渗透科学教育。在饲养角的活动中，可让幼儿亲自喂养动物，并在喂养过程中逐渐掌握喂养的技巧（以免受伤），从而培养幼儿的责任感。

幼儿在种植区活动中，可按班级分组也可自由编组，幼儿可参与种植、培养植物的活动，在活动中培养幼儿的合作意识和参与意识，培养幼儿对劳动的兴趣及一定的劳动技能。

幼儿在日光区、绿荫区、沙池、水池的游戏，都可以从不同的方面渗透科学的思想和观念，使幼儿既能学习到科学知识，又能掌握从事科学活动的本领。

（四）安全性原则

幼儿园的周边环境设施、室内外活动场地、大型玩具、室外其他玩教具等是幼儿经常使用的物品，这些物品的安全与否直接影响着幼儿的身心健康。幼儿园在设计、购置这些设施时首先要考虑到它的安全性，其次是它的实用性，再次才是与环境的协调性和美观性。这是幼儿园室外环境设计的又一个原则。在安全性方面应注意设施所用的材料是否是无毒无味的，设施的设计是否安全，设施在使用时是否方便教师帮助孩子。有些幼儿园使用汽车旧轮胎作为孩子体育锻炼的设备，这种废物利用的想法很好，但是忽视了一点，就是旧轮胎对孩子的健康是有不利影响的，长期使用会造成对环境的污染和对幼儿身体的伤害。在幼儿园环境创设过程中一定要特别注意安全问题，这是环境创设中最重要的一点。

总之，幼儿园环境的创设，应以整体把握、合理划分、科学渗透、安全使用为宗旨，开展丰富多彩的户外游戏和体育活动，培养幼儿参加游戏和体育活动的兴趣和习惯，增强体质，提高对环境的适应能力。用幼儿感兴趣的方式发展基本动作，提高动作的协调性、灵活性，培养幼儿坚强、勇敢、不怕困难的意志品质和主动、乐观、合作的态度，从而促进幼儿身心和谐、健康发展。

二、室外环境的创设方法

（一）创设丰富的、科学的物质环境

1. 重视三维空间的充分利用

幼儿园的环境创设，要充分利用地面、墙面和空间，尽可能多地为幼儿提供接受各种知识或信息刺激的机会和条件，以促进幼儿无意识学习的能力，使幼儿在幼儿园的一日生活中，不知不觉地接受熏陶，吸收知识。

1）在地面上可画上各种图形、迷宫，涂写上颜色或写上数字、字母，供幼儿游戏使用，并使其通过游戏巩固学过的知识或获得某方面的锻炼。如在地面上画上中国地图，通过跳房子等各种游戏形式，认识祖国辽阔疆土的区域划分和分布，培养幼儿的爱国情感；又如"跳花格"，在不同的格子里分格涂上鲜艳的颜色并写上数字，帮助幼儿做辨色训练和巩固对数字的认识。

2）空间布置是通过在空中悬挂各种幼儿喜爱的物品来实现的，例如，中秋节时悬挂灯笼，国庆节时悬挂国旗等。

3）墙面布置的作用除美化幼儿园外，还可开设操作区、自然风景区等，充分发掘可操作性的布置，并根据教育需要灵活更换用途或内容，以利于幼儿观察。如把树叶、草、花、小动物模型、标本或图片布置在墙上，立体画面直观、生动、富有情趣，通过幼儿动手布置、观察，不但利于幼儿掌握四季的基本特征，又符合寓教于游戏中的原则。

2. 环境创设内容的全面性和系统性

根据幼儿无意注意占优势、好奇心强的特点，教师应为幼儿布置内容生动、形象、全面系统并与教育内容相适应的环境。

3. 注重幼儿参与创设环境过程的体验

幼儿园的环境一般都是由成人为幼儿提供，幼儿处于被动地位，无法参与到环境布置中去，结果影响了幼儿创造性的发挥。所以，幼儿园应该注重为幼儿提供获取新知识经验、锻炼双手技能的绝好机会，这样不但可使幼儿对自己亲自动手、动脑布置环境产生一种亲切感和满足感，而且会更加爱护珍惜环境，同时他们的成就感又得到鼓励，更能激发幼儿与环境的充分互动。活动区更应设计并提供符合幼儿年龄特点、与教育课程要求相适应的操作材料。材料和工具的摆放要方便幼儿取放，培养幼儿使用后放回原处的好习惯。所以，教师应让幼儿参与环境创设，体验行为过程。在创设环境时，注重环境设计过程的指导，让幼儿在参与环境设计的过程中，不断锻炼、增长才干、发挥幼儿在环境创设中的主体作用。

4. 发掘潜力，充分创设接近大自然的环境

为幼儿植一片草地，种几棵树，铺一条蜿蜒小径，引一条潺潺小溪，更利于实现幼儿投入大自然怀抱的梦想体验，增添幼儿对大自然的情趣。一个小斜坡可让幼儿尽情翻滚，一片绿草可以供幼儿享受柔软刺激的乐趣，让幼儿在大自然的怀抱中随意坐、躺、爬、滚、享受阳光的沐浴。幼儿园的户外活动场地的创设，要充分发掘场地的自然潜力，开辟一个可供幼儿翻滚、蹦跳、自由游戏的地方。户外活动环境的设计，要根据地区气候的特点，寒带地区要设有足够的挡风设备，多雨及热带地区要设遮阳遮雨的天棚或种植高大树木遮阳，园舍的建筑物位置的设计也应考虑挡风遮阳的问题。

（二）创设良好的精神环境

在丰富的物质环境的基础上，建立一个良好的精神环境，是幼儿园环境创设的重要组成部分。幼儿园内幼儿与成人之间、幼儿与幼儿之间、成人与成人之间，教师与家长之间，所建立起的种种情感，表达情感的方式、语言、行为、习惯等形成园风的氛围，直接影响着孩子们的成长。创设良好的精神环境起主导作用的，是教师的言行和教育态度，这又是孩子的注意焦点。因此，幼儿教师要加强对幼儿心灵美的教育，引导幼儿个性健康发展。

3.2

三、室外环境设计的评估

对幼儿园室外环境创设的评价的总目标只有一点，就是环境是否确实为幼儿的活动提供了帮助。具体的评估内容应包括以下方面。

1）每位幼儿平均有 2 平方米及以上的户外活动空间。

2）户外庭院为幼儿提供草坪、栽植花草树木，铺设平坦及崎岖的路面。

3）需要装中大型玩具，爬杆、平衡木、梯子等设施，供幼儿发展动作的协调能力。

4）户外活动区要有种植区、戏水池。

5）有 30 米以上的直跑道。

6）要铺设环保材料软化部分地面。

7）日照区和阴影区要均衡。

8）设有户外储存室，使孩子能自动放回可移动的运动器材。

9）活动场地要有良好的排水系统。

第 四 节　室内环境的设计

一、室内环境的设计原则

（一）环境与教育目标一致的原则

幼儿园环境是幼儿园课程的一部分，在创设幼儿园环境时，要考虑它的教育性，应使环境创设的目标与幼儿园教育目标相一致。要注重环境为教育目标服务，应该考虑两点。一是环境创设要有利于教育目标的实现。幼儿园教育目标是促进幼儿的全面发展。在环境创设时对幼儿体、智、德、美、劳五育不能重此轻彼。若教师仅仅注重幼儿的认知活动，设置读写算等区域，而缺少健康、社会、审美教育等环境，在创设发展幼儿社会性的环境时，只提供幼儿社会认知的环境，而对幼儿社会情感、社会行为发展的环境考虑很少等，都不利于幼儿的全面发展。二是依据幼儿园教育目标，对环境设置制作系统规划，在制订学期、月、周、日及每一个活动计划时，当教育目标确定后应考虑为了达到这些目标，需要有怎样的环境与之配合；现有的环境因素中，哪些因素对教育目标的实现是有用的，可以利用，哪些环境因素是要创设的，需要幼儿家庭、社区做哪些工作等，应将这些列入教育计划并积极实施。

（二）适宜性原则

幼儿正处在身体、智力迅速发展以及个性形成的重要时期，有多方面的发展需要。幼儿园环境创设应与幼儿身心发展的特点和发展需要相适宜。幼儿天性好奇，有强烈的探索欲望，教师就应为幼儿创设问题情境，使幼儿能学习发现问题、解决问题，提高思维水平和动手能力。幼儿知识经验少，需要学习感性知识，如需要感知雨，就应给幼儿准备雨伞或雨衣、雨靴，下雨时，幼儿可以在雨中散步；需要感知春天，就应组织观察活动，让幼儿观察春天的动物、植物和人们生活、生产方式的变化；幼儿需要阅读，就应提供各种各样的图书，开阔他们的眼界。处于不同年龄阶段的幼儿，身心发展特点和需要表现出不同的年龄特征，即使同一年龄阶段的幼儿，其兴趣、能力、学习方式等方面都存在很大差异。因此，环境创设就应适应幼儿的这种差异。幼儿的身心特点和发展需要还会随着其年龄增长而发展变化，因此，环境创设不是一次就可以完成的，它是一个设计→实施→修正→再实施→再修正的螺旋式发展过程。

（三）幼儿参与的原则

环境创设的过程是幼儿与教师共同参与合作的过程。教育者要有让幼儿参与环境创设的意识，认识到幼儿园环境的教育性不仅蕴含于环境之中，而且蕴含于环境创设的过程中。以往幼儿园环境创设常常较多地由教师包办，即使有幼儿参与，也仅限于将幼儿的作品拿来作为环境的点缀；学期初教师经常为了布置环境加班加点，而一旦环境布置好了，就认为大功告成，一学期难得更换一次，因而环境对于幼儿没有持久的吸引力。教师应将幼儿参与环境创设融入课程，以便对幼儿有针对性地进行教育。让幼儿出谋划策，人人都来承担自己的一份任务，真正展示和发展了任务意识、有目的地学习知识和技能的能力，以及分工合作、讨论、决策的能力和发现、解决问题的能力。

（四）开放性原则

开放性原则是指创设幼儿园环境，不仅要考虑幼儿园内环境要素，同时也要重视园外环境的各要素，两者有机结合，协同一致地对幼儿施加影响。利用开放的教育环境对幼儿进行教育，是教育者应该树立的大教育观。幼儿园不能关起门来办教育，脱离幼儿园园外环境进行园内封闭式的教育成效有限。幼儿园与家庭、社区合作的一般做法是：一方面选择、利用外界环境中有价值的因素教育幼儿；另一方面要控制与削弱消极因素对幼儿的影响。当然每个园、每位教师也有自己独特的做法，但重要的是要把与家庭、社区结合的活动纳入到幼儿园教育过程之中。如请交警来园模拟操作，给幼儿介绍交通安全知识；让家长制作一段反映幼儿一天典型生活的录像；带领幼儿参观附近市场、商店、医院等。更为重要的是要摸索出一整套策略和做法，在幼儿园、家庭、社区之间形成长期、稳定的合作关系。

（五）经济性原则

经济性原则是指创设幼儿园环境应考虑幼儿园自身经济条件，勤俭办园，因地制宜办园。我国近几年来经济发展速度较快，但由于人口多，底子薄，经济水平仍相对较落后，所有的幼儿园都应当发扬艰苦奋斗的精神，勤俭办教育，给幼儿提供物质条件时，应以物质条件对幼儿发展的功能大小和经济实用性为依据。如图书架主要是放置图书，供幼儿阅读的，可取几根木条，做成可以放书的许多小格，钉在墙上，幼儿易拿易放，又不占地方，墙边再放几把小椅子，幼儿看书也方便。此外，根据本园需要，就地取材，一物多用，也能够少花钱，多办事，办好事。

二、室内环境设计的方法

（一）布置的环境安全、易观察

幼儿园室内的物品首先要考虑到幼儿的安全，桌椅、橱柜的摆放位置和所放置的物品不能有尖锐的棱角，幼儿园的活动室分隔空间的柜子宜采用镂空的架子，并且不可超过幼儿的身高，除了使教师容易观察和监督外，也方便幼儿的取拿和放置。总之，室内的每一样东西都要考虑孩子的安全，这是至关重要的。另外，为了让孩子能自我学习，为幼儿准备的环境必须是一个真实的环境，每一样东西都是真实可用的，并且以幼儿的视线所及、双手可取的陈列为原则。

（二）室内设施有秩序

秩序不只是让每一样东西都有条不紊有顺序地陈设，也要考虑幼儿的接受程度、需要以及使用是否方便。如教具的陈列应具结构性和秩序性，宜遵守由左至右，由上至下，由简单到复杂，由具体到抽象的原则。但绝不可僵化不通，必须以能方便地观察幼儿的内在需求和身心发展为依据。另外，保持环境中的秩序固然重要，但环境是具有生命的、动态的，决不要僵化对秩序的要求，使环境成为静态的陈列室。

（三）布置一个简洁、温馨、自由的环境

幼儿环境的布置应以简洁为上，不需太过讲究，只要色调明亮、环境整洁，桌面摆瓶鲜花，就能散发出温馨的气氛，使孩子乐于置身其中，进而萌发维护环境的责任感。如果环境的设备、布置皆已妥善，完美陈列，幼儿却没有自由选择工作和反复练习的机会，则所有费尽心思的设计便是徒劳。因此，自由与开放的学习环境，是幼儿成长不可或缺的环境构成要素之一。

三、室内环境的评估

在经过空间规划、设备购买与环境设计后，要按照以下的评估项目，逐一评估。
1）活动室使用面积每名幼儿不低于 2.5 平方米。
2）活动室内家具要幼儿专用尺寸家具，材料易清洗、消毒
3）浴洗室中的洗手台、马桶为幼儿专用尺寸，数量充足。
4）教室的地板适合幼儿走、坐。
5）空调、采光的设备完善、环保。
6）有多功能活动室、科学发现室等专用教室。
7）有自制的符合本土化的玩教具，数量充足。
8）有益智玩具（积木、拼图等）、图书，数量充足。
9）有活动区角，有幼儿美术作品的陈列处。

10）教室内有植物、精致的饰物等室内装饰使幼儿感受到家的温馨。

儿童之家的室内设计

工作室是蒙台梭利"儿童之家"中幼儿最主要的活动场所，而五大活动区又是工作室最重要的教学区。因此，教师在布置活动区时，必须依各区所需的设施、空间及与其他活动区的相关性，寻找最适宜的位置，并注意以下各区的布置要领。

一、日常生活区
- 因常常需要用水，宜选择接近水源的地方。
- 可选择较接近门口处，以吸引幼儿进入教室工作。
- 较潮湿，应选择在通风处及有阳光的地方。
- 在桌上操作的活动较多，故桌子的设置应较其他区多。
- 需设置点心桌和清扫用具。

有些蒙氏幼儿园把日常生活区设置成厨房区，将日常生活训练中的抓、挤、拿抹布、洗涤东西、倒水等真实的生活动作的训练放在这个区域，很符合蒙台梭利的教育理念。

二、感官区
- 感官教具大多在地毯上操作，因此桌子分配较少。
- 感官教学和数学逻辑思考有部分关联，因此感官区应尽量接近数学区。
- 不宜设置在教室出入口区，以免搭建好的作品被碰倒。
- 需布置各种几何图形表和颜色。
- 宜避免和安静区（例如语文区）相邻。

三、活动区
- 应尽量安排在接近感官区的位置。
- 数学教具大多需在地毯上操作。
- 可放置身高器、体重器、温度计、时钟、生日卡等与数字有关的教具。

数学教具的零件较多，宜善加管理。可将矮柜摆出半开放空间，避免与其他教具相混。

四、语言区
- 语言区的工作需要思考，宜安排在较僻静的角落。
- 宜选择光线充足、柔和的地方，以利于阅读和书写，最好接近窗口，以增加安逸感。
- 提供软靠垫、盆栽的布置，营造宁静的气氛，并可作为幼儿暂时的私人天地。

五、文化区
● 临近水源、电源、光源，以利于各种实验的操作、进行。
● 需有足够的操作桌面，以方便模型的制作。
● 为了让教学活动可延伸至户外，最好有一扇门能通向户外，衔接户外的动物饲养区，构成一个完整的文化区。

四、幼儿园环境创设的材料来源

从理论上讲，幼儿园环境创设的材料来源应包括一切对幼儿发展有利无害的材料，并不一定要局限在某一类或某几类材料中。教师在进行环境创设时思路应该开阔，应该有自己的创造，在很多幼儿园中，环境创设的活动都是最能表现教师和孩子的创造力的地方。有的幼儿园能够因地制宜地开发新材料，麦秸、果壳、小石头、树叶等都能用来创设环境，而且构思巧妙，富于教育意义。

幼儿园环境创设的材料来源主要有以下几个方面：
1）幼儿活动作品及教师作品。
2）来自大自然的材料。
3）日常生活物中的废旧材料。
4）专门为幼儿制作的玩教具。

选择环境创设的材料应该注意以下问题：
1）应选用无毒、无味、无放射性的材料。
2）应本着节约的原则，尽量选用废旧物品，或一物多用。
3）材料及成品的大小应适度，过大会伤及幼儿的身体，过小会影响幼儿的视力。
4）材料应是干净、卫生的，不应有污染。

五、幼儿园环境创设中的误区

《纲要》高度强调了幼儿园环境创设的有关问题，对幼儿园的环境创设工作提出了明确具体、操作性强的要求。这些观点的针对性非常强，对幼儿园的环境创设工作具有重要的指导意义。幼儿园环境创设的话题，对广大的幼儿教育工作者不是一个新话题，幼儿园的教师也在长期的教育实践中积累了丰富的经验。长期以来幼教工作者都从不同的角度理解和实践，虽然在理论和实践的探索中积累了不少有益的经验，但也有不少的困惑，存在一些误区。因此，从这一点看，幼儿园环境创设又永远是个新话题。我们认为，幼儿园环境创设主要存在以下误区。

（一）只注重环境创设的外在形式而忽视内容

这一误区主要表现为一些幼儿园的指导思想与创设方法不是从教育幼儿的角度出发，较多地停留在幼儿园环境整洁、有序、美观上。主要是为了装饰，完成布置任务，只追求外在的形式，而不注意发挥环境在教育教学中的作用。

（二）环境创设内容的片面性

这一误区主要表现在内容都比较简单，环境创设只重视室内和墙壁的布置，忽视幼儿园内其他空间对幼儿教育的隐性作用，使幼儿园环境教育的功能大打折扣。单调、零散，缺乏整体布局意识，给人一种不平衡、不系统的感觉。例如，只注重物质条件的提供，不注重教育过程对环境的需要，这种片面的环境布置，极不利于幼儿的全面发展。

（三）只注重物质环境的创设而忽视了精神环境

这一误区主要是对环境创设含义的理解失之偏颇，以及将精神环境创设和物质环境创设的关系分割开来，表现在：将幼儿园环境创设主要理解为物质环境的创设，忽视或分割了精神与物质环境创设的关系。

物质环境的创设固然重要，由于它具备直观性、生动性、形象性，因此，对教师来讲，很容易被接受和掌握。符合幼儿需要的物质环境应该是丰富多彩，能激发孩子愉悦的情感，使他们觉得温馨、有安全感。如果幼儿园及活动室里四壁空空，缺乏幼儿活动材料，孩子无所事事，感觉冰冷生硬，无安全感，则会产生厌园的情感，缺乏物质环境还可导致幼儿的被动活动。如果环境、材料丰富，但教师不能营造对幼儿具有激励作用的良好的人际环境和精神氛围，孩子同样没有归属感。不同个性的孩子表达自己心理需求的方式也不一样，这就需要老师区别对待。比如，有些外向的孩子往往通过一些调皮捣蛋的行为希望能够引起老师的注意，而那些内向的孩子则采用更加隐蔽的方式。幼儿正常的心理需求长期得不到满足，会引发心理问题，对心理健康产生不良影响，严重的会出现行为障碍或人格缺陷。在提供安全环境的前提下，给孩子充分的自由，使孩子的心理需求得到最大限度的满足，这才是教育的本质。

（四）盲目模仿，追求时髦

出去参观学习，只注意别人有什么新活动区、新材料（也主要是看数量和摆设），有什么与自己不同的墙饰，而非领悟其道理，遵循的原理，是否符合本园本班的实际情况，是否满足幼儿的需要，特别是本园、本班幼儿的需要及其他多种需要，也不顾对幼儿的发展是否有价值，回来后便立刻照搬效仿，这种做法是极其有害的。

第五节 幼儿园基本设备的配置

一、幼儿园设备配置的基本要求

标准的幼儿园设施和设备配置的要求是主要用具齐备，使用功能齐全。幼儿园应设有以下设施和设备。

幼儿活动室：应配备适合幼儿特点的桌椅、玩具架、盥洗卫生用具以及必要的教具和玩具、图书和乐器等。幼儿园的教具、玩具应有教育意义并符合安全、卫生的要求，具体见表 3.1。

表 3.1　幼儿园的活动室用具基本配置表

名称	要求	件数
钢琴（电钢琴、电子琴）	以幼儿园经济条件而定	每班配一架
桌、椅	与幼儿身高比例协调，椅子的高度保证幼儿的腿弯度成90°，桌子的高度保证幼儿的胳膊与身体的角度成30°，这样才能保证幼儿的良好坐姿的培养。形状要求：形状一般以方形、圆形、三角形、梯形为主	比幼儿人数多2～3套
橱、柜	不得高于幼儿视线，放置要稳，色调与环境协调、靓丽，便于区域的间隔，便于物品的取放	以够用、不拥挤为宜
空调	置于安全位置，其大小与空间匹配	1～2台
电视机、录音机、功放机、投影仪、计算机	以操作方便、适宜教师使用为宜	以够用为准
备注	其他物品的配备按各园情况而定，以满足教学需要为准	

幼儿寝室：应准备幼儿用床、床上用品、少量的橱柜、教师的值班座椅等。

音乐室：较规范的音乐室内应有钢琴、录音机和视唱、练耳的相关设施、设备。音乐室的隔音效果要好，尽量保证减少外界干扰。

游戏室：游戏室内应为幼儿准备结构游戏的玩具、智力游戏的玩具、大动作训练的玩具、精细动作训练的玩具、语言游戏的玩具、拼图游戏的玩具、娃娃家的相关玩具等。只要是幼儿喜欢玩、并能尽量与教育目标相一致的玩具，就是最好的玩具。

体育活动室：尽量为幼儿准备丰富的体育器械。

家长接待室：应放置适合谈话用的桌椅，并营造一种适宜的谈话气氛。

寄宿制幼儿园应设寝室、隔离室、浴室、洗衣间和教职工值班室。寄宿制幼儿园应配备儿童单人床。

幼儿园应因地制宜，就地取材，自制教具、玩具，最大限度地为幼儿提供动手操作的材料。幼儿园建筑规划面积定额、建筑设计要求和教具、玩具的配备参照国家有关部门的规定执行。

二、幼儿园生活、活动室用具的基本要求

1）保证幼儿每人一套餐具，即一碗、一盘、一勺，并做到每餐消毒。

2）每位幼儿一口杯、两毛巾。离园后分别将口杯、毛巾天天消毒。

三、幼儿园的炊事设备

设有餐点的幼儿园要有符合卫生要求的常用餐具（如碗、勺、盘、杯等）、炊具（炉灶、锅、桶、盆等）、面案、菜案（生、熟食物分开）、冰柜、绞肉机、打蛋机、洗涮池、豆浆机、电饼铛、电烤箱、货物架等。幼儿园的炊事设备应保证卫生、安全、环保，并能满足幼幼的生活需要。幼儿园基本炊事设备如表 3.2 所示。

表 3.2　幼儿园基本炊事设备一览表（参考幼儿数 100～200 人）

设备名称	功能	可配备数量
电炉灶	烧菜、做稀饭等	2～5 台
冰柜	储存肉类、鱼类等	按不同容量配备 1～2 台
冰箱	临时储存食品	按不同容量配备 1～2 台
烤箱	制作点心	容量大的 1 台
食品柜	储存食品	普通规格 4～5 个
面案、菜案	做面食、切菜	各 1～2 个
绞肉机	绞肉	1 台
打蛋机	打鸡蛋	1 台
锅、桶、盆、筐	洗菜、放置食物等	若干

四、高级配置

幼儿园设备的高级配置即配合完成幼儿园高质量管理、保证高质量教学工作所需的基本条件，它是高层次幼儿园的标志性条件。计算机、网络设备、打卡机等这些高级配置保证了幼儿园信息化管理的实现。幼儿园信息化管理主要有以下方面。

1. 幼儿资料管理

可系统地记录幼儿相关资料档案，以便随时查询幼儿姓名、年龄、班级、家长信息、联系方式等内容，还包括幼儿成长档案，便于教师教学和园方与家长互动合作，迅速提升幼儿园的形象。

2. 人事管理

对幼儿园教职工的信息进行全面管理，能详尽地记录全园岗位设置情况、工资等级、部门信息、员工资料等信息，使幼儿园的人事、考勤、薪资管理更加规范、科学、合理，有利于园方的招人、育人、留人。

3. 收费管理

可以根据年级制订教学、餐饮、住宿、幼保等收费标准，进行收费录入、打单、统计、报表工作，并配有多种条件组合的收费查询功能，使园方能够及时了解幼儿交费与欠费情况，规范财务管理。

4. 幼儿签到、配餐管理

幼儿接送人员通过刷卡签到，取代传统的手工签到，提高了工作效率，为幼儿配餐提供统计数据，做到合理配食送餐。

5. 幼儿接送管理

采用 ID 卡刷卡、自动语音分区呼叫系统接送幼儿，方便、快捷、先进，使幼儿上学签到、放学接领的速度和效率明显提高。接送人员凭卡接送幼儿，提高了幼儿接送的正确率，使幼儿来得放心、回得安全，增强了家长对幼儿园的信任。

6. 设备、教具管理

对幼儿园的设备、教具、玩具和图书等进行统一规划管理，防止资产非法流失。

7. 考勤管理

对教职工进行刷卡、刷脸签到管理，既客观地记录教职工到园时间，又消除了人情考勤的弊病，并且可打印详细的考勤记录、考勤结果等报表。

8. 卫生保健管理

对幼儿进行体检、疫苗、疾病、体格锻炼的情况进行登记。

可见，在幼儿园的内部管理中，对整个系统的合理使用有利于提升幼儿园的档次，促进招生、评级等工作。

思考与练习

1. 结合当地情况编制一个新幼儿园室外环境创设方案。
2. 设计幼儿园活动室的环境创设方案。
3. 为一个新建的普惠制幼儿园编制一个室内设备配置方案。

幼儿园基本资料：幼儿 150 名，分成小班 2 个，中班 2 个，大班 2 个。

第四章

幼儿园的组织结构与规章制度

本章提要：幼儿园管理体制，主要指幼儿园的组织系统和幼儿园的规章制度等多方面的结构体系。它重点包括组织机构、领导体制和管理制度三部分。幼儿园组织机构设置得科学合理能够提高工作效率，实现幼儿园的基本任务。领导体制改革是实施园长负责制，建立起一整套科学的领导管理体系制度，来保证幼儿园的管理和发展。幼儿园规章制度在幼儿园管理中占有举足轻重的地位，是幼儿园不断提高办园质量的重要保障。

 幼儿园管理机构的设置

一、幼儿园组织机构

（一）行政组织

幼儿园行政组织承担幼儿园的具体管理职能，是幼儿园行政管理职能的组织保证。园长是这个行政机构的核心，负责主持全园的行政工作，幼儿园的行政组织架构因幼儿园的规模大小而有不同，主要以工作性质和范围分设相应的职能组织和职务。

（二）业务组织

幼儿园以保教工作为中心，因此业务组织是幼儿园工作开展的主体，承担着育人的各种具体的工作，是幼儿园人员配备的主要部分，一般要设业务园长、教研组长。

（三）党群组织

党组织、团组织、教代会（职代会）、工会都属于党群组织，起着保证、配合、监督、制约的作用，是幼儿园管理不可缺少的组成部分。

（四）其他组织

根据幼儿园工作任务及幼儿园的规模大小还设有家长委员会、园务委员会、爱卫会、治安保卫小组等组织，它们配合幼儿园完成保教任务。

4.1

二、幼儿园组织机构的层次

（一）幼儿园管理的高层为指挥决策层

园长为幼儿园行政负责人，是最高的行政领导者、指挥者。按照幼儿园编制标准，3个班以下的幼儿园设一位园长，4个班以上的幼儿园，设一正一副两个园长，10个班以上的，或寄宿制的幼儿园设一正两副3个园长，分管教学和行政。

（二）幼儿园管理的中层为执行管理层

管理者是各个职能部门的负责人，即各部门主任。他们接受园长的领导，同时负责对本部门教职工的管理和组织本部门的工作，如教研主任、保健主任等。

（三）幼儿园管理的基层为具体工作层

基层组织为各班级或班组室等职能部门，如大班组、中班组、膳食组、财务组等。

不同类型、不同规模的幼儿园，在机构设置、职能部门划分及人员配备上有所不同。如保健组可归属总务部，也可设保健部。

大型（10个班级左右）幼儿园组织系统如图4.1所示。

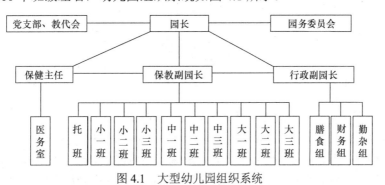

图4.1　大型幼儿园组织系统

中型（6个左右班级）幼儿园组织系统如图4.2和图4.3所示。

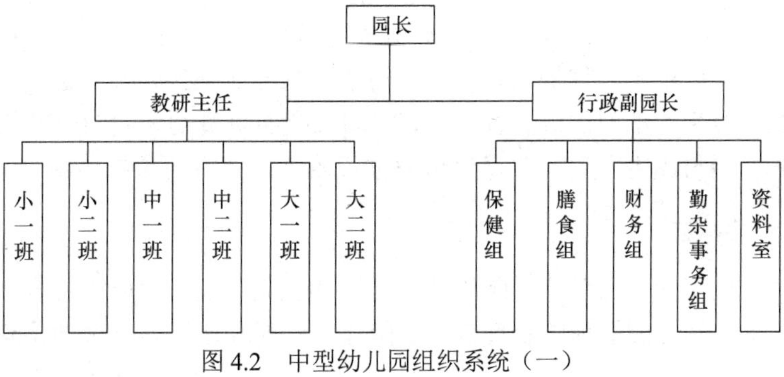

图4.2　中型幼儿园组织系统（一）

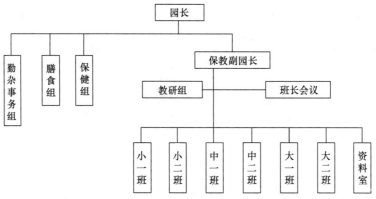

图4.3　中型幼儿园组织系统（二）

小型（3个左右班级）幼儿园组织系统如图4.4所示。

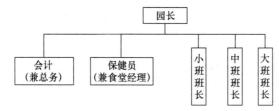

图4.4　小型幼儿园组织系统

三、园长负责制

1985年5月，中共中央发布了《关于教育体制改革的决定》。该决定分析了我国教育事业落后和教育体制的弊端，提出必须从教育体制入手，有系统地进行改革，从而发挥管理效益，把教育搞上去，使各级各类教育能够主动适应经济和社会发展多方面的需要。

《关于教育体制改革的决定》对学校等教育机构的领导体制做出了明确的规定："学校逐步实行校长负责制。"1989年发布的《幼儿园管理条例》第二十三条规定："幼儿园园长负责幼儿园的工作。"2016年3月开始实施的《规程》第五十六条明确规定"幼儿园实行园长负责制"。1996年，国家教委正式颁布《规程》，以法规的形式对幼儿园的领导关系和领导结构做出了具体规定，明确了幼儿园领导体制为园长负责制。园长负责制是指幼儿园在上级主管部门的统一领导下，由园长全面负责幼儿园的保教工作管理和行政管理，教职工参与民主管理，非行政组织进行监督的完整的领导体制。

（一）园长的权力

园长对幼儿园工作全面负责，园长是幼儿园的法人代表，对内负责全部工作，对外代表幼儿园，承担幼儿园管理的全部责任。园长的职能和职责是一致的，园长拥有幼儿园的最高行政权。

1. 决策指挥权力

园长有权在《规程》和《纲要》的规定目标指导下，决定幼儿园的具体发展规划和教育目标，并统筹幼儿园的全面工作。

2．人事管理权力

园长有权向上级提出"组阁"意见，改变幼儿园机构组织的权限关系，有权聘用、考核和奖励工作人员，有权在符合国家要求的范围内制订规章制度。

3．财政管理权力

园长有权在国家规定的范围内支配幼儿园财政费用，规划和使用幼儿园的财产设备。

（二）建立健全的法规法制是实行园长负责制的保证

实施园长负责制关键就是园长职、权、责统一，如改革用人制度，教职工采用聘任制，实行双向选择，高职低聘，低职高聘，有利于教职工队伍的优化组合，园长真正有人事管理权。

教师劳动报酬分配实行结构工资制，依据对教职工的工作质量全面检查考核，将报酬与用人和工作质量挂钩，做到多劳多得、优劳多得、责重多得。

幼儿园的上级部门应根据园长应具备的条件选好园长，好园长是实行园长责任制的前提，应根据《条例》和《规程》明确园长的任职资格，不断提高园长思想文化水平和专业素质。

（三）任职园长的基本要求

1）《幼儿园工作规程》第三十九条规定："幼儿园教职工应当贯彻国家教育方针，具有良好品德，热爱教育事业，尊重和爱护幼儿，具有专业知识和技能以及相应的文化和专业素养，为人师表，忠于职责，身心健康。幼儿园教职工患传染病期间暂停在幼儿园的工作。有犯罪、吸毒记录和精神病史者不得在幼儿园工作。"园长首先必须符合本条规定。

2）《幼儿园工作规程》第四十条规定："幼儿园园长应当符合本规程第三十九条规定，并应当具有《教师资格条例》规定的教师资格、具备大专以上学历、有三年以上幼儿园工作经历和一定的组织管理能力，并取得幼儿园园长岗位培训合格证书。幼儿园园长由举办者任命或聘任，并报当地主管的教育行政部门备案。"

3）幼儿园任命或聘任的园长还需要有3年以上幼儿园园长工作经历，管理经验较丰富。

4）年龄段应在青年和中年年龄段，身体健康、精力充沛。

5）具有开拓精神，能在规定的条件下完成预定的工作任务。

 第二节　幼儿园的规章制度

一、制订幼儿园规章制度的意义

规章制度是一个组织为了共同的目的，要求其成员共同遵守的规则和法规，是组织正常运转的保障，它具有一定的约束力和强制性。幼儿园规章制度是科学管理幼儿园的

重要保障。规章制度是幼儿园的"法"，是为实现幼儿园工作目标，保证幼儿园的正常运转所必须遵守的行为准则和工作规范。幼儿园虽小，但五脏俱全，各项工作繁杂而细致，因此，如果没有规章制度的约束，可能就会出现各种问题或工作事故，对幼儿造成不必要的伤害，影响幼儿的健康成长。

（一）保证幼儿园正常工作秩序，提高工作效率和工作质量

幼儿园同大企业相比，规模较小，但组织系统并不简单。整个幼儿园的工作种类繁多，涉及教养儿童的方方面面，而且关联性强，教育工作的周期比较长，要使各项工作都有秩序地协调运转，就必须建立各项规章制度，做到事事有章可循，人人明确职责。使各项工作常规化、制度化，有利于建立稳定的工作秩序和教育秩序，从而促进工作效率和教育质量的提高。

（二）减少工作失误和人事冲突，提高管理成效

建立规章制度的目的就是将幼儿园的各项工作及对各类人员的要求加以系统化、条理化，规定为必须遵守的条文。幼儿园规章制度是全园教职工必须遵守的行为准则和工作规程，具有约束力和规范力。通过各项规章制度的建立和学习，使得教职工知道何时该做何事，怎样做，什么行为是禁止的，什么行为是被提倡的。对遵守规章制度的行为可以根据规章制度予以表扬，对违反规章制度的行为予以批评和处分，使之得到纠正，使工作进入到正常、有序的状态。

（三）有助于增强教职工的责任意识，建立良好的园风

贯彻规章制度的过程就是对教职工教育和训练的过程，这种外部的规范制约能逐步内化为个人自觉的意识，从而形成良好的工作作风，建立良好的园风。

二、制订规章制度的基本要求

规章制度是指令性文件，其制订和贯彻都是一项严肃而细致的工作，不能主观臆断或草率行事。幼儿园规章制度的制订要依据国家有关法规和职能部门包括教育行政部门的有关规定，还必须符合以下基本要求。

（一）规章制度的制订切合实际，具有可行性

制订规章制度，要考虑幼儿园的实际，要考虑本园的人力、物力等条件及幼儿园的背景和发展状况，制度的要求要适合幼儿园现状又要略高一畴，但不能脱离幼儿园的实际，要使教职工们经过努力能够做到，过高或过低都不能发挥应有的作用，只有要求和措施恰如其分，才能切实得到贯彻执行，并行之有效。脱离实际、行之不通的规章制度，会变成一纸空文。

（二）规章制度的制订内容明确具体，便于执行

制度是行动的准则，也是教育的手段。在制订规章制度的过程中，应明确制度的制订目的和内容要求，制度的内容要精练扼要，条文言简意赅，内涵明白准确，便于理解

和记忆，便于执行，同时也便于管理者指导工作和督促检查。

（三）规章制度的制订要有群众性

幼儿园规章制度的制订要动员全园教职工参与，让大家充分讨论，发扬民主，这样制订出的制度符合广大教职工的利益，具有可行性。同时通过制订过程，激发了全员的积极性，增强了主人翁责任感，提高了执行的自觉性，实现了自我管理和控制，使制度发挥了教育大家的积极作用。

（四）规章制度的制订要有相对的稳定性

规章制度颁布后，不能朝令夕改，要保持其相对稳定，持之以恒地坚决贯彻。要不断引导工作人员自觉遵守，养成习惯，形成传统，成为管理的有效手段。保证执行制度的严肃性，并不意味着规章制度的一成不变，要定期对制度进行修改补充，使之进一步完善。

李老师迟到被扣发奖金

幼儿园教研主任李老师，工作热情、积极，经常加班加点地工作，并能主动配合园长完成幼儿园的各项工作，是园长的得力助手。

有一天，园长提前到园检查教师上班的签到情况。这天正逢李老师值班（须提前 30 分钟到岗），值班者上班的时间已经过去了 30 分钟，李老师才到园。园长马上向李老师了解迟到的原因。园长一问，李老师才记起来今天是自己值班。因为这几天正忙着组织教师设计、制作玩教具，昨晚还在为这事加班，竟然把值班的事全给忘了。园长听了李老师的说明，首先肯定了李老师的工作热情，并诚恳地告诫她，作为领导，虽然工作繁忙，但不能顾此失彼，更不能以此作为迟到的理由，应防止类似事情的发生。同时，作为领导，还要带头严格执行幼儿园制订的各项规章制度。李老师听了园长的一席话，委屈的情绪慢慢消失，表示愿意按照幼儿园制订的教师职工考勤制度扣发奖金。每月一次的月终考核开始了，依据幼儿园考勤奖惩制度的有关规定，李老师迟到 30 分钟，要扣发当月考勤奖。园务会上，有的老师对扣发李老师奖金提出不同意见，并纷纷为李老师说情。他们认为，李老师迟到是幼儿园的工作忙所导致的。李老师平常加班加点拿不到加班费，迟到一次竟如此惩罚，未免太严了。不管怎么说，李老师也是幼儿园的领导成员，园长应该给李老师留一点面子，不扣或少扣奖金也在情理之中……园长沉思着，继续倾听大家的议论，等大家都充分发表完意见后，便组织到会的园务委员会成员重温了幼儿园考勤制度。

通过讨论，大家明确了制度制订和执行的目的、意义。这时，园长指出：如果找一个理由，李老师迟到就可以顺理成章，就可以不扣发奖金，那我园执行考勤制度将是一种怎样的局面呢？如果因为李老师是园长的好搭档，为了情面就可以妥协，那我们如何面对全园教职员工？通过再一次深入学习、讨论，到会人员提高了认识水平，统一了思想，原来持不同意见的老师都改变了看法，李老师也愉快地接受了扣发奖金的处理，并主动在全体教师会议上做了深刻的检讨。李老师的检讨刚结束，会场上就响起了热烈的掌声。教职工对园长严格执行制度十分满意，对李老师勇于承认错误表示钦佩。

【案例分析】

幼儿园的考勤奖惩制度是全体教职工参与制订的，是民主管理的产物，应该是全园教职工行为的准则。要使制度具有实际意义，真正成为有效的管理手段，就要重视制度的执行。案例中，园长对李老师的处罚，体现了园长执行制度的一贯性、一致性原则。园长没有因李老师是自己的好搭档，为情面而妥协，也没有因为李老师是自己身边的管理人员而搞特殊化。园长不讲情面，"一碗水端平"，避免了执行制度过程中因人而异引起的不必要纷争，进一步强化了园内各级领导以身作则、带头严格执行各项规章制度的意识，也给全体教职工做出了表率，促使他们自觉遵守幼儿园的各项制度。

【建议】

园领导应带头执行幼儿园的规章制度，不能搞特殊化。

对违反幼儿园规章制度的员工，要根据制度进行处理，但切忌简单粗暴，在充分肯定其以往的工作后，向其指出执行制度发生偏差会造成的不良影响和后果，并提出真挚的期望，做到以情感人，以理服人。

【思考问题】

如何认识规章制度的严肃性与某些事件的特殊性的关系？

三、规章制度的作用

幼儿园规章制度是科学管理幼儿园的重要保证。具体说，规章制度的作用体现在以下 4 个方面。

一是对教职员工的行为起制约作用，规章制度是管理的关键环节，用以保证正常的保教工作秩序。通过规章制度的建立和执行，可以使每名教职员工明确什么时间做什么，哪些事情该做，哪些事情不该做，做到有章可循、有法可依，各类人员各负其责，各司其职。

二是对统一教职员工的思想认识，培养其组织纪律性、良好的行为习惯和道德风尚，形成良好的园风、园纪有积极的作用。也有助于增强教职工的责任感，培养良好的工作作风。合理的规章制度对于建立优良的幼儿园文化具有重要的意义。

三是有利于将教职工的积极性纳入科学的管理轨道，使幼儿园工作正常运转，提高管理成效，保证完成保教任务。

四是在幼儿园的管理中起依法治园的作用，幼儿园的规章制度属于法制范畴，是更具体的行为规范。

四、规章制度的内容、种类

幼儿园规章制度可分两类：一类是由国家教育行政部门制定的法规和规章制度，如《中华人民共和国教育法》《中华人民共和国教师法》《幼儿园教育指导纲要》《幼儿园管理条例》《幼儿园工作规程》以及地方部门制定的行政法规、规章；另一类是幼儿园结合本园实际自行制订的规章制度，主要包括全园性制度、部门性制度、幼儿园各类岗位责任制度、考核奖励制度等。下面重点讨论幼儿园制订的规章制度。

（一）全园性规章制度

全园性规章制度是幼儿园各类人员都必须遵守的规章制度，可以起指导集体活动、统一各类人员行为的作用。包括教职工考勤制度、交接班制度、值班制度、学习制度、职业规范、收托幼儿制度、接送幼儿制度、安全制度、家长联系制度等。

（二）部门性规章制度

部门性规章制度是明确各部门工作任务和职责的制度，对幼儿园的科学管理起重要作用。

1. 保教部门的教研制度

幼儿园教研制度主要是规范幼儿园的教学和科研工作，教研制度应该包括教研工作的组织结构及活动规定。具体内容应包括备课制度、教学计划和记录制度、生活常规检查制度、幼儿园课外活动制度等。

2. 卫生保健部门的制度

卫生保健部门的制度包括幼儿的生活作息制度、体格锻炼制度、健康检查制度、卫生防疫制度、伙食营养制度、卫生保健登记制度等。

3. 总务部门的规章制度

总务部门的制度包括财务制度、财产管理制度、伙食管理制度、门卫制度等。

（三）岗位责任制度

岗位责任制度是幼儿园各项规章制度的核心。岗位责任制度是通过明确的规定，使每个工作岗位上的人员的职责明晰化，并将它落实到具体的负责人的一种制度，应包括工作任务、内容、方法和质量要求。幼儿园岗位责任制明确规定各类人员的职责范围和质量要求，起着明确职责，调整和处理各岗位的职务、责任、权力和利益等关系的作用，其目的是使教职工能够在其位、行其事、尽其责。例如，园长职责、保教主任职责、教师职责、保育员职责，保健员、炊事员、财会人员、总务人员、门卫等各类人员的职责。

（四）考核与奖励制度

幼儿园要定期对全园工作人员进行考核，并进行奖励。考核和奖励要形成制度，以保证其他规章制度的贯彻执行，防止规章制度流于形式，奖惩制度与岗位责任制密切相关，也可将奖惩制度与工资福利挂钩。

五、执行规章制度应注意的问题

制度是行为和活动的准则，要使制度具有实际意义，真正成为有效的管理手段，就要重视制度的执行，在执行制度中要注意以下问题。

（一）反复、广泛地宣传制度，使制度深入人心

幼儿园要采用多种形式、多种渠道向全园教职工进行规章制度的宣传教育，使全园教职工理解和掌握各项工作的内容要求，从而遵照执行，切不可流于形式。

（二）严格要求、督促检查，注意制度执行的严肃性

要使规章制度真正发挥其约束力和强制性，必须注意执行制度的严肃性，要严格要求，认真督促检查，坚持原则，奖罚分明。园领导要以身作则，严格执行制度，为职工树立榜样，同时及时表扬执行好的，批评和惩罚不好的，做到赏罚分明，奖优罚劣。建立良好的工作秩序，不断提高工作效果和保教质量。

（三）制度面前人人平等

要坚持执行制度的一贯性和一致性，做到有章可循，避免因人而异，前紧后松。制度面前人人平等，这是执行制度的关键。

案例 4.2

××幼儿园规章制度示例

（一）教职工职业道德规范

1）热爱党，热爱社会主义祖国，热爱幼教事业，努力学习，不断提高自身政治、文化、心理和身体素质。

2）树立全心全意为家长、为幼儿服务的思想，努力解决家长后顾之忧。

树立正确的教育观、儿童观，热爱、尊重、了解幼儿，既面向全体又注重个体差异，使每个孩子得到发展与提高。

3）以身作则，做孩子的榜样，做到举止端庄、语言文明、态度和蔼、仪表整洁大方。

4）关心集体、团结同志、爱护公物、勤俭节约、公私分明、爱园如家，服从工作安排，遵守各项规章制度，努力搞好本职工作。

5）对家长、同事热情虚心，能听取意见，不断改进工作，不通过家长谋取私利。

（二）考勤制度

1）教职工一个月出满勤，即没有病假和事假，奖励××元。

2）凡国家的法定节日休假、寒假和暑假轮休（按幼儿园工作安排）均属带

薪休假。

3）教职工按照国家统一规定享受婚假、产假，均为带薪假，这些假期无特殊情况不能分散休假。

4）教职工请事假必须经过园长批准，按每天××元从基本工资中扣除。请假半天扣发××元。

5）一学期中请假天数超过××天，扣发学期综合奖的 10%，超过××天扣发 20%，超过××天以上没有评奖资格。

6）教职工上班迟到×分钟以内，扣发××元，××分钟内扣发××元，超过××分钟扣发××元。

7）教职工一学期中无论事假或病假（不包括由幼儿园安排的学习和其他工作），超过××天，幼儿园可根据当时人员情况安排其转岗或待岗。

（三）学习会议教研制度

1）根据上级要求和工作计划，定期开展政治、业务学习和教研活动。

2）教职工要认真学习，积极参加教研活动，严格遵守会议纪律，不迟到、不早退、不带小孩，无特殊情况不请假。

3）参加学习、会议和教研活动时，思想集中，不做与学习、会议和教研活动无关的事，并做好记录。

4）参加学习、观摩、研讨、总结交流等教研活动时，应积极思考，勇于探索，大胆发表个人见解。

（四）安全制度

1）要加强对幼儿园安全工作重要性的认识，层层落实安全工作责任制，做到居安思危，警钟长鸣，确保师生和财产安全。

2）严禁设置威胁幼儿安全的建筑物和设施，严禁使用由有毒、有害物质制作的玩教具，定期检查房屋结构、设施和运动器械，及时发现和消除事故隐患。

3）严格带班制度，严密组织和领导幼儿一日活动，建立和健全幼儿安全防护措施，严格交接班、家长接送和药品管理制度，认真执行食品卫生法，严防幼儿跌伤、走失、中毒、烫伤、触电、溺水、异物入口、耳、鼻、眼等事故的发生。

4）建立领导、保健员安全值周和教师值班制度，早晚要巡园，及时排除安全隐患。严格节假日值班制度，门卫和保健员密切合作，加强四周环境巡逻检查，全托部值班要安排好幼儿节假日活动，不放任自流，不做私事，防止火灾、盗窃、幼儿意外事故的发生。值班期间幼儿发生事故，立即请卫生老师送医院治疗，并向领导汇报经过，向家长讲明情况，如因老师失职发生事故，酌情处理。

5）加强安全教育工作，增强幼儿自我保护能力。教育幼儿不在危险场所玩耍，不玩危险品，不将异物放入五官，每天晨检时要注意幼儿所带物品。教育幼儿不擅自离开集体，不跟陌生人走，教会幼儿知道幼儿园名称、家庭住址、父母姓名，防止发生意外。遵守交通规则，禁止幼儿爬高爬低、上下楼梯跑跳、推人、打架、用玩具伤人等行为。

6）坚持正面教育，严禁对幼儿态度粗暴、动作生硬、体罚和变相体罚，保证幼儿身心健康。

7）值班人员要认真负责，提前做好交接班工作，清点人数，新入园幼儿暂时由本班老师带教，不允许不认识的人接幼儿。

8）外出游玩、看电影、参观要有明确的目的要求，注意动静结合。时间不宜过长，上下车、进出口要清点人数，以免丢失幼儿。

（五）伙食管理制度

1）成立膳食领导小组。明确膳食由专人负责，编制膳食计划，安排好每周食谱并及早公布于家长，严格膳食核算、审查制度。

2）伙食费专款专用，教职工伙食和幼儿伙食严格分开。

3）开展膳食评价和反馈工作，每月向家长公布伙食账目、幼儿进食量和营养摄取量。

4）食堂工作人员树立为幼儿、教职工服务的思想，严守纪律，坚守岗位，分工明确，友好合作。

5）严格执行食品卫生法，不购变质食物，妥善保管剩余食物，不食用变质食物。

6）购买食物要精打细算，不许拿回扣，不许为私人代购食物，账目日清周结。

7）严格食品保管制度，库房由专人保管，建立出入库账目，食堂炊具用具未经领导批准不得外借。

8）严格执行食物验收制度，未经验收不得入账，不符合幼儿卫生的食物坚决退换。

9）严格执行开饭时间，用膳人员应在规定时间和地点用膳，不得将食物带走。

10）保持厨房清洁卫生，餐具、食具应洗涮干净，一餐一消毒。

（六）家园联系制度

1）建立家长委员会，每学年初召开多次会议，商讨幼儿园工作，制订工作计划，年末家长委员会向家长汇报幼儿园教育工作情况。

2）用各种形式听取家长对幼儿园工作的意见和建议并及时进行反馈。

3）每年开展一次内容丰富多样的活动，如家园乐运动会、家园联欢会、家庭教育经验交流会，每学期召开家长会，向家长宣传保健及膳食营养知识。

4）做好新生入园前的家访工作，对三天未来园幼儿进行联系，与患儿家长经常联系，询问患儿病情，指导家长学习护理患儿的知识和方法。

5）期末书写幼儿情况汇报单，向家长汇报幼儿在园情况。

6）做好家园联系工作，办好家教宣传栏，利用宣传栏及时向家长宣传、介绍幼儿在园情况，对有病的幼儿当面向家长交代采取措施。

7）成立家长学校，向家长系统讲授科学育儿的知识，定期组织家长开展活动。

8）每年开展多次家长开放日活动，组织家长参加观摩幼儿园教育活动。

9）每周食谱和每季度营养计算结果向家长公开。

（七）备课听课制度

1）严格遵守备课纪律，不迟到、不早退、不无故缺席，备课时不闲聊，不做与备课无关的事，集体备课时互相配合，友好协作。

2）备课要求：目标明确，教案规范、完整有条理，安排具体、易操作，书写清楚，并有教改意识，无拖拉现象。

3）园长每周进班听课一个半日，教务主任每周进班听课两个半日，教师相互听课，老教师每学期18节，新教师每学期25节，听课要有记录，评课要积极发表自我见解。

（八）带班教师工作要求制度

1）认真贯彻党的教育方针，热爱幼儿，精心教养，热情服务。

2）严格按园内制订的作息时间有目的、有计划地进行各项教育活动。

3）进班之前必须做好各项准备工作，带班时不披长发，不戴首饰，不穿高跟鞋，不穿不方便工作的服装。

4）带班时集中精力，做到人到、心到、手到，不无故离开幼儿，不做与保教无关的事，不接待亲友，不打接电话，不做私事，幼儿午睡时教师不准睡觉，确保幼儿安全。

5）同班教师加强团结，紧密联系，教育一致，互相协作，对班级工作全面负责。

6）班级发生安全事故，本班教师负责处理，立即向领导汇报，获得领导与保健员协助，如属失职情况要严肃处理。

7）严格要求自己，以身作则，为人师表，语言文明，举止端庄，态度和蔼。

（九）财产保管制度

1）严格实行验收入库制度，保管员按发票对物品品种、数量、质量进行验收。

2）实行物品分类定位存放、零整分开、账物对号的科学管理方法。

3）严格实行领物、借物制度，物品领取、借用人应办理登记手续，借用物品要如期归还，遗失或损坏时，借用人员负责修理或照价赔偿。

4）定期清点盘库，防止丢失、损坏、变质，做到不积压、不浪费，保证计划供应，充分发挥各类物品的效益。

5）各部门和班级要严格财产保管制度，防止财产丢失、损坏。

（十）传染病管理制度

1）管理范围：麻疹、痢疾、流脑、小儿麻痹症、百日咳、水痘、伤寒、腮腺炎、传染性肝炎、流感、结核病、红眼病、皮肤病等。

2）根据传染病流行的规律，做到四早：早发现、早报告、早隔离、早治疗，做好消毒及检疫工作，并及时做好疫情报告。

3）幼儿在园内发生传染病，应迅速隔离治疗，隔离期满经医师检查证明已治愈者方能回园，工作人员家中及小儿家中有传染病时应报告园保健室，采取必要措施。

4）对接触者（班）要进行检疫至传染病的最长潜伏期，对密切接触者应及时进行被动免疫。

5）工作人员患传染病后，立即与幼儿隔离，暂行调离本职工作，经治疗恢复后，需经医师检查证明合格方可恢复工作。

6）传染病的发病率应历年有所下降，控制发生，杜绝扩散。

（十一）卫生保健制度

1. 体格检查制度

幼儿入园前必须到指定医院查体，各种查体合格者方可入园。入园后每年进行一次常规体检，每两年进行一次全面体检，每半年为幼儿测量一次身高，每季度测体重、视力一次，进行健康分析和评价，并将体检结果反馈给家长。工作人员经全面体检无任何传染病才能进幼儿园工作，并每年复查一次。坚持晨、午、晚间检查和全日观察制度，晨间检查包括一问、二摸、三看、四查，午、晚间应到各班巡视检查，每日要认真填写检查记录，发现传染病及时治疗和隔离。对带有小病入园的日托幼儿要保证按时服药，对有异常情况的全托幼儿要及时处理。幼儿离园一个月，重新查体后方可入园。

2. 预防疾病制度

按年龄和季节完成防疫部门布置的预防接种工作，接种率在95%以上。

及时了解社会疫情，在园内采取措施进行消毒、预防，如发现传染病及时报告，进行隔离、治疗。

对社会上季节性流行疾病，做到早预防，降低园内幼儿发病率。

每年4月、11月为全园幼儿熬服中药，以预防为主。

加强幼儿体格锻炼，增强儿童体质，提高对疾病的抵抗力。

3. 传染病报告隔离制度

发现传染病要及时填写报告：做到早发现、早报告、早诊断、早治疗、早隔离。实行及时正确的检疫措施，对患儿所在班级进行严格的消毒，对接触传染病的幼儿立即采取必要的预防措施。

4. 体弱儿管理制度

对新入园贫血的幼儿要与家长联系，采取药物治疗和食物疗法。

对体弱儿进行登记，分析原因，采取措施，及时掌握身体健康情况，做好记录。了解患儿的发病原因，家园配合，加强护理。

疾病治疗后，及时结案转为健康系统管理。保健人员对体弱儿生活、保健、营养、护理及治疗等要全面关心负责，给予必要的照顾。

5. 卫生监督制度

（1）环境卫生

①督促和检查环境卫生，清洁卫生经常化、制度化。

②建立健全室内外环境清扫制度，每天一小扫，每周一大扫。分片包干，定人定点，定期检查考核。

③ 室外环境，做到无杂草、无杂物，下水道通畅，无臭水沟塘，无垃圾堆和蚊蝇，蟑螂等害虫。

④ 室内环境，做到门、窗、壁、地、家具五净，空气清新。

⑤ 厕所每天冲洗干净，每周消毒，做到无尿垢、无臭味。

（2）个人卫生

① 每人有专用的毛巾、手帕、水杯。日常用品专人专用，做好消毒工作。

② 保持幼儿衣服、被褥整洁，勤洗勤晒。

③ 饭前便后用流水、肥皂洗手。

④ 每周洗头、洗澡、剪指甲一次，每月理发一次，每两周剪趾甲一次。

⑤ 饭后漱口，每日早晚刷牙。

⑥ 保护幼儿视力，室内注意采光，看电视时间不宜过长，距离不要太近。

⑦ 工作人员着装整洁，勤洗头、洗澡，饭前便后用肥皂洗手。

（3）饮食卫生

① 厨房内无四害，每天冲洗地板，保持环境整洁。

② 严格执行食品卫生法，厨房用具（刀具、菜板、抹布、盆筐）生熟分开，洗刷干净，严格消毒。

③ 食品采购保证质量，不吃腐烂食物，预防食物中毒及肠道传染病。

（4）消毒制度

① 餐具、茶杯、毛巾等用具每次用后洗净消毒，餐桌每次使用前后要消毒，抹布专用，每次用后洗净消毒。

② 活动室、寝室每天用紫外线消毒，幼儿玩教具每周消毒一次，定期阳光曝晒、消毒液擦抹，衣服、被褥及时洗晒消毒。

③ 传染病流行季节，对门、地、窗、桌、就餐用具、玩具图书、压舌板、体温计等进行全面消毒，对患病儿的呕吐物、排泄物按传染病发生后的消毒方法进行消毒。具体消毒方法见消毒常规。

6. 药品保管制度

① 园内药品必须专人负责保管，购入或使用手续齐全，账目要清楚、准确无误。

② 定期做好药品的盘点工作，统计上报财会部门，以便进行测算药费，进行收费。

③ 对药品不同剂型应分别存放，口服药和外用药必须分开存放，剧毒药必须按规定保管。

7. 合理用药制度

① 医务人员给幼儿喂药前，要认真核对药瓶标签，反复查看用量，服法认真核对准确，对变质、标签不清的药物切勿服用。

② 合理用药，认真计算用药剂量，根据幼儿体重耐药能力计算剂量，不能将成人药随便给幼儿服用。

③ 对家长送来的药品要认真核对再用，往往有粗心大意的家长给带错药，服药时要仔细核对，以免发生药物中毒。

④ 一切药品皆应妥善存放，不让幼儿随便取到。

⑤ 对日常用的灭虫、灭鼠药的存放一定要注意妥善处理，以免幼儿接触误食和中毒。

思考与练习

1. 分析一所幼儿园组织机构设置状况。

2. 结合幼儿园案例评析幼儿园规章制度的建立和执行。

3. 结合实际来分析如何理解幼儿园园长负责制。

4. 结合某幼儿园岗位责任制分析它是幼儿园规章制度的核心内容。

| 第五章 |
幼儿园膳食与卫生保健安全工作管理

5.1

本章提要：幼儿园卫生保健与安全工作非常重要，直接关系到幼儿身体健康、正常发育和人身安全。本章的主要目的是使学生了解必要的幼儿膳食管理和卫生保健工作管理的基本内容，幼儿园卫生保健制度以及卫生保健人员、保健室、隔离室的配备与管理的相关知识。为将来能更好地从事幼儿教育或管理工作打下良好的基础。

第一节 幼儿膳食管理与安全管理

一、根据平衡膳食的原则制订健康食谱

幼儿平衡膳食是指能满足孩子所需要的热量及各种营养素，而且各种营养素之间能够按照科学的比值搭配平衡。为了幼儿健康成长，必须根据平衡膳食的原则制订健康食谱。

（一）膳食品种多样化

一种食品所含的营养素种类比较单一，为了提高幼儿膳食的营养价值，应尽可能做到各种食品合理搭配，以满足幼儿身体迅速发育对各种营养素的需求。幼儿膳食应做到粗细搭配、荤素搭配、干稀搭配、主副食搭配。幼儿膳食种类要丰富，粗粮、细粮、豆类、奶类、肉类、蛋类、鱼类、深色蔬菜、浅色蔬菜、水果、油、糖等各种食物都要吃，而且一天之内膳食所包括的食品种类最好不要重复。同时，在烹饪方面要讲究精心设计，精细制作，注意色香味俱佳，同一种食品要经常变化制作方法，以激发幼儿的食欲。

（二）各种营养素的量要适度，比例要适当

幼儿园的平衡膳食，要根据不同年龄幼儿生长发育的需要和一年四季不同季节的要求对各类食物进行配膳，从数量上力求各种营养素的供应是适度的。幼儿每人每日需要粮食150~250克，蛋1只，牛奶或豆浆150~200毫升，荤菜类50~75克，绿叶蔬菜200~250克，水果1个。由于幼儿处在生长发育的过程中，机体对酸碱平衡的调节能力比较弱，需要为幼儿提供营养素比例适当的膳食。例如，蛋白质、脂肪、糖类这三大产热营养素的比例应该是1:2:4，矿物质之间也必须有一定的比例，否则就会影响彼此

的吸收，发生代谢紊乱，严重者还会中毒甚至危及生命。

（三）饮食定时定量

幼儿园应该制订并严格执行合理的生活作息制度，以确保幼儿一日三餐定时。要根据幼儿的年龄、身高、体重等情况，使幼儿饮食定量，保证幼儿饮食有规律，保证其肠胃正常的良好的消化吸收功能。根据幼儿消化系统的基本特点，幼儿一日三餐热量分配应该参照下列指标执行：早餐约占总热量的 25%，午餐占 35%，晚餐占 30%，中间加点心约占 10%。

（四）定期进行体格检查，进行营养计算

幼儿园应该定期对幼儿进行体格测查，包括身高、体重情况，是否有发育迟缓、贫血、肥胖等情况，结合测查结果与幼儿每日的营养摄入量情况进行综合分析，然后根据幼儿的年龄及生长发育水平进行新的营养素计算。要考虑幼儿每日食物摄入量及其比例均衡，热量食物摄入量及来源，蛋白质、维生素、矿物质等摄入量及食物来源。根据新的计算结果，参照以往的食谱，制订更加科学合理的食谱。

（五）对保健工作人员、食堂工作人员以及家长定期进行培训

幼儿园应定期派保健工作人员、食堂工作人员参加营养配餐方面的短期或专题培训，也可以定期举办讲座，请营养专家到幼儿园有针对性地做专题讲座，以增加幼儿园膳食工作人员的营养知识，提高其配餐能力。

要想真正做到平衡膳食、保证幼儿的健康成长，幼儿园还必须取得家长的积极配合。幼儿园应通过各种形式对家长进行营养知识培训，改变家庭中不合理的饮食结构，培养幼儿良好的饮食习惯，纠正幼儿吃零食、偏食、挑食、吃非健康食品等不良的饮食习惯。幼儿园也可以经常邀请家长品尝幼儿饭菜，请家长提出意见和建议；还可以向家长推荐周末食谱，家园配合，共同实现平衡膳食，全面提高幼儿膳食质量。

（六）制订食谱

制订食谱是实现膳食计划重要的一环。制订食谱必须遵循平衡膳食的原则。幼儿园还应根据季节制订食谱，各种营养素的搭配比例和幼儿对各种营养素的需要量，都需要体现在每日食谱上。食谱上需要标注每日三餐食物的名称、烹调方法和每位幼儿进餐数量。对食谱应该一月进行一次综合评价，以确保幼儿摄入营养素的数量和营养素的搭配比例与预先计算的结果和膳食计划一致。幼儿园应设专栏向家长公布食谱，接受家长的监督，听取家长的意见和建议。表 5.1 是××幼儿园（三餐两点）一周食谱。

表 5.1　××幼儿园食谱

餐别	周一	周二	周三	周四	周五
早餐	葱油饼 煮鸡蛋 大米燕麦粥	金银卷 三鲜小馄饨 五香鹌鹑蛋	蝴蝶卷 肉末白菜粥 葱花炒鸡蛋	枣合页 五香豆腐干 蒸鸡蛋膏	果仁蛋糕 什锦豆腐羹

续表

餐别	周一	周二	周三	周四	周五
间点	牛奶	酸奶（托班牛奶）	牛奶	酸奶（托班牛奶）	牛奶
午餐	香米饭 红烧肉炖海带 青椒土豆丝 芙蓉鲜蔬汤	米饭 油焖大虾 西红柿烧茄子 翡翠白玉汤	绿豆米饭 京酱肉丝 腐竹芹菜 西红柿鸡蛋汤	米饭 红烧平鱼 素三丝 棒骨海带汤	米饭 红烧小肉排 香菇扒菜心 冬瓜虾仁汤
午点	芦柑、山楂梨水	苹果、冰糖萝卜水	香蕉	蒸红枣	芦柑、冰糖莲藕水
晚餐	麻酱糖花卷 五福丁 虾皮圆白菜 紫菜萝卜汤	牛肉菜包（芹菜、葱头、胡萝卜、牛肉） 小米粥	米饭 太阳肉 地三鲜 虾皮香菜紫菜汤	三鲜水饺（虾仁、瘦肉、鸡蛋、木耳、胡萝卜、青菜） 饺子汤	什锦炒饭（火腿、黄瓜、菠萝、胡萝卜、鸡蛋） 菠菜鸡蛋汤

二、幼儿饮食卫生工作要求

（一）建立健全幼儿饮食卫生安全责任制

幼儿饮食卫生状况直接关系到幼儿的健康成长和生活质量。幼儿园要高度重视幼儿饮食卫生安全，认真学习、严格执行《食品卫生法》《学校卫生工作条例》《学校食堂与学生集体用餐卫生管理规定》等有关法律、法规规定的饮食卫生安全条文；建立园长负总责的幼儿园卫生防疫与幼儿饮食卫生安全责任制，实行岗位目标管理，明确分工，落实责任，杜绝幼儿饮食安全事故的发生；幼儿园要建立饮食卫生各项管理制度、责任追究制度，确定专职幼儿饮食卫生管理人员，并将饮食卫生安全落实到幼儿园食堂和具体负责人。

（二）定期体检和培训，提高食堂工作人员和保教人员的卫生意识

食堂工作人员和保教人员是幼儿一日三餐的密切接触者，他们个人的健康状况和个人的卫生习惯直接影响着幼儿的身体健康。因此，食堂工作人员和保教人员每年要进行一次体检，持健康证方能上岗；如果检查患有传染病（如肝炎、活动性肺结核、化脓性或者渗出性皮肤病等），应该立即调离岗位或辞退。

幼儿园要专门组织对保教人员和食堂管理人员、工作人员进行饮食卫生法律、法规和卫生知识的培训，强化教职工卫生意识和保障幼儿健康的责任感。

食堂工作人员和保教人员要注意个人平日卫生，要勤洗澡、勤更衣，食堂工作人员上班时要穿干净的工作服，戴工作帽和口罩。保教人员分饭前，应洗净双手，不能对着饭菜讲话、打喷嚏、咳嗽。

（三）贯彻"预防为主"的原则，做好食堂饮食卫生工作

食堂是食物储存、加工和餐具清洗、消毒的场所，做好食堂卫生工作，预防和控制食物中毒和食源性疾病的发生，是做好幼儿饮食卫生工作的核心环节。食堂卫生工作包括以下几个方面：餐具、厨房用具、各种器皿应该生熟分开，用后及时清洗干净，并用专用

消毒柜消毒；洗菜、洗荤、洗水果等的水池应该分开，并且有一定的间距；生熟食品的存放要分开，要有专用的冰箱和冰柜，不得存放无生产日期或者过期变质的食品；要保持厨房整体环境的卫生，包括地面、门窗、桌椅、灶台等的清洁卫生，做到窗明几净、一尘不染；厨房内要保持通风、干燥，无油烟、污浊气味；非厨房工作人员不得进入厨房内。

由于食堂卫生直接关系到幼儿身体健康，各地卫生行政部门和教育部门都非常重视幼儿园食堂的卫生管理工作。应严格遵守各地对幼儿园食堂安全卫生的规定，确保幼儿的饮食安全。幼儿园食堂卫生工作至关重要，但由于各地幼儿园对食堂卫生问题认识和预防措施不到位，幼儿食物中毒的事件还是时有发生。

案例 5.1

某幼儿园200多名幼儿突然发生发热、呕吐、肚子痛症状，患儿被紧急送往医院救治，卫生部门认定这是一起幼儿集体食物中毒事件。由于治疗及时有效，患儿全部脱险。

因为食物中毒事件中幼儿数量较多，这起事件引起社会各界强烈反响。事件发生后，经过对刀具、炊具进行采样检测，调查人员发现中毒是由"痢疾杆菌"引起的，是由于食堂在制作食品过程中不卫生造成的。

【案例分析】

为了避免类似事件的发生，食品加工过程中必须注意：保持厨房整体环境的卫生尤其是各种用具的卫生；注意食堂工作人员个人卫生；生熟食品及用具要分开；熟食品腐烂变质或者在高温下保存时间较长不允许让幼儿食用。

表5.2是××市幼儿园食堂管理标准。

表5.2　幼儿园食堂管理标准（××市）

项目	主要内容	备注
一、场所设备	1. 幼儿园食堂面积应在70平方米以上（以6个班规模的幼儿园为准），设计科学，布局合理；食堂内外环境安全、卫生、整洁、无污染 2. 食堂应明确区分为主副食加工间、配餐间、主副食库、过渡间、更衣室和食品仓库等 3. 操作间墙面应贴瓷瓦到顶；地面采用不透水材料铺砌，排水畅通，便于冲洗、消毒；辅助用房保持卫生整洁，物品摆放整齐有序 4. 厨房应配备操作台（面、菜及生、熟食物分开）、和面机、消毒柜、蒸箱、烤箱及绞（切）肉机等机械设备 5. 操作间的纱窗、纱门、挡鼠板要完整，防蝇、防鼠措施到位	食堂面积随幼儿人数增加而增大
二、伙食管理	6. 严格执行《食品卫生法》及五四制；幼儿伙食应有专人负责，民主管理，成立由园长、教师、保健人员、保育员、炊事员及家长代表组成的伙委会 7. 每周制订代量食谱，每季度进行营养计算；及时听取幼儿及家长意见 8. 准确掌握幼儿出勤人数，每天按人按量配餐，不吃剩饭菜，建立饭菜留样制度；不开设晚餐的幼儿园应为家长提供晚餐建议 9. 职工伙食和幼儿伙食严格分开，严禁侵占幼儿伙食	各种制度悬挂上墙

项目	主要内容	备注
三、营养管理	10. 幼儿食谱应每周调换并做到周内不重样，保证幼儿的进食量和营养量 11. 幼儿饮食保持营养平衡合理，餐点做到色、香、味、形俱佳，注意荤素搭配、干湿搭配，每餐应有一荤、一素、一汤，主食丰富多样 12. 根据季节和幼儿年龄特点及时添加时令新鲜蔬菜、果品和粗粮	
四、人员管理	13. 按照幼儿园规模及幼儿人数1∶70的比例配齐食堂工作人员，做到分工明确、各负其责 14. 炊事人员每半年到指定医院或医疗机构体检一次；无健康证、厨师证或市级以上专业培训证不得从事幼儿园食堂工作 15. 炊事人员上岗必须穿戴工作衣帽，工作期间手上不戴饰物；坚持灶前洗手，离开操作间脱工作服，加工操作时佩戴口罩 16. 炊事人员做到六勤：勤洗手、勤洗澡、勤剪指甲、勤理发、勤洗衣物、勤换工作服 17. 定期组织炊事员参加专业技术培训，使其做到技术熟练、操作规范	传染病患者调离工作岗位
五、操作管理	18. 操作间地面、墙面保持清洁卫生；地面、空间定期消毒；水池、容器、用具等及时洗净消毒；容器、盛具要放在专用台、架上 19. 生、熟食存放、加工严格分开；制作生、熟食的菜板、刀具要专用和分开存放 20. 食用无公害蔬菜，严格执行"一拣、二洗、三泡、四切"的操作规程；荤素食品分池清洗；清洗池内保持整洁卫生 21. 食堂工具用具做到"刀不锈，板不霉，加工台面、抹布干净" 22. 严格遵守豆浆、土豆等食品制作要求，防止因操作不当引发食物中毒	
六、财务管理	23. 幼儿伙食费专款专用，计划开支，每月向家长公布伙食账目，年伙食盈亏正负控制在2%左右 24. 会计内外总账及明细账登记及时，做到科目准确、账物相符、账面清晰、日清月结 25. 出纳在采购报销时，要检查三齐（经手人、验收人、园长签字），缺一拒付	全年收支均衡
七、采购验收	26. 采购员凭当日食谱备齐所需物品；不准购买腐烂、变质、掺杂、掺假及三无食品 27. 积极与放心肉、菜、蛋供应单位或大型商场建立供货关系，保证食品新鲜、安全 28. 购买无单据物品，要用本园日购物单，写好明细账，经卖方签字、采购员把关验收，伙食班长签字方可入库 29. 严格验收入库，做好进出物的登记检查工作，做到先进后出、易坏先用，严格查验卫生质量要求	购买时要严格检查严格把关，做好记录
八、仓库管理	30. 各类食品分类存放，有明显标志，主要食物存放离墙离地15厘米以上；原料存放要做到三隔离，即生、熟食品隔离，成品与半成品隔离，食品与非食品隔离 31. 仓库保持清洁、卫生、空气流通，有防潮、防火、防虫、防鼠设施和措施 32. 出入食品履行记账手续，入库凭单据过磅验收；出库要凭计划，按数出库，月终账物相符	
九、卫生消毒	33. 餐具一餐一消毒，确保四过关，即一洗、二刷、三冲、四消毒（蒸汽或消毒柜）；清洗消毒场所应与切配、烹调场所分开，避免互相污染 34. 炊事员接触熟食前必须消毒双手；品尝副食时用专用器械，剩余食物不准再供幼儿食用 35. 幼儿用物品清洗干净后消毒，消毒时间分别为：蒸汽15分钟，水煮15分钟（煮沸后），消毒药液浸泡30分钟 36. 炊事器械用后要及时清洗干净；冷藏箱生、熟食品应分开专用；每月断电清擦一次；专用熟食刀、板用后清洗消毒晾干装入袋中，放至固定位置 37. 食堂卫生四定，即定人、定物、定时间、定质量；划片分工，包干负责	有消毒时间和人员记录 有相应的制度和人员分工明细

续表

项目	主要内容	备注
十、安全管理	38. 使用操作炊事设备前必须进行安全检查，未经培训不准单独操作使用设备 39. 严格安全操作规程，工作结束后及时关掉煤气，罐装煤气应放在距炉灶4～5米度以外，注意防火，明确专人负责每天检查 40. 非炊事人员不得进入厨房和仓库 41. 幼儿饭菜应放置到温度适宜时，由各班取回，专人发放 42. 幼儿园成立安全检查小组，定期排查安全隐患 43. 配置消防器械，炊事人员熟知操作程序并具备事故处理方面的常识	有明显禁入标志 有检查记录

（四）定期检查食堂卫生制度

为检查监督食堂执行幼儿园各项卫生制度的情况，幼儿园可以组织教职工和幼儿家长对食堂卫生每周定期进行检查和不定期抽查，并进行评分记录。评分记录表上包括检查的细目和打分标准，要求达到95分以上方记为卫生合格。

检查小组的卫生检查工作不能流于表面和形式，检查要深入细致，以便及时发现危及幼儿饮食卫生安全的隐患。食堂要认真听取检查小组的意见和要求，及时总结和整改。对于比较突出的问题，检查小组和食堂工作人员可以共同研究对策，以不断完善食堂卫生制度。

×××幼儿园食堂卫生检查评分标准

1. 门窗、门框、窗框、窗台干净。（2分）
2. 地面干净无杂物、污物。（2分）
3. 墙壁干净、无蛛网，灯具干净。（2分）
4. 物品、设备及用品干净，摆放整齐、有序。（2分）
5. 通风良好，无不良气味。（2分）

（五）对家长进行饮食卫生教育

要通过讲座、家园联系栏和宣传栏等方式使家长了解饮食卫生知识；还可以给家长一些具体的建议，如注意家庭厨房卫生，教育孩子注意个人饮食卫生，饭前便后要洗手，不暴饮暴食，离园后不要随便买零食吃，更不要到小摊吃不卫生的食品，避免引起孩子肠胃细菌性感染。家园互相配合，才能为幼儿营造一个健康的饮食环境。

三、幼儿园膳食资金的监督管理体制

幼儿园膳食资金指的是为了实现平衡膳食，保证幼儿生长发育所需营养的专项资金，也就是幼儿园收费项目中的伙食费。要保证每一位在园幼儿的身体健康，就要保证膳食资金的合理、合法使用，幼儿园内部就必须建立健全膳食资金的监督管理体制。

（一）膳食资金管理的基本原则

1. 专款专用

幼儿园膳食资金是保证幼儿营养需要的专项资金，要提高资金的使用效益，而且不得利用膳食资金进行以营利为目的的任何活动。为确保膳食经费确实用于幼儿膳食核算，专款专用，幼儿园膳食资金不得挪作他用，不得降低幼儿营养标准，不得降低幼儿伙食费标准。

2. 以量定费、统筹安排、收支平衡

幼儿园做到以量定费、统筹安排，才能保证幼儿营养需要，做到每月收支平衡，合理使用膳食资金。具体的做法是：幼儿园按照每月伙食费收入制订幼儿每周食谱和幼儿一日三餐的餐费标准，每天由专人统计各班幼儿的出勤情况，根据全园幼儿人数准备每餐的饭菜，以足量供应幼儿每餐饭菜，同时避免浪费。

3. 预防腐败

在食堂采购和管理过程中以及财务报销审核方面可能存在一些管理方面的漏洞，因此全国各地幼儿园、中小学膳食管理中的腐败行为时有发生。在幼儿园预防膳食资金使用和管理过程中腐败现象的发生，是保护每一位幼儿切身利益、实现膳食资金合理合法使用的重要前提。因此，必须建立和健全膳食资金使用的一系列制度，以利于对资金使用情况进行经常性的检查和监督。

（二）幼儿园膳食资金的管理措施

1. 专项资金财务会计管理制度

国家财务制度规定，幼儿园和其他各级各类学校一样，必须设置财务机构或财会人员，执行会计制度。作为幼儿园膳食资金，要做到专款专用，必须建立专项资金财务会计管理制度。

幼儿园膳食资金管理需设专门的会计和出纳，会计管账，出纳管钱，钱账分开，职责明确，要求他们忠于职守。要建立完善的财务档案，做到一切账目有据可查。

会计要做好膳食资金管理专账，负责食堂的总账、分类账的登记、结算，总账和分类账平衡表的编制。会计职责主要包括：及时、如实记录食堂收支情况，编制每月决算表；负责复核原始凭证和记账凭证；每月定期与出纳进行总账与明细账的核对等。

出纳根据有经办人、验收人及领导签字的发票进行食堂现金支付。出纳职责主要包括：按照财务工作规范要求，及时准确地记录现金账；做到收支有据，手续齐全；负责钱、票证的安全；账、款、票据及时核对，做到账款相符；严禁挪用公款等。

2. 幼儿园膳食经费预算、决算制度

《幼儿园工作规程》第五十一条规定："幼儿园应当建立经费预算和决算审核制度，经费预算和决算应提交园务委员会审议，并接受财务和审计部门的监督检查。"幼儿园要建立膳食资金经费预算、决算制度。园长和财务人员要根据"膳食合理、营养充足、统筹安排、收支平衡"的原则编制经费预算。预算应该具有一定的弹性。预算编制后，园长应该严格进行经费审批，财务人员应该认真执行经费预算，确保经费预算的执行与完成。年终要进行经费决算，通过决算向全园公布本年度膳食资金的分配与详细使用情况，允许职工提出异议，促进财务的公开透明与民主化管理；同时，通过年度经费决算能够及时总结经验与教训，以便下一年经费预算的整改。

3. 幼儿园食堂采购、食品保管管理制度

做好幼儿园食堂食品采购、保管等具体环节的管理，是执行膳食经费预算、合理使用膳食经费以及预防腐败的重要工作。要有完善的食堂采购员工作制度和食堂食品保管员工作制度，要有日常食品采购和保管的详细交接登记目录，以便相互监督、制约和财务审核时进行核对。

幼儿园食堂采购员的主要职责是：严格遵守国家采购制度，不得购买霉烂变质食物；严禁吃商家回扣行为；根据食堂需要及时申请经费、及时采购；增强责任意识，努力采购质高价廉食品；所采购食品必须交食堂保管员过秤并登记；现金、发票以及收据要妥善保管并及时结账。另外，食品采购人员必须由两个以上工作人员担当，以便互相监督。

幼儿园食堂保管员的主要职责是：检查食堂采购员所采购食品的质量和数量，发现质量、数量和价格不符者不予登记，否则出现事故，责任由保管员负责；详细登记采购员所采购食品的详细目录，以便进行资金审核；详细登记食品加工人员所取食品数量，以便进行食品使用情况的核对。

幼儿园食堂采购人员和食堂保管人员分工负责，相互监督，同时还要受食堂其他工作人员的监督，以确保食堂在食品采购、保管及食品加工等具体实践环节中不出现有机可乘的漏洞。

4. 经费审计监督制度

为了规范行政经费的审计监督，保证审计工作质量，根据《中华人民共和国审计法》和国务院《中央预算执行情况审计监督暂行办法》，国家审计署制定了《审计机关对行政经费审计实施办法》。这个办法同样适用于幼儿园，审计机关有权依法对幼儿园财务收支的真实性、合法性和效益进行审计监督。通过审计能够达到以下目的：有利于保证幼儿园经费预算执行及决算的真实、合法、有效；提高幼儿园经费的管理水平，节减开支；促进廉政建设，提高幼儿园工作效能，保障幼儿园教育职能的行使。

幼儿园膳食经费管理是幼儿园经费管理的重要组成部分，所以幼儿园财务工作在接受经费审计的时候膳食经费也理所当然地接受审计监督。膳食经费财务相关人员必须及时呈交收入、支出和经费预算、决算等各项财务工作的表册和档案，以便于经费审计人员顺利开展工作。

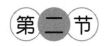 幼儿卫生保健工作与安全管理

一、幼儿园卫生保健制度

幼儿园卫生保健工作是保证幼儿身心健康的重要因素，而完善的幼儿园卫生保健制度是做好卫生保健工作的前提。当今世界幼儿卫生保健的发展趋势集中表现在3个方面：卫生保健正从医院走向家庭、幼儿园和社区；保健内容从生理扩大到心理与社会；保健方向从治疗转向预防、康复与健康促进。幼儿园应当根据国家有关法律法规的要求，结合当今世界幼儿卫生保健的发展趋势和本园的实际情况，制订适合本园特色的卫生保健制度。以下是卫生部、教育部于2010年发布的《托儿所幼儿园卫生保健管理办法》，可以供幼儿园制订卫生保健制度参考。

托儿所幼儿园卫生保健管理办法

第一条　为提高托儿所、幼儿园卫生保健工作水平，预防和减少疾病发生，保障儿童身心健康，制定本办法。

第二条　本办法适用于招收0～6岁儿童的各级各类托儿所、幼儿园（以下简称托幼机构）。

第三条　托幼机构应当贯彻保教结合、预防为主的方针，认真做好卫生保健工作。

第四条　县级以上各级人民政府卫生行政部门应当将托幼机构的卫生保健工作作为公共卫生服务的重要内容，加强监督和指导。

县级以上各级人民政府教育行政部门协助卫生行政部门检查指导托幼机构的卫生保健工作。

第五条　县级以上妇幼保健机构负责对辖区内托幼机构卫生保健工作进行业务指导。业务指导的内容包括：膳食营养、体格锻炼、健康检查、卫生消毒、疾病预防等。

疾病预防控制机构应当定期为托幼机构提供疾病预防控制咨询服务和指导。

卫生监督执法机构应当依法对托幼机构的饮用水卫生、传染病预防和控制等工作进行监督检查。

第六条　托幼机构设有食堂提供餐饮服务的，应当按照《食品安全法》《食品安全法实施条例》以及有关规章的要求，认真落实各项食品安全要求。

食品药品监督管理部门等负责餐饮服务监督管理的部门应当依法加强对托幼机构食品安全的指导与监督检查。

第七条　托幼机构的建筑、设施、设备、环境及提供的食品、饮用水等应当符合国家有关卫生标准、规范的要求。

第八条　新设立的托幼机构，招生前应当取得县级以上地方人民政府卫生行政部门指定的医疗卫生机构出具的符合《托儿所幼儿园卫生保健工作规范》的卫生评价报告。

各级教育行政部门应当将卫生保健工作质量纳入托幼机构的分级定类管理。

第九条　托幼机构的法定代表人或者负责人是本机构卫生保健工作的第一责任人。

第十条　托幼机构应当根据规模、接收儿童数量等设立相应的卫生室或者保健室，具体负责卫生保健工作。

卫生室应当符合医疗机构基本标准，取得卫生行政部门颁发的医疗机构执业许可证。

保健室不得开展诊疗活动，其配置应当符合保健室设置基本要求。

第十一条　托幼机构应当聘用符合国家规定的卫生保健人员。卫生保健人员包括医师、护士和保健员。

在卫生室工作的医师应当取得卫生行政部门颁发的医师执业证书，护士应当取得护士执业证书。

在保健室工作的保健员应当具有高中以上学历，经过卫生保健专业知识培训，具有托幼机构卫生保健基础知识，掌握卫生消毒、传染病管理和营养膳食管理等技能。

第十二条　托幼机构聘用卫生保健人员应当按照收托150名儿童至少设1名专职卫生保健人员的比例配备卫生保健人员。收托150名以下儿童的，应当配备专职或者兼职卫生保健人员。

第十三条　托幼机构卫生保健人员应当定期接受当地妇幼保健机构组织的卫生保健专业知识培训。

托幼机构卫生保健人员应当对机构内的工作人员进行卫生知识宣传教育、疾病预防、卫生消毒、膳食营养、食品卫生、饮用水卫生等方面的具体指导。

第十四条　托幼机构工作人员上岗前必须经县级以上人民政府卫生行政部门指定的医疗卫生机构进行健康检查，取得托幼机构工作人员健康合格证后方可上岗。

托幼机构应当组织在岗工作人员每年进行一次健康检查；在岗人员患有传染性疾病的，应当立即离岗治疗，治愈后方可上岗工作。

精神病患者、有精神病史者不得在托幼机构工作。

第十五条　托幼机构应当严格按照《托儿所幼儿园卫生保健工作规范》开展卫生保健工作。

托幼机构卫生保健工作包括以下内容：

（一）根据儿童不同年龄特点，建立科学、合理的一日生活制度，培养儿童良好的卫生习惯。

（二）为儿童提供合理的营养膳食，科学制订食谱，保证膳食平衡。

（三）制订与儿童生理特点相适应的体格锻炼计划，根据儿童年龄特点开展游戏及体育活动，并保证儿童户外活动时间，增进儿童身心健康。

（四）建立健康检查制度，开展儿童定期健康检查工作，建立健康档案。坚持晨检及全日健康观察，做好常见病的预防，发现问题及时处理。

（五）严格执行卫生消毒制度，做好室内外环境及个人卫生。加强饮食卫生管理，保证食品安全。

（六）协助落实国家免疫规划，在儿童入托时应当查验其预防接种证，未按规定接种的儿童要告知其监护人，督促监护人带儿童到当地规定的接种单位补种。

（七）加强日常保育护理工作，对体弱儿进行专案管理。配合妇幼保健机构定期开展儿童眼、耳、口腔保健，开展儿童心理卫生保健。

（八）建立卫生安全管理制度，落实各项卫生安全防护工作，预防伤害事故的发生。

（九）制订健康教育计划，对儿童及其家长开展多种形式的健康教育活动。

（十）做好各项卫生保健工作信息的收集、汇总和报告工作。

第十六条　托幼机构应当在疾病预防控制机构指导下，做好传染病预防和控制管理工作。

托幼机构发现传染病患儿应当及时按照法律、法规和卫生部的规定进行报告，在疾病预防控制机构的指导下，对环境进行严格消毒处理。

在传染病流行期间，托幼机构应当加强预防控制措施。

第十七条　疾病预防控制机构应当收集、分析、调查、核实托幼机构的传染病疫情，发现问题及时通报托幼机构，并向卫生行政部门和教育行政部门报告。

第十八条　儿童入托幼机构前应当经医疗卫生机构进行健康检查，合格后方可进入托幼机构。

托幼机构发现在园（所）的儿童患疑似传染病时应当及时通知其监护人离园（所）诊治。患传染病的患儿治愈后，凭医疗卫生机构出具的健康证明方可入园（所）。

儿童离开托幼机构3个月以上应当进行健康检查后方可再次入托幼机构。

医疗卫生机构应当按照规定的体检项目开展健康检查，不得违反规定擅自改变。

第十九条　托幼机构有下列情形之一的，由卫生行政部门责令限期改正，通报批评；逾期不改的，给予警告；情节严重的，由教育行政部门依法给予行政处罚：

（一）未按要求设立保健室、卫生室或者配备卫生保健人员的。

（二）聘用未进行健康检查或者健康检查不合格的工作人员的。

（三）未定期组织工作人员健康检查的。

（四）招收未经健康检查或健康检查不合格的儿童入托幼机构的。

（五）未严格按照《托儿所幼儿园卫生保健工作规范》开展卫生保健工作的。

卫生行政部门应当及时将处理结果通报教育行政部门，教育行政部门将其作为托幼机构分级定类管理和质量评估的依据。

第二十条　托幼机构未取得医疗机构执业许可证擅自设立卫生室，进行诊疗活动的，按照《医疗机构管理条例》的有关规定进行处罚。

第二十一条　托幼机构未按照规定履行卫生保健工作职责，造成传染病流行、食物中毒等突发公共卫生事件的，卫生行政部门、教育行政部门依据相关法律法规给予处罚。

县级以上医疗卫生机构未按照本办法规定履行职责，导致托幼机构发生突发公共卫生事件的，卫生行政部门依据相关法律法规给予处罚。

第二十二条　小学附设学前班、单独设立的学前班参照本办法执行。

第二十三条　各省、自治区、直辖市可以结合当地实际，根据本办法制定实施细则。

第二十四条　对认真执行本办法，在托幼机构卫生保健工作中做出显著成绩的单位和个人，由各级人民政府卫生行政部门和教育行政部门给予表彰和奖励。

第二十五条　《托儿所幼儿园卫生保健工作规范》由卫生部负责制定。

第二十六条　本办法自 2010 年 11 月 1 日起施行。1994 年 12 月 1 日由卫生部、原国家教委联合发布的《托儿所、幼儿园卫生保健管理办法》同时废止。

附件 1　儿童入园（所）健康检查表

姓名		性别		年龄		出生日期			年　月　日		
既往病史		1. 先天性心脏病		2. 癫痫		3. 高热惊厥		4. 哮喘		5. 其他	
过敏史					儿童家长确认签名						
体格检查	体重	千克	评价		身长（高）		厘米	评价		皮肤	
	眼	左	视力	左	耳		左	口腔	牙齿数		
		右		右			右		龋齿数		
	头颅		胸廓			脊柱四肢			咽部		
	心肺		肝脾		外生殖器			其他			
辅助检查	血红蛋白（Hb）			丙氨酸氨基转移酶（ALT）							
	其他										
检查结果			医生意见								

医生签名：检查单位：

体检日期：年　月　日　　　　　　　　　　　　　　（检查单位盖章）

附件 2　儿童转园（所）健康证明

儿童姓名		性别		出生日期		年　月　日
离园日期		转入新园名称				
既往病史		目前健康状况				
家长签名						

卫生保健人员签名：　　　　　　　　　　转出单位：

日　期：年　月　日　　　　　　　　　（转出单位盖章）

（留存单）

备注：自儿童离园之日起有效期 3 个月。

附件 3　托幼机构工作人员健康检查表

姓名		性别		年龄		婚否		编号		照片
单位				岗位				民族		
既往病史		1. 肝炎　　2. 结核　　3. 皮肤病　　4. 性传播性疾病								
		5. 精神病　　6. 其他　　　受检者确认签字：_____								
体格检查	身份证号									
	血压			心肺			肝脾			
	皮肤			五官			其他			
化验检查	丙氨酸氨基转移酶（ALT）				滴虫					
	淋球菌				梅毒螺旋体					
	外阴阴道假丝酵母菌（念珠菌）				其他					
	胸片检查									
	其他检查									

续表

检查结果		医生意见	
医生签名：		检查单位：	
体检日期：　　　年　　月　　日		（检查单位盖章）	

备注：1. 滴虫、外阴阴道假丝酵母菌指妇科检查项目。

2. 胸片检查只限于上岗前及上岗后出现呼吸系统疑似症状者。

3. 凡体检合格者，由健康检查单位签发健康合格证。

（一）生活制度

科学合理的生活制度是培养幼儿良好生活习惯的要求，也是幼儿身心健康成长的重要保证。幼儿园应该根据不同年龄幼儿的生理特点及四季的变化，科学合理地安排幼儿一日生活，注意动静交替、劳逸结合、脑力体力结合、室内外结合，保证 2 小时以上户外活动时间。表 5.3 是某幼儿园一日生活作息时间表。

表 5.3　某幼儿园一日生活作息时间表

序号	时间	活动内容
1	7:30～8:15	入园
2	8:15～8:50	早餐、洗漱
3	8:50～9:30	教育活动、区域活动
4	9:30～11:15	早操、户外游戏、区域活动
5	11:15～12:00	午餐
6	12:00～14:30	午睡、起床、洗漱
7	14:30～15:30	游戏、
8	15:30～15:45	午点
9	15:45～16:30	户外游戏活动、区域活动
10	16:30～17:00	晚餐
11	17:00～17:30	离园活动

（二）幼儿膳食管理制度

详见本章第一节幼儿膳食管理。

（三）健康检查制度

1. 新生入园体检制度

幼儿新生入园后需要过集体生活，因此入园前要进行全面健康体检。通常要求家长带领幼儿到指定医院体检，体检的基本项目包括：身高、体重、眼耳牙、心肺、肝脾、外生殖器、血红蛋白、肝功、乙肝表面抗原等九项。如果孩子乙肝表面抗原有问题，就需加做"乙肝两对半"检测，连续 3 个月正常者方可入园。对有传染病接触史者，需待检疫期满后才可入园，患有传染病者，需要治疗后重新体检，体检合格者能入园。新生入园体检表上医院要加盖合格字样，体检合格证明有效期为 1 个月。

2. 定期体检制度

幼儿入园后，根据本园的卫生保健计划每年体检一次，口腔、视力、血红蛋白、身高、体重每半年检查一次，体检后要做好记录和存档工作，结合上次体检结果并对照幼儿身高、体重发育等的标准值及时对幼儿进行生长发育评价和健康评价。要针对幼儿的生长发育特点和健康问题，做好个性化的卫生保健工作，如建立肥胖儿、体弱儿的个案跟踪，并与家长密切配合，共同关注幼儿卫生保健工作。

3. 晨检、全日健康观察制度

晨检的目的是尽早发现疾病，预防传染病的蔓延，杜绝安全隐患。晨间检查主要内容有：一摸，摸额头判断是否有发烧情况；二看，看幼儿来园时是否仪表整洁，指甲是否剪短，幼儿咽部是否有红肿，皮肤是否有皮疹，面色、精神状态如何；三问，向家长询问幼儿在家睡眠、饮食、大小便等情况；四查，幼儿是否携带小刀、玻璃、花生米等危险物品。

每天早晨体检完毕后，合格的幼儿领绿牌进班，身体状况不佳的幼儿领红牌进班，已经发病并带药的幼儿需要领黄牌进班。保健人员要认真填写领红牌和黄牌幼儿的晨检记录，做好服药幼儿的服药登记表，保管好药品，定点统一发放药品。保健人员还需要对红牌和黄牌幼儿全天密切观察，一旦发现异常，及时由保健人员诊治或者送往医院诊治。表 5.4 是某幼儿园大班服药登记表。

表 5.4　某幼儿园大班服药登记表

幼儿姓名	主要症状	药品名称	药品用法与用量	家长签名	执行教师签名

4. 体格锻炼制度

1）要有计划、有组织地经常开展适合不同年龄班幼儿特点的游戏及体育活动。幼儿至少每天做 1 次体操、进行 1～2 次室外活动性游戏。

2）每天坚持 2～3 小时户外活动，加强日光浴、空气浴，结合季节的变化，适时地举办春游、秋游以及冬季锻炼等项目。

3）充分利用幼儿园现有场地、玩具和器械，还要加强自制玩具、器械的设计与开发，以激发幼儿参加锻炼的兴趣和积极性。

4）幼儿的体格锻炼还要坚持循序渐进、持之以恒、照顾个体差异以及动静交替、劳逸结合的原则。

5. 卫生消毒及隔离制度

（1）幼儿园环境卫生

为了切实加强幼儿园的卫生管理工作，消除可能给幼儿带来健康隐患的因素，预防传染性疾病的发生，幼儿园需要建立健全环境卫生制度。环境卫生制度主要包括以下内容：建立各班各处定期卫生大扫除制度和每日卫生清扫制度；保持地面、门、窗等处无污物、无杂物、无积尘蛛网；玩具、桌椅等幼儿每日接触的物品要经常清洗和消毒，室内物品要摆放整齐；厕所用后要及时冲刷，无粪垢，并认真做好消毒；保持室内空气流通；幼儿园消毒采样不得低于国家卫生标准规定的 85% 的要求；成立本园卫生检查领导小组，对各处卫生进行定期和不定期的检查评比。

（2）幼儿个人卫生

幼儿的毛巾、水杯等要专人专用，要及时清洗和消毒；饭前便后要洗手；幼儿的床单被褥等每周换洗 1 次，并经常在太阳下暴晒；要求幼儿在家里做好个人卫生清洁，如饭前便后洗手、勤洗澡、勤换衣、勤剪指甲等。

（3）消毒隔离制度

幼儿园要设立保健室和隔离室，隔离室要配备隔离床以及隔离期间基本的生活用品；一旦发现保健人员和幼儿患传染病应立即隔离观察和治疗；患儿所在班内要彻底消毒，家具、玩具、器皿、被褥、衣物和碗筷等必须经过严格消毒后使用，有些物品可以在日光下暴晒，加强室内通风，必要时还要进行空气紫外线消毒；患儿要由专人精心护理，隔离期满后，由医生开出疾病痊愈、解除隔离的证明方可回班；和患儿密切接触过的保健人员和幼儿，要接受疾病检疫隔离制度，保证幼儿不混班、不串班，检疫隔离期满无症状表现者，由保健人员同意方可解除隔离；幼儿离园超过一个月的，入园时由保健人员询问有无传染病接触史，若有接触史，需要进行隔离，隔离期满后，经保健人员同意方可回班；保教工作人员以及幼儿在家中发现传染病，应立即报告幼儿园园长或带班教师，根据传染病消毒隔离的相关制度，幼儿园要及时采取相应措施。

6. 预防疾病制度

1）贯彻"预防为主"的方针，做好经常性的疾病预防工作。

2）贯彻执行预防接种制度。具体内容有：幼儿在办理入园手续时应该查验预防接种证，未按照规定预防接种的，应该责成家长或监护人予以补种；按年龄及季节完成防疫部门所布置的预防接种工作，建卡率达 100%；凡有禁忌证者不应接种或暂缓接种；幼儿园根据定期接种通知，配合社区或医院接种点，做好预防接种的宣传、组织、登记、缴费，科学合理安排幼儿接种时间，落实预防接种制度。

3）传染病疫情报告防治制度。园长是幼儿园疫情报告的第一责任人，应根据当地近期传染病和儿童传染病的规律，建立园长负责制的、包括保健医生等人在内的传染病疫情防治工作小组，高度重视传染病预防工作。严格控制传染病的流行关键是要做到早预防、早发现、早报告、早诊断、早治疗、早隔离。严格晨检、全日观察，要有因病缺勤病因追查及登记制度，易感幼儿是重点检查对象。发现传染病早期症状、疑似传染病患儿以及因病缺勤幼儿等情况时，应及时报告给幼儿园园长。发现传染病后要立即进行消毒，对传染病密切接触者和患者按相关疾病的检疫、隔离期限和办法实施检疫、隔离，以防传染病疫情在幼儿园大规模蔓延。

4）注意饮食营养，加强户外体育锻炼，多喝开水，提高幼儿身体抵抗能力，搞好幼儿园环境卫生，保持室内空气流通。

5）当地传染病流行期间不带幼儿去公共场所。

7. 安全制度

（1）加强对幼儿园安全工作的领导和管理

要保护幼儿安全健康地成长，杜绝或尽可能减少安全事故的发生，关键是成立以园长为第一责任人的安全管理领导小组，制订不同岗位安全责任制，制订有效的安全事故处理应急措施，使全园教职工树立安全第一、安全无小事的思想。

（2）幼儿安全知识教育

幼儿园要经常通过多种多样的形式对幼儿进行安全主题教育，可以包括交通安全教育、火灾自救教育、意外伤害自救互救教育等。不同的安全主题可以采取不同的方式进行，如邀请交通警察做报告，使幼儿了解交通法规知识，培养幼儿遵守交通法规的意识；可以邀请消防人员讲解火灾自救知识，进行火灾自救演习；通过情景模拟演练，使幼儿学会意外伤害自救互救演习；使幼儿学会使用紧急电话 110、119、122、120 等。只有把幼儿安全管理工作真正落到实处，幼儿的安全才能真正有保障。

（3）教师、保育员岗位安全责任制

教师、保育员每天和幼儿接触最为密切，承担对幼儿的保育、教育任务，保护好幼儿是其重要的职责。幼儿年龄小，缺乏安全常识和自我保护能力，所以教师日常生活活动中对幼儿的安全教育和保护就显得尤其重要。这就需要教师具有强烈的责任感和安全意识，一切安全事故要防患于未然，任何时候都不可麻痹大意，避免重大安全事故的发生。

教师要有高尚的职业道德感、灵活多样的教育方法和情绪控制能力，不得进行任何形式的体罚和变相体罚，以免对幼儿造成伤害。

保教人员要特别注意楼梯、窗台、栏杆、活动场地、玩具、用具以及运动器械等的安全，定期检查，及时维修或淘汰，避免摔伤、划伤、刺伤、砸伤等事故的发生。对于在各种活动中发现的可能存在安全隐患的幼儿行为，教师要及时提醒、制止和保护幼儿。

 案例 5.3

户外自由活动时间到了，小二班的孩子们拿起了自己喜欢的玩具兴高采烈地玩了起来。突然从人群中传来一阵哭声，正在指导小朋友玩的老师连忙跑到出事地点，只见强强小朋友用手捂住左脸颊，指间渗出了鲜血，而站在强强小朋友对面的鹏鹏小朋友惊呆了，他手上正拿着一小片碎 VCD 光碟片。老师马上意识到发生了什么事，抱起强强冲到医务室，园医看了一下伤口，简单处理了一下，又立刻和老师一道把孩子送到了医院。医生给强强脸上的伤口缝了二十几针，事后了解事情的原委。原来是因为两个小朋友争抢玩具造成的。

【案例分析】

1）保健医生及值勤人员要认真对幼儿进行晨检，切不可流于形式。

2）当班老师和保育员应再次陆续对幼儿进行晨检。

3）积极争取家长的支持与配合。

4）平时培养幼儿的自我保护能力。

要按安全规定盛放热饭热水，防止烫伤。要注意电源电器的安全处理，防止触电以及火灾的发生。

加强对药品、消毒液等化学物品的保管，以免幼儿误食中毒。

加强对细小物品的保管，以免幼儿气管进入异物。

保教人员还要严格遵守幼儿园入园、离园接送制度，无论是入园还是离园，教师要仔细看管好所有的幼儿，和孩子的家长做好交接，确保每一位幼儿安全入园和离园。

保教人员职责范围内造成的幼儿安全事故，视事故性质和程度，保教人员承担相应的责任。

（4）重视幼儿园周边社会环境的安全管理工作

近年来，幼儿园重大伤害事故频频发生，为幼儿园敲响了关注周边社会环境安全管理的警钟。幼儿园要主动和辖区内派出所联合，建立系统的园内部和周边环境的安全监控、报警、应急处理网络，一旦发现可疑人员或犯罪分子，可以迅速实现园内报警或者110报警，以保护幼儿的生命和幼儿园财产安全。

案例 5.4

2010年，某市一所幼儿园发生血案，幼儿园有多名儿童和2名教师被砍伤，犯罪嫌疑人是一名与幼儿园某小朋友家长有私怨的村民。无辜幼儿遭受摧残，有的生命垂危，有的由于受惊吓过度而精神恍惚。

以上惨案发生后，虽然犯罪嫌疑人最终被公安机关捉拿归案，但是却无法挽回逝去的生命，能够治愈刀伤，却无法治愈幼小心灵的创伤。惨案给我们的启示是幼儿是需要呵护的弱者，幼儿园教师多为女性，再加上幼儿园安全防范不严，对意外伤害预测和快速反应机制不健全，给幼儿园安全造成隐患。因此，幼儿园要加强防范意识和手段，不让犯罪分子有可乘之机。

（5）外出活动的安全管理

幼儿园要专门制订教师外出活动安全管理制度。组织幼儿外出活动时，所有环节中幼儿的安全问题都要有详尽可行的活动计划，包括：要选择安全的活动地点；出发前和返回前要认真清点幼儿人数；每个班级要有足够数量的带队老师；要确保每位幼儿在教师的视野内活动；确保车辆和幼儿路上的交通安全；确保幼儿在活动现场的安全；保健人员带药箱随行；要准备安全意外事故的应急处理措施。

（6）饮食安全

详见第五章第一节"幼儿饮食卫生工作要求"部分内容。

（7）家园联系

家园共同对幼儿进行安全教育，增加幼儿的安全常识，培养幼儿的安全意识和自我保护能力。

8. 卫生保健统计、登记制度

幼儿园卫生保健统计表主要包括健康检查记录表、体弱儿管理记录表、预防接种记录表、晨间检查记录表、生长发育情况记录表、疾病统计表、每月出勤记录表、缺勤情况统计表、传染病记录表、事故登记表、学期保健工作汇总表、工作人员健康登记表、家长联系簿等。

卫生保健统计工作主要包括预防接种率、体格发育评价、膳食评价、出勤率的统计、传染病发病率等。

二、专兼职卫生保健人员工作配备与管理

卫生保健工作人员的专业水平直接影响到幼儿园保健工作的质量。因此，幼儿园必须按照一定的专业标准和比例配备专兼职卫生保健人员。

专职卫生保健人员的条件是：医师应当达到医学院校毕业程度；医士和护士达到中等卫生学校毕业程度，或者取得卫生行政部门资格认可；保健员应当达到高中毕业程度，并受过儿童保健知识培训，取得卫生行政主管部门资格认可；兼职卫生保健人员必须由托儿所、幼儿园在职人员兼任，并在开始工作1年内受过2个月卫生保健的理论学习与进修。一般说来，卫生保健人员配备数量按照以下比例标准执行：日托儿童100名以下，全托儿童50名以下，设专职或兼职保健人员1名；日托儿童100～150名，全托儿童50～100名，须设专职保健医（护）师（士）1名；以后每增加100名儿童，应增设专职保健医（护）师（士）1名。

幼儿园卫生保健人员主要履行以下职责：制订年度幼儿园卫生保健工作计划，做好年度幼儿园卫生保健工作总结；健全幼儿园各项卫生保健制度；和辖区卫生保健机构配合做好免疫和疾病防治工作；负责登记各项保健资料，定期向园领导汇报全园卫生保健工作情况；负责对保教工作人员、幼儿以及家长进行各种形式的卫生宣传；负责督促各班搞好卫生保健、消毒隔离及环境卫生工作，定期进行全园的卫生保健、消毒、环境卫生的检查，做好分析评比工作；定期测量幼儿身高、体重，做好记录统计，做好每年保教人员和幼儿查体的组织及统计工作；每月统计各班幼儿的考勤及发病率；做好晨检以及全日观察；开展膳食调查、计算，制订科学食谱；妥善管理医疗器械、消毒用具和药品。

思考与练习

1. 调查1～2所幼儿园一周食谱，并尝试制订食谱。
2. 调查1～2所幼儿园卫生保健工作基本情况。

第六章

幼儿园教育工作管理

6.1

本章提要：本章主要目的是让学生明确教育工作管理是幼儿园工作管理的出发点和归宿，是幼儿园全部工作的核心和重心，教育工作管理也是幼儿园管理工作的中心内容，因此幼儿园保教工作管理水平的高低直接影响着幼儿园工作总目标的实现和幼儿的全面发展。

 幼儿园教育工作目标

《纲要》中明确指出："幼儿园教育是基础教育的重要组成部分，是我国学校教育和终身教育的奠基阶段。城乡各类幼儿园都应从实际出发，因地制宜地实施素质教育，为幼儿一生的发展打好基础"。"幼儿园教育应尊重幼儿的人格和权利，尊重幼儿身心发展的规律和学习特点，以游戏为基本活动，保教并重，关注个别差异，促进每个幼儿富有个性的发展"。这些论述是幼儿园教育的总则，是幼儿园人才培养的总要求，为幼儿教育的发展指明了方向。各幼儿园应以《纲要》为依据，结合本园实际制订适宜的教育工作目标体系。

一、幼儿园教育工作目标体系

（一）构建幼儿园教育工作目标的依据

1. 国家教育方针、政策和法规

我国已把学前教育纳入到基础教育体系中，国家陆续颁布了一系列政策、法规对学前教育加以规范和领导，使学前教育有序、健康地发展。幼儿园教育工作目标的核心是人才培养，教育工作目标制订是否合理，决定着幼儿园的办园特色和方向，最终落实到幼儿的发展上。因此，幼儿园教育目标是幼儿园一切工作的起始点，也是管理工作的着力点。

《纲要》没有具体规定幼儿园教育工作的总目标，只制定了四条总则，规定了幼儿园教育的基本原则和方向，可以此作为制订自己幼儿园教育工作总目标的依据。具体到五大领域的教育内容，《纲要》规定了具体的教育目标，既涉及情感、态度、能力，又

涉及知识技能。它以全新的视角和开放的理念，引领了中国幼儿教育发展的新方向。幼儿园可以根据本园条件和特色，以领域目标作为制订幼儿园具体教育工作目标和计划的出发点和立足点。如《纲要》中对健康、语言、科学等领域目标有如下规定。

健康领域的目标：身体健康，在集体生活中情绪安定、愉快；生活、卫生习惯良好，有基本的生活自理能力；知道必要的安全保健常识，学习保护自己；喜欢参加体育活动，动作协调、灵活。

语言领域的目标：乐意与人交谈，讲话礼貌；注意倾听对方讲话，能理解日常用语；能清楚地说出自己想说的事；喜欢听故事、看图书；能听懂和会说普通话。

科学领域的目标：对周围的事物、现象感兴趣，有好奇心和求知欲；能运用各种感官，动手动脑，探究问题；能用适当的方式表达、交流探索的过程和结果；能从生活和游戏中感受事物的数量关系并体验到数学的重要和有趣；爱护动植物，关心周围环境，亲近大自然，珍惜自然资源，有初步的环保意识。

分析以上 3 个领域的目标，不难看出，新《纲要》首先摒弃的是过去在幼儿园教育中过度重视知识技能、集体教学等小学化的倾向，强调更新教育观、儿童观和发展观，力求体现可持续性发展和终身教育的思想。要求幼儿园教师将社会、文化、环境与教育紧密结合，尊重幼儿，尊重幼儿身心发展的规律，保教并重，关注幼儿个体差异，促进每一位幼儿富有个性的成长。

幼儿园教育工作要遵循《纲要》精神以及其他教育方针与法规，真正体现幼儿教育"一切为了幼儿、一切为了家长"的服务理念，担当为社会培养人才的重任。

2. 从本园实际情况出发制订教育目标

幼儿园制订本园教育工作目标时，还要全面深入把握本园的实际条件，综合分析本园的地理位置（城市或农村、市中心或郊区等）、经济实力、基本场地、房舍、器械玩具等硬件配备以及幼儿园师资队伍的基本现状、生源的特点、以往的经验和办园特色等因素，才能制订出具体的、适合本园实际的、切实可行的教育工作目标。

（二）幼儿园教育工作目标体系的组成

要建立健全幼儿园教育工作目标体系，实现目标教育与目标管理，首先必须制订科学合理的幼儿园教育工作总目标，然后将目标层层分解，形成组织目标和个人目标一致的目标体系。幼儿园教育总体目标包括：全园教育工作总体目标、年度教育工作目标、幼儿各领域发展目标以及各年龄班发展目标，在此基础上才能逐步构建幼儿园教育工作体系。

1. 幼儿园教育工作总体目标

制订幼儿园教育工作总体目标，要依据国家的学前教育法规与政策、社会经济文化发展现状、学前教育管理现状、幼儿园已有经验以及现有经济与物质条件。幼儿园教育工作总体目标是纲领性的、观念性的，对幼儿园全部教育工作方向起引领作用。以下是某幼儿园教育工作总体目标与规划。

6.1

某幼儿园教育工作总体目标

根据教育可持续性发展战略要求，尊重幼儿年龄发展特点和个体差异，因地制宜地创造丰富的、开放性的、有利于幼儿自主探索与发展的教育环境。

2. 幼儿园年度教育工作目标

幼儿园年度教育工作目标是在教育实践基础上把总体目标具体化，并转化为一年的工作指标，为幼儿园教育工作逐层开展提供蓝本。以下是某幼儿园年度教育工作目标与措施。

6.2

某幼儿园年度教育工作目标

1. 进行符合办园理念的幼儿园文化建设。内涵发展与外树形象有机结合，侧重做好形象设计工作，将优质内涵充分展现。

2. 形成富有特色的园本化课程。幼儿园形成富有本园特色的数学教育园本化课程"我真棒丛书——轻松学数学"；逐渐推出轨迹清晰并有推广价值的班本化课程。幼儿园《轻松学数学》园本化课程教材出版以后，进一步研究园本化课程与幼儿健康、和谐发展的关系。

3. 逐级申报教育现代化的研究课题。在幼儿园扎实有效的教育教学管理并对数学有多年探索研究的基础上，根据各级教育科研部门的要求，申报省级教育科研"十一五"规划课题"教育现代化研究"，实现幼儿园科研与发展的双提高和双丰收。

4. 探索"规范管理"发展为"自主管理"的办法。在引导全体教职工明确"规范管理"与"自主管理"是相对而言、相辅相成的基础上，在局部工作已经探索出自主管理办法的基础上，继续挖掘"班岗工作法"的实施内涵，为更大范围的自主管理创造条件。

3. 幼儿园五大领域教育总体发展目标（举例）

幼儿园应根据《纲要》对各领域发展目标的规定制订具有本园特色的五大领域发展目标。以下是某幼儿园健康领域目标和语言领域目标。

幼儿园领域目标

　　健康领域目标：喜欢上幼儿园，对他人有信任感、安全感；家园表现一致，具有基本的生活自理能力；掌握安全常识，具有自我保护的实际技能；喜欢参加园内外各种类型的体育活动，具有基本运动技能。

　　语言领域目标：听懂和使用标准普通话，喜欢、善于与人交谈；大胆清楚地表达自己的想法和感受；培养幼儿的阅读兴趣，使之能够感受语言美。

4. 不同年龄班领域教育总体发展目标

　　不同年龄班领域教育工作目标，指的是根据不同班级孩子的年龄特点制订的一段时间内不同领域的具体发展目标，即托班（小小班）、小班、中班、大班各级部的具体教育目标，它制约着教师教育活动具体的组织或教育行为。以下是某幼儿园小班健康领域目标。

某幼儿园小班领域目标

　　能够适应幼儿园集体生活，情绪稳定；喜欢与他人交往；能够独立进餐、盥洗、睡眠以及大小便；能根据教师要求和提醒初步自我保护（如上下楼梯小心、集体活动不推挤等）。

5. 目标层层分解，组织目标与个人目标协调一致，构建教育工作目标体系

　　在制订幼儿园总体教育目标、幼儿园五大领域教育总体发展目标、不同年龄班领域教育总体工作发展目标的基础上，将目标层层分解，构建整合式的教育工作目标体系，这是实现教育工作总目标和具体教育任务的重要保证。

　　1）从幼儿园组织管理机构的层面上来看，可以分解为幼儿园教育工作总目标、部门工作目标、年级教育工作目标、班级教育工作目标等。目标分解应该体现部门之间的领导、协调与合作的关系。

　　2）从目标任务的执行者角度来看，可以将目标分解为园长教育工作目标、教研主任教育工作目标、教研组长教育工作目标、教师个人教育工作目标等。目标分解意味着不同岗位的员工将目标真正内化为自身内心的需要，主动承担不同的任务和责任。

　　3）从时间的角度看，可以将领域教育工作目标分解为长远目标（如年度目标）、中期目标（如学期目标）、短期目标（如月目标、周目标、日目标、具体活动目标等）等。

目标分解使教育工作更加具体、可行，具有很强的实践性。

二、幼儿园教育工作计划体系

幼儿园教育工作计划是为了实现预期的幼儿园教育工作目标，组织幼儿园的一切人力、物力、财力等因素，有序地进行有效活动的教育实践方案，包括要去做什么、怎样做、由谁去做等。幼儿园教育工作计划是保证教育质量和人才培养规格的重要依据，也是组织教育过程、安排教育任务的重要标准。

好的教育工作计划，能够使幼儿园教育工作更加符合幼儿教育的基本规律，更能满足幼儿素质发展的需求，能够使幼儿园具体教育工作始终围绕既定目标开展，幼儿园各个层次的工作人员各司其职，避免了人力、物力、财力的浪费，减少了教育工作过程中的随意性和盲目性，提高了工作效率，有利于幼儿园教育目标的最终实现。

（一）制订教育工作计划的依据

1. 国家教育政策、法规，纲领性文件以及各级教育行政部门的各种指示性文件

幼儿园园长要组织全体教职工认真学习、深入体会教育政策法规、教育理论以及各级教育行政部门的各种指示性文件精神，加强自身的政策、法规修养，坚持正确的方向，依法制订教育工作计划。

2. 教育基本理论和幼教最新发展动态

能够运用马克思主义教育理论的原理分析研究幼儿园教育工作中的实际问题，树立正确的儿童观、教育观，提高幼儿园整体学前教育理论水平。同时，能够学习借鉴国内外素质教育基本理论与经验以及学前教育创新理论与实践的最新研究成果，根据学前教育改革的新动向制订科学的教育工作计划。

3. 本园现状

幼儿园制订计划的过程中一定要考虑本园的经济和人力条件，利用社区现有的资源与优势，充分考虑所在社区的自然环境和人文环境因素，结合本园教师的理论水平、驾驭教育实践的能力及幼儿园的优势与不足，做到扬长避短，充分发挥全体教职工的潜力与积极性。

4. 经验总结与借鉴

为提高制订教育工作计划的水平，幼儿园需要学习借鉴的经验包括两方面：一方面是借鉴本园以往的教育工作经验，总结过去计划的优劣，吸取精华，舍其糟粕；另一方面是通过经常的外出学习和交流，借鉴其他幼儿园的经验，科学地制订本园的教育计划，使本园教育工作水平不断提高。

（二）制订教育工作计划的步骤

1. 幼儿园发展预测

幼儿园制订教育工作计划之前，首先要根据教育政策法规、幼儿教育发展趋势及幼儿园发展背景等因素对幼儿园未来发展趋势做出科学预测，如对幼儿园未来发展的方

向、速度、规模、质量等的预测。幼儿园发展预测决定幼儿园今后一段时间发展的目标方向。幼儿园教育工作计划的制订要面向发展预测、面向未来，同时又要根据幼儿园现有的条件和资源，脚踏实地制订总规划。

2. 民主讨论，定被选方案

幼儿园教育工作是一个系统整体工程，需要各部门协调配合和每一个人以主人翁的态度精诚合作才能最终实现。因此，幼儿园教育工作计划的制订，关系到全园的发展以及每一位教职员工的切身利益，制订计划要走民主化的路子，广泛听取群众意见和建议，充分调动全园教职员工参与的积极性。

3. 确定最佳方案

经过民主讨论集中起来的几种备选方案，还必须经过园长、分管教学园长或者教研小组长等认真讨论、多次筛选，最后制订最佳教育工作计划方案。方案一经确立，即以书面形式制订出来，作为幼儿园教育工作计划的最佳方案，是整个幼儿园一段时间内开展教育工作的蓝本。

4. 制订子计划

确立了总体目标和计划之后，还需要对其作进一步划分，循序渐进，使整个教育计划分步走，也就是将总计划分解，逐级展开，形成系统、具体可行、丰富的教育计划体系。通过科学有序地开展教育活动以及实现不同层次的教育工作计划，逐步完成教育工作总计划。

（三）幼儿园教育工作计划的种类

1. 根据时间长短划分

根据时间长短可将教育工作计划分为幼儿园教育工作长期发展规划、学年或学期教育计划以及月教育计划、周教育计划、日教育计划等。

幼儿园教育工作长期发展规划一般指幼儿园 3～5 年甚至更长时间的发展计划，是根据对幼儿园未来发展预测制订的较长时间的教育规划和任务，对幼儿园的教育工作起统领作用。长期教育规划经过分解可以形成学年、学期教育计划以及月计划、周计划等短期教育计划。短期教育计划更加详尽具体，便于教育活动的开展与计划的执行。

2. 根据范围划分

根据范围可将教育工作计划分为全园教育工作计划、部门教育工作计划和教师个人教育工作计划。

幼儿园的部门教育工作计划和教师个人教育工作计划要根据全园教育工作计划来制订。

3. 按计划的性质划分

根据性质可将教育工作计划分为常规性教育工作计划和专题性教育工作计划。

常规性教育工作计划是指每年都要制订的教育工作计划。它已经形成惯例，保证了教育工作的稳定性。专题性教育工作计划是指在教育工作开展过程中随机出现的或者生成的教育活动计划，体现了教育工作的灵活性。

（四）教育工作计划的内容与格式

教育计划可以文字形式表述，也可以表格方式表述。只要教育工作计划与教育工作目标一致，任务明确，重难点突出，操作方法科学，任何表述方式都是可以的。目前大多数幼儿园采用表格方式表述计划，表格的设计和所包含的项目也不尽相同。表 6.1～表 6.3 是某幼儿园教育活动周计划表、日计划表、课时计划表设计格式。

表6.1　×××幼儿园教育活动周计划

××班 　　　　　　　　　　　　　　　　　　　　　　　　时间：××××年××月××日～××日

	时间	周一	周二	周三	周四	周五
本周重点						
上午	教育活动			间操		
	户外游戏活动					
	餐前活动					
生活活动				午餐、午休		
下午	教育活动					
	户外游戏活动					
	离园活动					
家园共育工作						
园长签字				班长签字		

表6.2　×××幼儿园一日教育活动计划

××班 　　　　　　　　　　　　　　　　　　　　　　　　××××年××月××日　星期×

上午	教育活动	活动名称： 活动目标： 间操目标： 活动名称： 活动目标：
	户外游戏活动	游戏名称： 游戏目标：
	餐前活动	活动内容与目标：
生活活动		午餐、午休

下午	教育活动	活动名称： 活动目标：
	户外游戏活动	游戏名称： 游戏目标：
	离园活动	活动内容与目标：
家园共育		工作内容：
教师一日教育活动反思		
园长签字		班长签字

表6.3　×××幼儿园教育活动课时计划

××领域活动：×××
年龄班：××班执教人：　　　　　　　　　　　　　　×××　　××××年××月××日

活动来源与理念	
活动目标	1. 2. 3.
活动重点、难点	重点： 1. 2. 难点： 1. 2.
活动准备	1. 2. 3.
活动过程	活动一：××× 导入： 过程： 结束： 活动二：××× 导入： 过程： 结束：

活动延伸	1. 2.
教师活动反思	1. 2. 3.
教师评课意见	优点: 不足:

 幼儿园教育计划的执行与检查

一、教育计划的执行

幼儿园教育计划的执行是指把幼儿园教育工作目标、计划付诸实践的过程。它是达到预期目标的根本途径,是整个幼儿园教育工作实质性的一环。

（一）做好领导与协调工作,形成合力

幼儿园内外的人力、物力、财力是顺利实现教育工作计划的潜在资源,但是这些有效的资源要充分发挥作用,还需要园长把部门之间、园内外的相关资源有效地组织起来,协调各方面的关系,加以合理调配,使资源发挥最大的效力。在纷繁复杂的日常教育工作管理中总会遇到一些难题和矛盾,园长要善于抓住主要问题,调动幼儿园上下级、各部门的积极主动性,发挥战斗力、凝聚力,形成合力,从而人人为幼儿园教育工作目标而努力,有条不紊地促进教育计划的执行。

（二）管理者与教师平等对话,使教师成为执行教育计划的主体

《纲要》指出:"教育活动的组织与实施过程是教师创造性地开展工作的过程。"现代幼儿教育如果还像传统教育那样只有一个标准,要求整齐划一,把教师统得太死,教师在教育过程中就不能够积极主动、热情地投入到创造性教育活动之中,也不能够激发他们的创造性。因此,管理者在教育计划执行过程中,要摈弃高高在上的管理者的姿态,要以平等的眼光、尊重与合作的态度与教师对话,在保证幼儿园原有计划实施的前提下给教师更宽松、自主的环境,允许其自主生成弹性、开拓性的教育活动课程。这种平等对话的管理方式可以形成教师在教育计划执行过程中自觉自律的自主管理的工作状态。

（三）管理者深入教育实践,变教育计划执行过程为研究过程

由于教育过程中存在多种可以影响教育活动的复杂因素,因此不能机械呆板地照计

划做事，而应该追求创造性地执行计划。管理者首先要有研究的意识，深入教师教育实践一线，引导全体教师吃透目标和计划精神，认真研究实现教育计划的策略，善于发现日常教育工作中的实际问题，善于把握研究的契机，把教育计划执行的过程变成教育研究的过程，在执行中研究，在研究中执行，最大限度地挖掘教师的创造性和研究的潜能，促进教师的专业化成长。

（四）计划执行要注意严肃性与灵活性相结合

幼儿园的教育工作计划是经过科学程序制订的，一经制订，应该严格贯彻执行，以保证计划的严肃性。如幼儿园的年龄班教育工作计划或学期教育工作计划就不能随意变更，如需要变更，要经教育工作管理组织的严格审批后才能够实施。当然，绝对准确无误的计划是没有的，幼儿园的工作环境和条件又是不断变化的。因此，在维护计划执行的效力和严肃性的同时，可以根据幼儿园的实际情况进行适当的调整与变动，以体现计划执行的弹性特点。如教师可以根据班上幼儿新的兴趣点生成新的教育活动，幼儿园可以调整自己的日程表，安排一些随机的教育研讨会议等。

（五）稳步前进和提高计划执行效率相结合

幼儿园教育工作是一项创造性的工作，教育工作计划的执行需要较长的时间周期，幼儿园各级各部门需要树立长期研究的意识，管理者要进行长久规划，不断调整思路，明确教育工作的重点，将长期的工作任务进行分解，合理分工，积极合作，促使整个教育工作有序、稳步展开。

教育工作又是千头万绪的。生活中影响教育工作的突发因素很多，这些因素往往干扰了教育工作计划的顺利执行。为了提高计划执行的效率，管理者和教育计划执行者要善于从错综复杂的事件中，分清主要工作和亟待解决的矛盾，要善于计划和利用时间。也就是说，教育工作任务要有主次之分，设定优先顺序，这样才能保证灵活处理计划执行过程中节外生枝的事件，从而保证整个计划的执行。

另外，全园教职工要团结一致，高度重视和全身心地投入教育工作，这也是提高执行教育工作计划效率最重要的条件。

二、教育工作的检查

检查是教育工作的重要环节。执行计划却没有检查，计划就会流于形式，工作就会放任自流，无法保证计划执行的效果。教育工作检查的内容很多，管理者通过对月计划、周计划、教案、教学活动、一日教育活动、教研笔记、听评课记录、教学反思等的检查起到督促教育工作、提高教育工作效率的作用。

（一）检查的方式

1. 按检查的主体可以分为领导检查、部门间或教师间互查和教师自查

领导检查是指园长或业务主任有目的、有计划地对教职工的工作进行检查和评价。这种检查必须深入到实际工作中，不能走马观花、浮于表面。由于领导是检查的主体，

为保证评价的权威性，领导要不断进行业务学习和专业研究，提高自己的教育专业水平和管理水平；在检查过程中要做到客观、公正，善于发现成绩和问题，并及时进行交流与反馈。

部门间或教师间互查是指同级别部门间、同年级内教师以及班内教师间的相互观摩、评价。互查为部门间和教师间的有效交流与学习提供了一个很好的平台。检查可以发现自身发现不了的问题，也可以解决自身解决不了的难题，管理者要充分利用这种形式，实现以查促教。

教师自查是指教师在每日教育活动中随时记录自己的教育行为，并认真进行自我教育教学活动反思，以便发现工作中的问题，及时整改。教师是执行教育计划的主体，因此要培养教师时时自觉自查的好习惯，把教育检查监督真正内化成教师不断自我发展的需要。

2. 按检查的范围可以分为全面检查和专题检查

全面检查是指在学期初、学期中或者学期末对教育工作计划的制订、执行以及教育工作的效果等进行全面考核或综合评价。全面检查能够掌握幼儿园整个教育工作的基本情况，但由于所涉及的范围广、内容多，因此不容易做到深入细致。

专题检查弥补了全面检查的不足，主要是指针对重点教育工作进行检查，能够深入了解工作的实际，真正发现问题所在，找到下一步研究的突破口，如检查入园一段时间后小班幼儿的适应情况，检查某一课题的进展情况等。

3. 按检查的时间可以分为定期检查和临时性抽查

定期检查是幼儿园经常使用的检查教育工作的一种基本方法。它能够全面、集中地体现幼儿园的教育工作情况，对幼儿园的教育工作有极大的促进作用，如进行期中教育工作检查、期末教育工作检查等。

临时性抽查是不定期对教育工作进行抽查的方式，能够弥补定期检查方式的不足。定期检查往往在被检查对象充分准备的条件下进行，而临时性抽查往往能够获取被检查者教育工作最真实的状态，能够及时发现问题并及时解决。因此，幼儿园教育工作检查要把定期检查和临时性抽查两种方式结合起来运用。

（二）教育工作检查总结

无论选用哪种教育工作检查方式，检查过程中都要认真做好检查记录，检查后要认真进行检查总结。

检查者必须深入到各个班级中去，全面细致地观察、检查并记录教师的教育活动、班级教育环境创设、师幼互动、家园共育、教师的创新点以及幼儿的发展情况。教育工作检查结束后，检查者要整理记录内容，经过对比研究或讨论后写出教育检查工作总结。教育检查工作总结既要包括检查的一般情况，如检查的时间、对象以及检查的内容等，又要包括检查中发现的成绩或问题。对于成绩，要树立典型，供大家学习和参考；对于发现的问题，要能总结经验教训，并提出切实可行的解决方案。

第三节 幼儿园科研与教研活动（选学）

一、幼儿园科研活动

幼儿园科研活动就是用已有幼儿教育和教学的理论去研究幼儿教育现象，探索新的幼儿教育和教学规律，解决新的幼儿教育问题的活动。

（一）幼儿园科研活动的意义

1. 幼儿园开展科研活动是社会发展的需要

随着全球经济一体化、文化多元化以及信息化时代的到来，当今社会教育形势迅猛发展，在终身教育、素质教育等理念的指引下，如何进行幼儿教育的改革、实现幼儿教育的最优化、满足社会和人民群众日益增长的对幼儿教育的需求，是当今幼儿园教育面临的严峻挑战。幼儿园必须把握《纲要》的颁布为幼教改革开创的良好机遇与氛围，转变教育观念，以科研为武器，紧跟时代潮流，遵循理论—实践—理论的研究过程，不断探索教育教学规律，适应社会发展的要求。

2. 幼儿园开展科研活动是幼儿园整体发展水平提高的需要

开展科研活动可以促使幼儿园在对自身教育、教学经验的提炼、整理的过程中，不断总结经验教训，攻克难关，促进教育、教学改革，形成自己的办园特色，为幼儿的全面发展提供一流的环境；开展科研活动有利于培养幼儿教师积极参与科研活动的意识，在全园形成科学研究的氛围；开展科研活动有利于培养幼儿教师集体良好的团队协作精神，形成教育的合力；开展科研还活动可以提高教师的综合素质，培养研究型和创新型的教师。总之，幼儿园要积极开展科研活动，促进幼儿园整体发展水平的提高，实现科研兴园。

3. 幼儿园开展科研活动是教师专业化成长的必由之路

幼儿园开展科研活动的过程，就是教师不断学习、不断研究、不断提高自身素质和教育教学水平的过程。

在科研过程中，教师为了选择科研课题或者解决科研难题，要不断学习有关教育理论、心理学理论、教育实践专著、科研理论以及统计学知识，促使自身知识结构不断优化。教师在教育教学过程中会遇到各种各样的教育问题，通过借助所具有的相关理论知识积极开展教育研究，有利于促进实践和理论的相互联系，发现新的教育规律及解决问题的科学方法，提高教育教学水平。因此，幼儿园开展科研活动是教师专业化成长的必由之路。

（二）幼儿园科研活动的组织与管理

1. 建立完善的科研管理体制

幼儿园要成立专门的科研领导小组，主要由园长、保教主任、教研组长以及骨干教师组成。科研领导小组应制订相应的责任制度，各成员有明确的分工，对科研工作进行规范管理。园长对科研工作高度负责，从部署任务到课题申报、研究都要亲自参加；教研主任是园长的好助手，直接领导开展科研工作，领导教研组长，具体负责课题的规划与组织实施；教研组长则要大胆组织，负责领导教研组教师或课题组成员制订课题计划和执行课题计划。

幼儿园要认真制订科研制度，并严格执行。科研制度应该包括科研人员的职责，课题选题原则、要求，课题准备、实施、总结的各阶段要求，课题成果奖励等。

2. 强化科研课题研究基础知识的学习

加强教职工科研课题知识的学习和对他们的培训，使教职工明确科研的一般步骤和基本方法，这是做好科研工作管理的重要前提。可通过对教育理论的学习、分析、对比研究、评价等，从中发现问题，找到新课题研究的契机。要学习和掌握科研中收集与分析资料的基本方法，并能够根据科研课题的特点和现有的各种条件制订适宜的科研目标和详尽的、切实可行的科研计划并付诸实施，形成科研报告、论文等科研成果。

3. 加强教职工的科研意识，实现科研工作的自我管理

很多幼儿园教师由于日常工作琐碎、繁忙，往往满足于已有的经验和成绩，缺少思考研究意识；还有些教师有思考的火花和研究的想法，但不知如何下手去研究。所以，幼儿园应该营造宽松、浓厚的科研氛围，建立科研保障机制，鼓励教师人人参与科研活动；通过成立科研课题小组，推行集体研究方式，加强教师间的交流与合作，引导教师走出自我，积极主动学习和研究，不断提高自身素质。一旦教师具有了积极参与科研的主体意识，幼儿园就能轻松实现教职工科研工作的自我管理。

4. 制订好科研工作目标和科研工作计划

要实现科研工作规范化管理，就必须制订科学合理的科研工作目标和计划，具体内容应涉及科研组建设、科研课题申报、实施、结题以及科研成果评比等。以下是某幼儿园年度科研工作目标和科研工作计划示例。

案例 6.5

2019 年度×××幼儿园科研工作目标

1. 加强科研组建设。

2. 按计划对教师科研方法进行培训与指导。

3. 继续将立项课题做实，完成两个子课题，组织科研成果观摩活动并参与市科研论文评选活动。

×××幼儿园 2019 年科研工作计划

一、指导思想

继续以《幼儿园教育指导纲要》精神为指导，认真贯彻并落实市区教育工作以及教科研会议工作意见和精神，进一步发挥科研工作的指导、服务和研究功能，

以课题研究为龙头，不断探索幼儿园教育中的实际问题，提高教师整体素质和保教工作质量，为打造优质特色的幼儿园教育而努力前行。

二、工作重点

本年度的工作重点仍然是建立健全科研规章制度，实行科研规范化管理。

要保证科研工作的顺利开展，必须制订完善的科研规章制度，尤其要明确科研的目标责任制，加强对科研过程的规范化管理。首先，要形成包括科研计划—实施—检查—总结—激励在内的完善的科研管理过程。其次，要将科研工作管理过程细化、量化，要做好科研工作计划和总结、阶段性研究计划和小结、科研例会制度、观察记录、档案整理、个案报告等系列工作。

三、课题研究

1. 继续加强省级课题《幼儿园体育特色课程研究》和市级课题《新入园幼儿适应能力问题及对策研究》的研究，做好资料收集和档案整理工作，争取年底结题。

2. 积极结合幼儿园教育工作实际，筹备申报新的课题。

3. 园内教师的论文评比工作。

四、具体措施

3~4月：根据科研工作计划，课题负责人带领课题组成员确定具体的活动方案；组织课题组成员集中理论学习，邀请专家对教师进行课题选择、实验研究方法、步骤、论文的撰写等教育科研方法的培训。

5月：检查课题组成员的活动计划、活动记录、活动反思、研究记录、资料整理等情况；课题研究的公开课。

6~8月：继续检查课题组成员的活动计划、活动记录、活动反思、研究记录、资料整理等情况；组织课题组成员集中学习、交流、研讨课题开展的情况，总结经验，及时调整课题研究思路和方案。

9~12月：课题研究优质课评比或环境创设评比；收集、整理课题研究资料，撰写课题阶段性研究总结或报告；论文评比工作；提出新课题申报的建议。

二、幼儿园教研工作

（一）幼儿园教研工作的意义

1. 教研促进管理者和教师的真正对话，提高幼儿园管理水平和整体教育教学水平

幼儿园过去的教研活动沿袭自上而下的传统，管理者以领导者的权威姿态高高在上，教师心里有压力而害怕教研，教师感觉教研离自己很远而不爱教研的现象很普遍。幼儿园要创设宽松自主的环境，吸引每一位教师积极参与其中。管理者也要能够深入教育实践，成为教研活动中的一分子。管理者和教师可以面对面平等对话，倾听教师真实的声音。只有管理者和教师共同搭建教研的平台，才能实现快乐、自信教研，共同提高

幼儿园整体教育教学水平。

2. 教研促进管理者和教师专业化成长

幼儿园教研是指教育教学研究，且必须是基于实践的研究。因此幼儿园的教研活动目前多为园本教研。园本教研立足本园，目的在于提高业务管理者的专业水平，增强其管理能力，同时也能提高教师教育教学水平。因此，研究者和教师们需要在实践过程中不断发现、研究新的切入点，并反思自己的教育教学行为，解决教育教学中的问题，实现自身专业化成长。

3. 教研能够营造全园教职工教研意识，有效整合幼儿园的资源

幼儿园教研要想取得实效，就必须整合幼儿园的现有资源，尤其是人力资源。园本教研主要以小组的方式开展，但是教研活动的形式却是多种多样的：既有个人学习、反思，又有小组研讨，还有全园交流；既有主题活动合作研究，又有优质教育资源共享。集体参与教研可以形成教研的氛围，集体参与教研形成的合力让教研活动高效。

（二）幼儿园教研工作的组织与管理

1. 幼儿园教研工作的组织保障

要确保幼儿园教研工作组织管理的规范化，必须实行园长、教研主任（保教主任）、教研组长三级管理制度。园长是教研工作的总负责人，负责全园的教研工作规划，并且要亲自组织和指导教研活动，参与到教研活动中。主任具体领导教研工作，负责教研活动计划的制订、执行、检查和总结。教研组长负责拟定教研组工作计划，开展各种教研活动，组织业务学习、集体备课和教研会议、教师教育教学情况的检查和评比等。

2. 幼儿园教研制度

幼儿园教研制度应该是以幼儿园整体发展（包括教师能力发展、幼儿素质发展、教育管理水平等）为根本和长远目标而建构的由各项制度组成的制度体系和文化。幼儿园教研制度是园长管理和教师行动、研究的准则，能够提高教研实效，提升教师学习、研究和创新的自觉性和积极性，让教师体会自身创造的快乐和价值。

制订教研制度应注意以下几个问题。

（1）目的明确、追求实效

制订教研制度的目的，是保证教研活动顺利开展。教研制度不能自上而下空设，需要结合幼儿园保教工作实际和教师现有教育教学能力，从小处入手，从实践中发现和构建，制订切实可行的教研制度。

（2）关注教研活动的全园参与性

教研活动的全园参与性，不仅指园长、教研主任、教研组长和骨干教师要积极参与教研活动，而且还要从组织和制度上保证全体教师和幼儿园其他部门的工作人员参与教研活动。这是由于幼儿园各个部门的工作是密切联系的，只有加强全园教职工的研究意识和探索精神，才能真正实现培养完整儿童的目标。如为了使初入园幼儿顺利度过入园焦虑期，园长和教研主任要召开家长会，通过良好的交流、沟通，家园合作，共商教育

策略；教师要进行教育教学研究，尤其是游戏课程研究，吸引孩子尽快融入集体生活中；保健医生和厨房要专门制订清淡营养的食谱，研究科学烹调方法，使饭菜色香味俱全，增强幼儿食欲，同时提高幼儿身体免疫力。

（3）教研与教育教学一体化，以教研促教育教学

教育教学工作是幼儿园工作的核心，教育教学工作质量的提高依赖于教研活动的有效开展。幼儿园通过制度化管理，实现教师教中学、教中研，而研究与探索又会促进教育教学水平的提高。

幼儿园要根据本园实际水平、办园条件以及本园教师基本素质制订切实可行的教研制度。一所幼儿园的教研制度需要长期的摸索才能够逐渐完善，形成教研活动能够持续、有效开展的制度体系。幼儿园教研制度通常包括教研工作制度、教研目标管理制度、教研组工作目标、教研组成员工作职责、学习与培训制度、教研例会制度、集体备课制度、教育教学反思制度、教研资料收集和档案整理制度、教研工作督查和评估制度、教研交流与汇报制度、教研奖励制度、幼儿园教科研经费管理制度等。

3. 教研工作管理

（1）选好教研活动课题

幼儿园的教研活动如果不能挖掘幼儿园教育教学过程中深层次的问题，只是停留在听课、说课以及评课的层面上，就不能充分调动幼儿教师的积极性、创造性和潜力，更不能够提升其理论研究水平和实践应用能力。幼儿园教研活动管理者要善于鼓励教师从实践探索中提出研究课题，并对这些课题进行筛选，分出教学层面的教研、反思层面的教研和课题研究层面的教研，建构多层次的教研活动体系，如听评课、教学反思、主题研究等，满足不同层次教师研究与发展的需求，使每位教师获得成长的快乐与成功的体验。

（2）做好教研活动计划

幼儿园必须有目的、有计划地开展教研活动。教研活动内容或课题一旦确定，就应尽快制订并严格执行教研活动计划，以保证活动目标或课题实验的顺利进行。教研活动计划必须渗透到教师一日教育教学活动过程中。

（3）精心研发多种层次的教研活动形式，实现优势互补态势

目前，越来越多的幼儿园结束了《纲要》颁布初期在教研活动方面的盲目跟风局面，逐渐构建园本特色的教研活动；在教研模式方面也融入了先进的教育理念和管理理念，形成多种层次的教研形式互相补充、人人教研的良好的教研氛围以及以人为本的教研管理方式。

（4）保证教研活动的时间和经费投入

幼儿园教研活动或教研例会每周要有固定的时间，任何工作或其他活动都不得占用教研活动时间。全体教研活动人员按幼儿园或教研组的统一安排，准时参加。活动或例会前要进行充分的准备，每位参与者都要认真听讲，做好记录；同时，管理者与教职工要畅所欲言，互相尊重，实现平等对话。

为保证教研活动的顺利开展，幼儿园要根据全园预算，拿出部分经费作为教研活动专项资金，用于教研主任和骨干教师进修培训、外出参观学习、资料收集和档案建设、

教育教学基本材料投放和优秀教研成果的奖励等。

（5）科学管理促进科研与教育教学一体化、科研与教研一体化

幼儿园教师从事科学研究主要解决保教工作中的实际问题，因此教育教学实践是产生科研课题的源泉，教学中的疑点、难点、困惑、问题都可以作为科研课题的出发点，换句话说，科研不能够脱离教师对自己教育教学行动的研究和反思。

科研与教研一体化是实现科研的有效途径。科研脱离教研，就会变成纸上谈兵、闭门造车；教研脱离科研，就会流于各种说课、评课和比赛，拘泥于经验介绍，难以实现教育教学的改革与创新。因此，幼儿园要从组织机构、管理保障机制等方面入手，实现科研与教育教学一体化、科研与教研一体化。

总之，教科研工作是幼儿园教育教学改革和质量提高的重要途径，是促进教师专业化成长的平台，幼儿园要重视教科研工作，要善于搞教科研。只有教科研工作常抓不懈、不断创新，真正取得实效，才能使幼儿园永葆青春活力，实现幼儿园整体水平的不断发展。

思考与练习

1．制订一份某幼儿园一周或一日教育活动计划。
2．联系幼儿园，参与两次幼儿园科研与教研活动。
3．写一份本周教育活动总结。

第七章
幼儿园班级管理

本章提要：幼儿园班级是对 3～6 岁的幼儿进行保教活动的基本组织单位，是幼儿园组织教育活动和生活活动的主要场所。整个幼儿园的保教工作都是通过各个班级的工作来实现的。因此，幼儿园班级管理是幼儿园管理的重要内容。本章主要论述幼儿园班级管理的概念、内容、方法，以及幼儿园各个年龄班的管理要点。

第一节 幼儿园班级管理的概念和内容

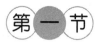

班级是幼儿园实施保教工作的基本单位，是幼儿所处的最密切的环境，对幼儿园保教目标的实现及幼儿的健康发展有着最直接的影响。幼儿园一日活动的组织，幼儿日常行为习惯的养成，教师与家长的沟通、交流等，都是以班级为单位进行的。

一、幼儿园班级管理的概念

（一）幼儿园班级

1. 幼儿园班级的概念

幼儿园班级是对 3～6 岁的幼儿进行保教活动的基本组织单位，它是除了家庭以外，最贴近幼儿的真实生活环境，是幼儿园组织教育活动和生活活动的主要场所，整个幼儿园的工作都是通过各个班级的工作来实现的。幼儿园班级既可以按年龄编班，分为小班（3～4 岁）、中班（4～5 岁）、大班（5～6 岁），也可以混合编班。根据《幼儿园工作规程》第二章"幼儿入园与编班"第十一条的规定，幼儿园每班幼儿人数一般为：小班 25 人，中班 30 人，大班 35 人，混合班 30 人，寄宿制幼儿园每班幼儿人数酌减。实际上，现实中部分幼儿园的班级规模要远远超过规定数。

2. 幼儿园班级的基本构成要素

幼儿园班级的基本构成要素主要包括人员结构、物质设施、组织形式 3 个方面。

（1）人员构成

1）幼儿。幼儿是幼儿园教育的对象，是班级的主体。《幼儿园工作规程》第一章"总则"第二条规定，"幼儿园是对 3 周岁以上学龄前幼儿实施保育和教育的机构，幼儿园教育是基础教育的有机组成部分，是学校教育制度的基础阶段"；第四条指出"幼儿园适龄幼儿一般为 3 周岁至 6 周岁"。

班级中的幼儿既有共性又有个性，共性是同一年龄阶段幼儿具有的相似的年龄特点，个性是则是指受遗传、教育、环境等因素的影响，每个幼儿都是独立的个体。幼儿的年龄特点决定了幼儿认知、动作、社会化的具体发展阶段，而幼儿的个性特点则表现为不同的幼儿有不同的经验、行为方式、发展速度，保教人员既要考虑班级幼儿的整体年龄特点，又要充分了解幼儿的个体差异，科学的开展保教活动，完成保教任务。

2）保教人员——专任教师和保育员。幼儿园班级里的保教人员，主要指专任教师和保育员，他们是幼儿园班级管理的主要承担者，担负着对幼儿进行保育和教育的双重任务。保教人员的数量和质量直接关系到幼儿园保教目标的完成情况。

2013 年教育部印发的《幼儿园教职工配备标准（暂行）》，明确规定了幼儿园班级规模及专任教师和保育员配备标准，如表 7.1 所示。

表 7.1 幼儿园班级规模及专任教师和保育员配备标准

年龄班	班级规模/人	全日制		半日制	
		专任教师	保育员	专任教师	保育员
小班（3～4 岁）	20～25	2	1	2	有条件的应配备 1 名保育员
中班（4～5 岁）	25～30	2	1	2	
大班（5～6 岁）	30～35	2	1	2	
混龄班	<30	2	1	2～3	

专任教师是履行幼儿园教育工作职责的专业人员。高素质、专业化的幼儿园专任教师队伍是提高学前教育质量、促进儿童健康发展的关键与重要保障。《幼儿园工作规程》第四十一条规定，幼儿园教师必须具有《教师资格条例》规定的幼儿园教师资格。幼儿园专任教师的职责具体包括：贯彻执行国家的有关法律、法规、方针、政策和地方的相关规定，负责建立并组织执行幼儿园的各项规章制度；负责保育教育、卫生保健、安全保卫工作；负责按照有关规定聘任、调配教职工，指导、检查和评估教师以及其他工作人员的工作，并给予奖惩；负责教职工的思想工作，组织业务学习，并为他们的学习、进修、教育研究创造必要的条件；关心教职工的身心健康，维护他们的合法权益，改善他们的工作条件；组织管理园舍、设备和经费；组织和指导家长工作；负责与社区的联系和合作。

保育员是幼儿园班级里从事幼儿基本生活照料、保健、自理能力培养和辅助教育工作的人员。《幼儿园工作规程》第四十二条规定，幼儿园保育员应当具备高中毕业以上学历，受过幼儿保育职业培训。幼儿园保育员的主要职责包括：负责本班房舍、设备、环境的清洁卫生和消毒工作；在教师指导下，科学照料和管理幼儿生活，并配合本班教师组织教育活动；在卫生保健人员和本班教师指导下，严格执行幼儿园安全、卫生保健制度；妥善保管幼儿衣物和本班的设备、用具。

3）幼儿家长。幼儿家长虽然不是幼儿园的常驻人员，却是幼儿园班级的重要构成。

"家长是孩子的第一任老师"，幼儿的成长固然离不开幼儿园的科学保教，但更离不开家长的家庭教育。幼儿年龄的特殊性决定了他们主要依靠成人来满足自身成长需要，获得知识和生活技能，家长的素质、教育理念等既对幼儿起着潜移默化的作用，又直接关系到家园合作的质量，进而深刻地影响着幼儿园保教工作的完成质量及幼儿的健康发展。因此，在幼儿园班级中，必须充分重视幼儿家长这一重要的班级构成要素。幼儿园保教人员应努力与幼儿家长建立和谐的伙伴关系，争取家长的理解、支持和主动参与，并积极帮助家长更新科学育儿理念，提高家长科学育儿的能力。

（2）物质设施

幼儿园班级的物质设施是幼儿园班级实施全面发展教育的物质前提和基础，直接关系到幼儿园保教工作能否顺利开展及开展质量。幼儿园班级的物质设施主要指幼儿园班级的空间条件和各种设施设备。

空间条件主要指房舍、场地，它直接影响到幼儿活动的充分度及活动质量。幼儿园班级的空间条件宽裕与否，决定着幼儿能否在班级里畅快地开展各类自由活动，并在很大程度上影响着幼儿园班级环境创设的可能性。宽裕的、开放性的幼儿园班级空间条件，能促进幼儿充分利用空间环境中的有利因素，促进幼儿之间的相互交往。

在设施设备方面，根据《幼儿园工作规程》第六章第三十六条的规定，幼儿园应当配备适合幼儿特点的桌椅、玩具架、盥洗卫生用具，以及必要的玩教具、图书和乐器等。

（3）组织形式

幼儿园班级是一个正规化的组织，目的是通过教育活动对幼儿施加系统的影响。幼儿园教育活动采用何种方式组织，直接关系到幼儿园教育的质量。《幼儿园教育指导纲要（试行）》第三部分明确指出"教育活动的组织形式应根据需要合理安排，因时、因地、因内容、因材料灵活地运用"；《3～6岁儿童学习与发展指南》也提出幼儿园教育要"理解幼儿的学习方式和特点"，这都为确定幼儿园班级活动的组织形式提供了依据。一般来说，幼儿园班级活动最常见的组织形式有班集体、小组和个体。

1）班集体。班集体是幼儿园班级最基本的组织形式。班集体的形式可以较集中、高效地达成教育目标，以减轻教师的教学负担。幼儿园教师在管理班集体工作中，要加强幼儿对班集体的理解，利用班集体的合作力量、竞争效应对幼儿进行教育和引导。

2）小组。小组是班级的基层组织形式，主要有固定小组和临时小组两种。固定小组一般由老师根据幼儿的特点进行分组，有利于幼儿之间的生活和学习。临时小组往往是根据一定的需要临时组建的小组，临时小组的成员经常随活动的内容而变化。此外，在小组的形成上，根据具体的教育情境，既可以由教师指定若干幼儿形成小组，也可以是由幼儿自愿组成小组。幼儿在小组中有较多的互动机会，更利于合作的达成及活动目的的实现，因此，保教人员应加强对幼儿小组活动的引导和管理。

3）个体。个体是指班级内的每个成员，既包括幼儿也包括保教成员。个体的生活背景、性格特征等都会在一定程度上影响其在班集体中的行为及与其他班级成员的交往。因此，在班级活动中，一方面要发挥幼儿的自主性、独立性，给予其活动的自由；另一方面又要努力引导个体融入集体，努力成为集体的一员。

（二）幼儿园班级管理

要做好幼儿园班级管理，首先应厘清幼儿园班级管理的概念。学者张丽娜等认为，幼儿园班级管理是指保教人员将班级的人、财、物、时空和信息等各种要素，通过计划、组织、实施和调整，从而促进幼儿身心全面发展的管理活动过程。学者唐淑、虞永平认为，幼儿园班级管理是指班级教师通过组织、计划、实施、调整等环节，把幼儿园的人、财、物、时间、空间、信息等资源充分运用起来，以便达到预定的目的。学者张笠颖将幼儿园班级管理理解为，教师通过协调教育者之间的教育行为、提供适当的教育环境、积极与幼儿进行沟通等方法，使幼儿得到最佳发展的管理活动。

从以往的幼儿园班级管理概念，可以看出，学者们各有侧重地阐述了幼儿园班级管理的主体、要素、过程和目的等。综合文献及以上分析，本书将幼儿园班级管理的概念界定为：幼儿园班级保教人员在一定思想的指导下，充分利用幼儿园的人、财、物、时间、空间、信息等资源，通过计划、组织、实施、调整等环节，优质高效地实现保育和教育目标，促进幼儿全面健康发展的管理活动。这一概念包括以下 4 层含义：第一，幼儿园班级管理的主体是以专任教师为主的保教人员；第二，幼儿园班级管理的要素包括人、财、物、时间、空间、信息等；第三，幼儿园班级管理的过程包括计划、组织、实施、调整等环节，各环节相对独立，且共同构成一个整体，不断循环往复、螺旋上升；第四，幼儿园班级管理的目标是优质高效的完成班级保教目标及幼儿园总目标，促进幼儿全面健康发展。

二、幼儿园班级管理的内容

幼儿园班级管理的内容非常宽泛，幼儿园班级一日活动的各个环节所涉及的人、财、物、时间、空间、信息等诸要素均在幼儿园班级管理的范畴之内。其中，幼儿园班级常规管理、幼儿园班级安全管理、幼儿园班级人际关系管理是幼儿园班级管理的重要内容。

（一）幼儿园班级常规管理

常规，即基本规则或一般规则。幼儿园常规就是幼儿每天在幼儿园需要遵守的基本规则，一般来说，主要包括三方面内容：遵守各种活动和休息的时间及其规定；遵守一日生活各环节具体制度；遵守幼儿一般行为规范和要求。

幼儿园班级常规，是幼儿园常规的延伸，它既包括幼儿园管理者制订的所有幼儿都应遵守的规则，又包括具体班级根据本班实际情况自己制订的一些规则。从涉及的活动范围来看，幼儿园班级常规大致可分为四类：生活常规、学习常规、游戏常规和运动常规。生活常规涉及入园、饮水、餐点、睡眠、如厕、离园等环节，主要对幼儿的生活自理、卫生保健、社交礼仪、自我保护等活动提供规范和约束；学习常规主要是致力于培养和规范幼儿的学习行为、学习习惯；游戏常规主要是规范幼儿的游戏行为，帮助幼儿在宽松、和谐的游戏情境中发展想象力、创造力和交往合作能力，促进幼儿情感、个性等的健康发展；运动常规主要是对幼儿的运动锻炼活动进行规范，目的是帮助幼儿在适宜的运动强度、密度和时间中增强身体素质，提高运动协调能力和环境适应能力。

良好的常规既要给幼儿自主活动的空间，又要有一定的规范要求；既要有利于培养幼儿的良好习惯，又要有利于幼儿在安全有序、自然、自主的状态下进行活动。在幼儿园中，一个班级常规的好坏直接影响班级各项活动的顺利开展及幼儿的健康成长。如果班级常规没有建立好，幼儿就没有良好的作息和习惯，在活动中教师要分散精力维持各个环节秩序，进而影响到班级各类保教活动的质量；反之，如果一个班级建立了细化、完善的常规，就会形成一个自然有序的学习、生活环境，从而有利于保教活动的组织与开展，帮助孩子在一个良好的环境中不断进步，养成良好的习惯。因此，幼儿园班级常规管理是幼儿园班级管理的重要内容，它是幼儿园一日活动开展的约束和保障，是幼儿有序生活和学习的前提。

常见的幼儿园班级一日常规管理策略包括以下内容。

1. 鼓励幼儿主动参与班级常规的建立，增强认同感

在幼儿园班级管理实践中，最常见的班级常规形成途径就是幼儿园管理者围绕幼儿园保教目标，根据一定的幼儿园管理理论和幼儿教育理论，结合本园实际及管理经验制订出的常规。近年来有关幼儿园常规如何制订的研究中，越来越多的学者认识到幼儿参与的必要性。幼儿参与班级常规的制订，一方面可以培养幼儿的主人翁意识和规则意识，另一方面又可以确保幼儿深入地理解常规的内容及制订的必要性，帮助幼儿更好地理解常规、遵守常规。为了让幼儿更好地参与班级常规的制订，班级保教人员可以在制订常规之前，积极地为幼儿参与常规制订创造条件。例如，开展主题活动，组织幼儿讨论制订该常规的必要性和重要性，并邀请幼儿一起制订常规的细节；在游戏活动中、幼儿争端中引导幼儿萌发规则意识，认识到常规的重要性。

2. 关注幼儿对班级常规的理解、记忆

幼儿园班级常规的有效实施建立在幼儿对常规理解与认同的基础之上。为了帮助幼儿更好地理解班级常规，保教人员可以采取如下措施。

1）在游戏活动中引导幼儿萌发规则意识，主动学习常规。幼儿的年龄特点决定了幼儿的学习和游戏是分不开的，有趣的游戏对幼儿有巨大的吸引力，将幼儿园班级常规的学习融入游戏中，可以帮助幼儿更好地理解常规、记忆常规。

2）给幼儿以自由，在解决争端中萌发规则意识，认同常规的价值。在幼儿园一日生活中，教师经常看到幼儿告状、产生矛盾等情况，如果教师能给予幼儿更多的自由来自己解决争端的话，可以使幼儿在观点碰撞的过程中充分认识到规则的重要性，并主动用规则来解决问题，进而达到培养幼儿规则意识的目的。

3）通过榜样示范，调动幼儿遵守常规的积极性。根据班杜拉的观察学习理论，模仿是幼儿社会学习的基本方式之一。幼儿园班级里，幼儿的榜样既包括同伴也包括保教人员。一方面，保教人员应抓住幼儿具有"向师性"的心理特点，以身作则，为幼儿提供可观察模仿的常规学习榜样；另一方面，保教人员又要认识到同伴对幼儿常规学习的巨大影响力，及时树立"小榜样"，促使幼儿之间有关常规的相互学习、相互模仿、相互鼓励。

4）设计教学活动，帮助幼儿深入理解、掌握常规。教学活动是幼儿获得知识、情感、技能的重要途径，也是幼儿认识常规、掌握常规的基本途径。幼儿教师应根据幼儿年龄特点，采用幼儿可以接受的方式开展有关班级常规的学习。幼儿教师可以利用多媒体、录像、图片、故事、诗歌等形式，精心设计教案，为幼儿直观、形象、生动地介绍幼儿园班级常规。

5）通过儿歌、音乐等，帮助幼儿记忆常规。幼儿教师在进行班级常规管理时，可以把一些常规编成通俗易懂的儿歌，帮助幼儿记忆和掌握，在潜移默化中教育幼儿。此外，幼儿教师还可以借助音乐代替语言，提醒幼儿进入特定的环节或遵守某些常规。如幼儿园一日活动各个环节之间的过渡，可用固定音乐代替教师提醒幼儿某个环节结束或者开始。

3. 家园通力合作，强化幼儿园班级常规

幼儿良好习惯的培养离不开家长与幼儿园步调一致、紧密合作。《幼儿园教育指导纲要》也指出：幼儿园要"与家长配合，根据幼儿的需要建立科学的生活常规"。因此，幼儿教师应充分重视家长在幼儿园班级常规落实过程中的重要作用，搞好家园合作。在幼儿园教育实践中，有不少保教人员反映，家庭教育和幼儿园教育的不一致是导致幼儿无法养成良好的生活习惯及行为规范的重要原因。作为幼儿教师，要及时了解幼儿的家庭情况，并针对不同家庭因地制宜地提出指导意见，提高家长科学育儿水平，帮助幼儿养成规则意识。

（二）幼儿园班级安全管理

幼儿正处于好奇和探索的关键时期，身体各系统发育尚不完善，加之缺乏生活经验和自我保护意识，很容易发生意外。幼儿的全面发展是以幼儿的身心健康及生命存在为前提的，因此，安全是幼儿园一切工作顺利进行的首要前提。《幼儿园教育指导纲要（试行）》指出，"幼儿园必须把保护幼儿的生命和促进幼儿的健康放在工作的首位"，《幼儿园工作规程》第三章第十二条指出"幼儿园应当严格执行国家和地方幼儿园安全管理的相关规定，建立健全门卫、房屋、设备、消防、交通、食品、药物、幼儿接送交接、活动组织和幼儿就寝值守等安全防护和检查制度，建立安全责任制和应急预案。"《幼儿园教师专业标准（试行）》中也多次强调了安全问题，要求幼儿教师"熟知幼儿园的安全应急预案，掌握意外事故和危险情况下幼儿安全防护与救助的基本方法"。班级作为幼儿所处的最密切环境和最具体的生活场所，其安全管理状况，直接关系到幼儿的生命及身心健康。

幼儿园班级里发生的安全问题，大多是因为不可抗的自然原因、不健全的制度以及不规范的操作等引发。为了减少安全事故的发生，幼儿园班级管理既要重视制度的建设与执行，又要加强安全教育和安全演习，防患于未然。

幼儿园班级安全管理的内容主要包括3个方面：一是班级物质环境安全管理；二是班级精神环境的安全管理；三是幼儿安全教育。

幼儿园班级安全管理的要点包括以下方面。

1. 创设安全的班级物质环境

幼儿园班级的物质环境既包括室内环境也包括室外环境。很多因环境引发的意外事故大多是由于环境中存在安全隐患或者保教人员的一时疏忽。因此，保教人员一方面要严格遵守幼儿园的常规管理制度，及时消除环境中的安全隐患，另一方面又要坚守岗位职责，避免因疏忽导致的幼儿意外伤害事故。具体来说，幼儿园班级物质环境管理的要点包括：

1）合理规划班级空间，预留充足的儿童活动场地、安全通道，合理设置各区角，设施设备摆放在最佳、最能发挥作用的位置，追求室内空间的流畅性、合理性。

2）应保证门把手、插座等危险设施安置在安全距离内；墙角、门缝、桌角等尽量用柔软的防撞条包裹起来；剪刀、美工刀等锋利物品，尽量采购专为儿童设计的安全款；火柴、打火机、药品、饭桶等危险物品要尽量放置在幼儿无法接触的地方，以防幼儿误拿或误食；尽可能地保持地面干燥，防止幼儿滑倒；在易发生安全事故的位置设置相应的警告标志提醒幼儿注意危险。

3）定期检查活动场地以及房舍建筑、栏杆、门窗、桌椅、玩具、运动器械等设施设备是否存在安全隐患，及时修缮、更换或停止使用，严格执行物品消毒制度。

4）班级开展室外活动时，保教人员应提前检查活动场地，保证场地平整、无障碍物、无积水；检查运动器械等是否安全牢固，如发现铁钉外露、螺丝松动、破损严重等问题应立刻请专业人员进行维修或停止使用。

2. 营造尊重、接纳和关爱的班级精神环境

《幼儿园工作规程》第五章第三十条明确提出"幼儿园应当营造尊重、接纳和关爱的氛围，建立良好的同伴和师生关系"。尊重、接纳和关爱的班级氛围有助于幼儿产生愉快的情绪和安全感，避免因情绪不佳、过度紧张、恐惧而引起幼儿心理安全问题或意外事故。具体来说，幼儿园班级精神环境管理的要点包括：

1）保教人员要坚决避免以体罚、恐吓、讽刺等方式对幼儿进行教育，造成幼儿的精神伤害。

2）保教人员对待所有幼儿应一视同仁、公平公正，努力营造尊重、接纳和关爱的班级氛围，建构和谐的班级人际关系（包括师幼关系、幼儿同伴关系、保教人员之间的关系以及家园关系等）。

3）保教人员要不断提升自身修养，控制好自身情绪，避免幼儿受消极情绪影响产生恐惧感、焦虑感。

4）保教人员要注意观察幼儿情绪状态，对情绪不稳定或状态不佳的幼儿及时进行干预和疏导，促进幼儿心理健康发展。

3. 加强幼儿安全教育

《幼儿园教育指导纲要（试行）》在健康领域的内容与要求第四条明确规定"密切结合幼儿的生活进行安全、营养和保健教育，提高幼儿的自我保护意识和能力"。《幼儿园工作规程》第三章第十五条明确提出"幼儿园应当把安全教育融入一日生活，并定期组

织开展多种形式的安全教育和事故预防演练"。在进行幼儿园安全管理的过程中，教师的努力固然重要，但这仅仅是消除隐患并不能完全保证幼儿的安全。因此，保教人员在加强班级环境安全管理的同时，还要加强对幼儿的安全教育。

（1）幼儿安全教育的内容

1）交通安全。让幼儿认识交通标志并了解基本的交通规则，教育幼儿养成遵守交通规则的好习惯。如过马路时要走人行横道、看红绿灯，确认两边没有车辆后再走；不在马路上奔跑打闹等。

2）游戏安全。明确班级游戏安全常规，教育幼儿遵守游戏规则及玩教具使用规则。如玩玩具时不争不抢；玩大型玩具时排队，不要拥挤；玩小型玩具时，不能将玩具放入口、耳、鼻中；集体游戏时要留心周围的小朋友，以免碰倒或踩伤别人等。

3）生活安全。提醒幼儿注意日常生活中存在的安全隐患，帮助幼儿养成良好的生活习惯，提高幼儿的自我保护能力。例如，提醒幼儿注意水、电；不爬高、不从高处向下看；吃饭喝水前注意温度；走路和跑步时靠右边行；吃饭时不嬉笑打闹等。

4）自救知识。让幼儿了解发生紧急情况时该如何保护自己。例如，烫伤、割伤时如何处理，遇到坏人时如何求救，面临火灾、地震、洪水、雷电天气等突发灾害时如何逃生及自救等。

（2）幼儿安全教育的策略

1）在游戏中巧妙融入。安全教育应当与幼儿日常生活结合，注重趣味性。游戏是幼儿的基本活动，也是幼儿学习的最佳方式，教师可以将安全教育的内容自然融入不同的游戏之中，帮助幼儿学会安全知识。例如，在"小兔子乖乖"的主题活动中，可以创设小朋友与陌生人相处的游戏情境，对幼儿开展"防拐骗"安全教育。

2）在生活中自然渗透。一日生活的各个环节都是安全教育的好时机，幼儿教师、保育员、保健医生、厨师等都可以成为安全教育员，抓住一切机会对幼儿进行安全教育。一方面保教人员要针对一日生活中可能遇到的危险，随时随地提醒幼儿注意安全；另一方面，当幼儿身边发生安全事故时，保教人员应当抓住"教育契机"，引导幼儿讨论事故发生的原因以及如何避免类似事故的发生，同时教育全班幼儿关心受伤的幼儿，将情感教育渗透于安全教育之中。

3）在实践中练习巩固。首先，幼儿教师要充分利用安全演练的机会，帮助幼儿学习和掌握更多的安全知识，引导幼儿思考和讨论防灾、避震、躲避伤害的自救方法，并指导幼儿在演习中反复练习。其次，幼儿教师要注重培养幼儿的自我控制能力，帮助幼儿逐步树立"安全第一"的观念，让孩子学会等待和控制自己的情绪，学会在行动前先看一看、想一想是否安全，避免一时冲动而酿成恶果。

4）在家园联系中深化加强。幼儿的安全教育单靠幼儿园一方力量是远远不够的，家长也是幼儿安全教育的重要成员，家庭是开展安全教育的重要阵地。幼儿教师应及时向家长汇报幼儿园开展安全教育活动的情况及幼儿的表现，指导家长配合班级的安全教育工作。

4. 幼儿园班级的人际关系管理

良好的人际关系可以提高人的工作效率及幸福感，和谐的人际关系是幼儿园班级各项工作顺利开展的保障。幼儿园班级里的人际关系主要涉及师幼关系、幼儿同伴关系、同事关系、家园关系这四类，其中最经常、重要的就是师幼关系与同事关系的管理。

（1）营造和谐融洽的师幼关系

幼儿教师与幼儿的关系简称师幼关系，本质上是一种平等的交往关系。良好的师幼关系可以为幼儿提供支持、帮助和安全感，也可以为幼儿教师带来幸福感和成就感，而恶劣的师幼关系则会给双方都带来压力、紧张。作为班级管理者的幼儿教师，应如何获得幼儿的信任和喜爱，建构和谐的师幼关系呢？

1）积极参与幼儿活动，做幼儿的玩伴、朋友。要做一个成功的幼儿教师，赢得孩子的亲近、信赖和喜爱，首先要能蹲下身来跟幼儿做朋友、做玩伴，积极参与幼儿的活动。参与幼儿游戏就是拉近师幼关系的有效途径，因为游戏是幼儿的基本活动，也是幼儿最喜爱的活动。幼儿教师不仅要做游戏的准备者、组织者，更要以一个游戏者的身份参与到幼儿游戏中，成为幼儿的玩伴、朋友，这样一方面可以更好地理解幼儿的世界，用幼儿的眼光去认识事物、观察世界，从而获得幼儿的认同与喜爱；另一方面，在与幼儿一起活动的过程中，幼儿教师所表现出的一些良好品质可以在潜移默化中影响幼儿，被幼儿理解并接纳。

2）树立威信，做幼儿的领路人。苏联著名教育家赞可夫说："教师要有威信，如果没有威信，师生之间不可能有正确的相互关系，也就少了有效地进行教学和教育工作的必要条件。"威信即威望与信誉，幼儿教师的威信即幼儿教师的人格、能力、学识等在幼儿心理上引起的信服而又崇拜的态度和精神力量，它反映了一种积极、良好的师幼关系。因此，树立教师威信，是构建和谐师幼关系的必要条件。幼儿教师树立威信的方式包括：尊重幼儿的自尊心，多鼓励表扬幼儿；对班级幼儿一视同仁，处事公正，不偏爱、不偏信；诚实守信，说话算数，不欺骗幼儿；与幼儿一起制订、遵守班级常规；接纳幼儿的不完美、幼稚，对事不对人；积极创造愉快的师幼体验。

3）提升个人魅力，吸引幼儿。幼儿教师的个人魅力是指幼儿教师通过形象、语言、行为、气质、性格等表现出来的吸引人的力量。首先，幼儿教师应具备仪表美。"爱美之心，人皆有之"，喜欢美好的事物是人类的天性，因此，形象好、气质佳的幼儿教师更容易获得幼儿的喜爱。一般来说，幼儿及家长心目中理想的幼儿教师形象是：外表端庄、自然、亲切，服饰整洁、美观，声音温柔、清脆，态度和蔼、耐心。其次，幼儿教师要具备语言美。语言要简洁、规范、温和、生动、富有感染力；语调要亲切、自然，语速要舒缓、柔和；谈吐要文雅，使用文明用语；语言有童真童趣。再次，幼儿教师要具备性格美——乐观开朗。乐观的幼儿教师更容易发现幼儿身上的闪光点，更愿意包容、理解幼儿的幼稚与笨拙，因而更容易获得孩子的喜爱。最后，幼儿教师要具备智慧美。幼儿具有强烈的好奇心和求知欲，他们总是有无数奇奇怪怪的问题渴望得到幼儿教师的答复，教师回答的质量直接关系到幼儿教师在幼儿心中的威望与地位，因此，学识丰富、多才多艺的教师更容易获得幼儿的青睐。作为一名幼儿教师，一方面要在专业知识扎实的基础上，不断拓展自己的通识知识，尽可能地为幼儿答疑解惑；另一方面，在没有把握正确回答幼儿问题时，应当指出解决问题的适当途径或者与幼儿一起寻找答案，而不能敷衍、呵斥幼儿。

（2）建构和谐互助的同事关系

2011 年颁布的《幼儿园教师专业标准（试行）》中提到，幼儿教师应"与同事合作交流，分享经验和资源，共同发展"，这是幼儿园教师间相处的一个纲领性要求。那么，在工作中，幼儿教师应如何与自己的同事建立和谐的关系呢？

首先，承担并完成自己应有的工作。工作中，与自己的搭班教师进行分工后，要认真、积极、主动地完成自己的岗位工作。当然，在同事有困难时，也要乐于给予同事力所能及的帮助。

其次，尊重园内每一位同事。每个人的成长经历、生活经历都不同，必然会存在很多的分歧，在与同事有观点碰撞时，要耐心倾听同事的想法，特别是对自己所在班级的搭班教师和保育员，更要诚恳主动地与他们进行沟通。

最后，与同事沟通注意方式方法。无论是什么内容的沟通，都要注意与同事的沟通方式，一方面用恰当的方式和语言表达自己的观点，理性的处理分歧，尽量避免伤害他人感情，对事不对人；另一方面又要换位思考，了解、理解并谅解自己的同事。

第二节　幼儿园班级管理的方法

幼儿园班级管理是一项十分全面且细致的工作，它没有特定的管理范式，幼儿教师必须运用学前教育学和教育管理学的诸多理论，结合本班实际情况特别是幼儿身心发展特点，选择和运用科学的班级管理方法。最常见的幼儿园班级管理方法主要有：规则引导法、榜样示范法、情感沟通法。

一、规则引导法

规则引导法是指通过制订班级规则，引导、规范幼儿的行为，使其有意识地与集体的活动方向和要求保持一致的一种管理方法。"无规矩不成方圆"，任何有效的班级管理都建立在遵守班级规则的基础上，因此，规则引导法是幼儿园班级里最常用的管理方法。

规则引导法的运用要点包括以下方面。

（一）规则的制订应是必要的、有幼儿参与的

保教人员在制订班级规则时，首先要考虑的是规则的必要性。规则是幼儿的行为准则，必要的、恰当的规则能更好地规范幼儿的行为，促进幼儿健康成长，而不必要的、甚至是不合理的规则会束缚幼儿的自由，阻碍幼儿的健康发展。例如，有的幼儿教师为了让幼儿专心吃饭，就制订了吃饭时不准说话的规则。这样的做法很容易影响了幼儿进餐时的心情，压制了幼儿天性。再比如，有的幼儿教师因为怕脏，明示或者暗示幼儿回家大便，给幼儿带来极大的生理和心理压力。

　　规则的制订还要注重幼儿的参与性，班级规则内容的制订并不是教师的一时冲动或心血来潮，而是其审慎思考后，和班级其他管理者一起商量，并且鼓励班级幼儿共同参与制订的。只有提高幼儿的参与性，幼儿才会更加积极地遵守规则。

　　（二）规则内容应是具体明确、简单易行的

　　幼儿心理发展的不成熟性，特别是智力发展的不成熟性，决定了幼儿在认知上存在很大局限。因此，保教人员在制订规则时，要考虑幼儿的身心及年龄特征，规则内容要具体、明确，呈现形式要生动、形象，易于幼儿理解，且简单易行。例如，在楼道贴上小脚印，提醒幼儿沿右侧上下楼梯；游戏场景内贴上行车路线、斑马线，提示幼儿遵守交通规则等，这种方法既避免了幼儿因无事可做而吵闹，也可避免教师的过多干预，并让幼儿明白在什么地方干什么事，使各项活动互不干扰、有序进行。

　　（三）规则的养成重在实践

　　在规则制订后，保教人员要为幼儿提供使用规则的具体情境，使幼儿在实践中体验规则的重要性，并掌握规则的具体内容，从而养成良好的规则意识与习惯。在实践过程中，如果幼儿对某些规则难以理解，教师应予以详细解说或具体示范；如果在实践中发现规则的不合理性，教师还应耐心地与儿童讨论，接受儿童的建议，及时修正或取缔某些规则。如在图书室活动中，幼儿对借书、看书、还书等一系列规则的掌握，需要在多次的活动中进行巩固和练习。每次看书活动后，教师应及时指出活动中有哪些遵守规则的良好行为，还存在哪些有待改进的地方。幼儿通过自己的实际操作，才真正理解规则制订的意义——如果不按照图书的标志把它送还原处，其他人想借书的时候再找到它就很困难；看书时，如果大声喧哗，就会引起其他人的反感，甚至可能因此被小伙伴疏远。正是在这种反复的实践中，幼儿慢慢理解、掌握这些规则。

　　（四）规则执行的一致性

　　规则的一致性是指班级规则适用于任何情境，适用于全体幼儿甚至保教人员，不能经常变化，更不能出现偏颇或不公。班级规则是班级全体幼儿与保教人员的契约，朝令夕改及不公平现象，会大大降低班级规则的公信力，保教人员也会因此失去在幼儿中的威信，造成班级管理的失败。只有保持规则的一致性，幼儿才能更好地认可规则、遵守规则。如果在特殊情境下规则需要做出调整，教师必须向幼儿解释原因。

二、榜样示范法

　　榜样示范法是指通过树立榜样引导幼儿观察榜样行为，丰富、提高幼儿的感性认知，进而激发幼儿模仿榜样以规范自身行为的班级管理方法。幼儿爱模仿、易受暗示的心理特点，决定了在班级管理中"榜样的力量是无穷的"。因此，保教人员既要以身作则，将自己打造成为幼儿学习模仿的榜样，又要及时树立"小榜样"，促使幼儿之间的相互学习、相互模仿，还要不断地在生活中寻找各种典型、具体的榜样，引导幼儿观察模仿。

　　榜样示范法的运用要点包括以下方面。

（一）榜样的选择要正面、典型、具体

榜样是幼儿学习的对象，榜样的选择直接影响到幼儿的行为取向，因此，所选取的榜样必须是正面的、健康的；此外，3～6岁的幼儿正处于具体形象思维阶段，因此，所提供的榜样必须是具体的、典型的，便于幼儿理解、观察及模仿。榜样的选择既可以是与幼儿朝夕相处的保教人员，也可以是幼儿的同伴，还可以是社会上的工作者，甚至是动画片、绘本等文艺作品中的人物，只要是正面的、健康的，都可以因地制宜地引导幼儿学习。另外，对榜样的选择不必尽善尽美，重点是看其某种行为的模范性；在树立榜样后，要积极引导幼儿去感知、模仿良好的榜样行为，规范自己。

（二）及时表扬幼儿的榜样行为

榜样的最大魅力在于，一旦幼儿认可了该榜样或者榜样行为，就会尝试模仿、转化为自己的行为。在这个过程中，保教人员的及时反馈非常重要，能起到有效的强化或修正作用。如果幼儿尝试模仿榜样或者已经做出正确的榜样行为，保教人员应及时表扬幼儿，强化幼儿良好行为；反之，如果幼儿没能正确地模仿榜样行为，甚至做出错误的行为，保教人员就要及时纠正幼儿的不当行为，并提供具体的、正确的榜样，以引导幼儿学习。

三、情感沟通法

没有沟通，就没有管理，幼儿园班级管理更是离不开沟通，特别是情感沟通。所谓情感沟通法，就是通过激发师幼之间或幼儿同伴之间的情感，以实现班级各个主体间的情感相容，进而实现班级有效管理的方法。情感沟通法的目的，一是促进幼儿形成对保教人员的安全型依恋，引导幼儿积极、主动地表达情绪情感，建构畅通的师幼沟通关系；二是通过良性的情感沟通，帮助保教人员获得幼儿的热爱和支持，提高班级管理效率，减少管理摩擦，提高保教人员的职业幸福感。

情感沟通法运用的要点包括以下方面。

（一）熟悉幼儿的年龄特点、情感特点

3～6岁幼儿的情绪经常变化、不稳定，很容易受外部环境和周围人的影响；情绪情感比较外露，易于观察；情绪极易冲动，难以自制，常常用过激行为表现情绪；渴望表现自己，得到成人或同伴的赞扬、支持等。

首先，保教人员应具备良好的个性和积极的情绪，以此带动幼儿、激发幼儿的积极情绪。实践证明，拥有良好个性和积极情绪的保教人员更受幼儿欢迎，而过于严厉、坏脾气，喜欢批评、责骂、惩罚儿童的教师很难赢得幼儿的喜欢，也很难建立和谐的师幼关系，进而影响到班级管理。其次，面对幼儿的过激情绪，保教人员可以采取冷处理的方法或者用情景转移法来迁移孩子的注意力。最后，保教人员应主动观察幼儿的情绪，适当满足幼儿被赞扬、被认可的需求，以此激发幼儿的积极情绪，强化良好的行为习惯，提高幼儿自信心。

（二）掌握与幼儿情感沟通的技巧

首先，保教人员应熟记幼儿的名字，这是师幼沟通的基础。保教人员呼唤幼儿的名字，幼儿会倍感亲切，感受到被重视。其次，保教人员与幼儿沟通时，语速要适中，语气要和善。语速太快，容易造成幼儿听不清；语速太慢又会使幼儿丧失聆听的兴趣；语气和善，更容易打动幼儿，为幼儿所接受。有时为了达到沟通效果，教师可以适当地制造悬念或者使用抑扬顿挫的声音，吸引幼儿的注意力。再次，保教人员一定要善于倾听。倾听是沟通的必要前提，保教人员不仅要引导幼儿注意倾听教师和同伴的心声，更要注意倾听幼儿的想法和意见。最后，口头语言与肢体语言相结合。保教人员除了与幼儿进行言语交流外，还应运用微笑、点头、抚摸、蹲下等肢体语言与幼儿交流。特别是必要的身体接触，有利于稳定幼儿情绪，消除紧张，获得温暖与安全感。

（三）对幼儿进行移情训练，帮助幼儿正确表达自己的情感

移情是亲社会行为的一个重要方面，是影响个人社会交往和社会关系发展的重要因素。因此，保教人员应重视对幼儿移情能力的培养，使幼儿从小就学会站在他人的立场考虑问题，不以自己的情感去强迫他人，在尊重和理解他人的过程中，形成善良、友好和助人的品质，这既是为班级管理服务，更是为将来幼儿融入社会，发展亲社会行为打下基础。

此外，教师要教育幼儿认识各种情绪，特别是要使幼儿对一些过激情绪有初步的认识。教师可以运用正面教育的方法帮助幼儿自觉、主动地控制其情绪，如教给幼儿一些自我调节的方法，例如，告诉幼儿，当自己非常气愤、控制不了自己的情绪时，就在心里暗暗地说"不能打人""不能摔东西"等自我暗示；或者引导幼儿将肚子里的"气"以一种夸张的形式大口大口地"吐"出来；也可通过轻缓运动，控制孩子的情绪冲动。如果实在没有别的办法，哭也不失为一种自然表达方式。

第三节　幼儿园各年龄班的班级管理

幼儿园班级是对 3～6 岁幼儿进行保教活动的基本组织单位，其中大部分是按照幼儿的年龄编班，分为小、中、大班。因此，熟悉小、中、大班年龄特点及班级管理要点，对有效开展幼儿园班级管理具有重要的意义。

一、小班幼儿的班级管理

小班幼儿一般是指年龄在 3～4 周岁的幼儿。他们刚刚离开家庭，初步具备班级共同生活的能力。

（一）小班幼儿的特点

1. 生理发展特点

与 3 岁之前相比，3～4 岁的幼儿，在生理发展上，有两个明显特征：一是身体结实

了；二是精力更加充沛。3～4 岁幼儿，身体结构和器官功能日趋完善，身体更加结实，不像 3 岁之前那样容易生病。随着身体的健壮，精力越来越充沛，神经系统的发展使幼儿可以连续活动 5～6 个小时，而日间只需要一次睡眠。

随着骨骼肌肉系统的发展，大脑控制调节能力的增强，加上 3 岁前所学会的技能和取得的经验，3～4 岁儿童身体协调能力、运动能力进一步发展，能够掌握各种大肌肉动作，跑、跳、蹦、钻、爬等基本动作已经比较自如；手部小肌肉动作也更加协调、精细，能够握笔、撕纸、使用剪刀等。

2. 心理发展特点

（1）认知靠行动，爱想象、爱模仿

根据皮亚杰的认知发展阶段理论，3～4 岁的幼儿正处于前运算阶段，思维发展从直觉行动思维向具体形象思维过渡，幼儿一方面保留了 3 岁之前借助行动来认知的思维特点，另一方面也逐渐开始借助各种具体形象展开思维。具体表现为：①小班幼儿在做事时常常先做后想，不会想好了再做。比如让小班幼儿把几个图形拼成图画，他拿到图形后常常立刻行动，而不会思考后再动手。再比如听故事时，听到"小兔子蹦蹦跳跳"，小班幼儿就会不由自主地模仿小兔子蹦跳的动作。②小班幼儿想象力增强。他们可以在没有道具的情况下，开展无实物游戏或者使用其他物品代替实物开展游戏。例如，娃娃家里没有配置电话的道具，幼儿需要打电话，可能就拿起一块积木放在耳边当电话使用。③小班幼儿还常常会混淆想象、梦境与现实。他们喜欢沉迷想象的场景，把自己当成某个具体的角色，很多成人不理解幼儿这一特点，往往当成是"撒谎"。④小班幼儿喜欢模仿老师、家长、伙伴，他们通过模仿他人的动作进而丰富自己的经验，逐渐形成自己的行为习惯。

（2）自我概念发展，依恋照料者，自控能力差

随着自我概念的不断发展，小班幼儿在与人交往的过程中，对自己的姓名、性别、爱好等都有了一定的自我认知或判断，并且在人际交往中带有明显的以自我为中心倾向。他们喜欢表现、表达自己，而不喜欢倾听，常常把自己的意愿当成所有人的意愿。同时，小班幼儿情绪不稳定，易受环境影响，易冲动且难以自制，对父母等照料者有很强烈的依恋，很多初入幼儿园的小班幼儿常常因环境的改变、与亲人的分离产生分离焦虑。

（3）语言发展，基本能清晰地表达思想和需要

3～4 岁是幼儿语言发展的飞跃期，幼儿已基本能清晰地表达自己的思想和要求，不需要成人过多地猜测他的意愿。一方面，随着幼儿发音器官的成熟，语音听觉系统及大脑机能的发展，幼儿发音能力迅速地加强，词汇量与 3 岁之前相比猛增，语言表达能力大大提高；另一方面，3～4 岁幼儿虽已能讲述自己生活中的事情，但由于词汇贫乏，表达并不十分流畅，常常带有一些多余的口头语，在集体面前讲话往往不大胆、不自然，甚至还有少数幼儿会紧张到口吃。

（二）小班管理要点

1. 小班幼儿入园焦虑管理

新生入园是小班班级管理的第一件大事。幼儿园新学期开学之初，是小班幼儿从家

庭过渡到幼儿园、初步适应幼儿园生活的关键时期，部分幼儿存在着较严重的入园焦虑。幼儿离开熟悉的亲人及环境，面对陌生的教师、同伴及环境，会存在哭闹、不正常进餐、不正常午睡、恋人恋物、静坐（站）等焦虑表现。此外，入园焦虑不仅发生在幼儿身上，还发生在部分幼儿家长身上，家长自身的分离焦虑又进一步强化了幼儿的负面情绪。如何采取有效的措施帮助幼儿及其家长克服分离焦虑，帮助幼儿尽快适应幼儿园的集体生活，是小班开学之初班级管理的核心内容。缓解小班幼儿入园分离焦虑的策略主要包括以下方面。

（1）做好开学前的家访工作

家庭访问简称家访，主要由教师到学生家庭中进行访问，一般与家长交流、沟通学生情况，密切相互关系，共同探讨教育学生的方式方法。幼儿教师在幼儿园开学之前的家访，能够通过与幼儿、家长的沟通交流，更全面、更真实地了解幼儿情况，了解幼儿家长的期望、需求和养育方式等，为入园后的保教工作奠定良好的基础。因此，缓解幼儿入园焦虑，应当重视家访的重要作用。入园之前，对幼儿家庭进行家访，主要包括以下内容：第一，了解幼儿的性格、喜好、特殊需求、疾病史，了解父母的教养方式。实践证明，幼儿很多时候焦虑是因为他们的特殊需求没有获得满足，家访能够使幼儿教师更好地了解不同幼儿的特殊需要，从而在入园以后能够有针对性地满足幼儿需要，缓解他们的入园焦虑。第二，与家长沟通，提醒家长帮助幼儿做好入园准备，包括物质准备和心理准备。物质准备包括幼儿的生活用品、学习用品等。初入幼儿园的幼儿应带好备用衣物，方便幼儿教师为尿裤子的幼儿及时更换衣物；此外，还可以让幼儿带上一个依恋物，如心爱的玩偶等，以便缓解他们的焦虑。心理准备主要是帮助幼儿消除对幼儿园的恐惧感、陌生感，培养幼儿对幼儿园的向往、喜爱之情。很多孩子对幼儿园不熟悉，也不知道来幼儿园干什么，更不了解幼儿园的一日生活流程，吃完午饭不知道要睡觉，不知道什么时候可以回家，所以反复地哭闹并追问爸爸妈妈什么时候来接。这种陌生感是造成幼儿分离焦虑的重要原因。因此，幼儿教师要指导家长，在幼儿正式入园前，参与试园活动，多向幼儿介绍幼儿园生活及幼儿教师，培养幼儿对幼儿园的熟悉感及向往之情，便于幼儿入园后尽快消除陌生感，从而缓解他们的入园焦虑。第三，与家长积极交流，建立相互信任的关系，为后期家园合作打下良好的基础。家长把幼儿送到新的环境，心理上也不适应，常常因为思念幼儿、担心幼儿、怀疑幼儿教师的教养态度及方式引发焦虑。因此，幼儿教师应积极与家长沟通，向家长介绍幼儿园一日生活，让家长放心，争取家长的信任。此外，幼儿教师还要提醒家长，幼儿情绪受父母情绪影响较大，父母的焦虑会传递给幼儿，加剧幼儿的入园焦虑，父母应当首先做好心理准备，及时调整自己的情绪状态，避免将焦虑传递给幼儿。

（2）创设初入园幼儿喜欢的家庭式环境

环境是幼儿的第三任老师。幼儿从熟悉的家庭环境中走出来，进入到一个全新的、完全陌生的环境，这种环境的巨大变化是引发分离焦虑的重要原因。幼儿教师应积极创设符合初入园幼儿需要的、喜欢的环境，引导幼儿关注环境中温馨的、趣味的、熟悉的元素，而不是去关注环境变化所带来的陌生感、恐惧感。那么，初入园的小班幼儿需要什么样的班级环境呢？实践证明，富含家庭元素的班级环境，最有利于缓解幼儿的入园焦虑，也最容易吸引幼儿。幼儿教师可以采用以下措施，增加班级环境中的家庭因素。第一，开展以"我的全家福"为主题的环境创设活动，收集全班幼儿的全家福照片，张贴在班级墙壁显眼处，方便初入园幼儿想爸爸妈妈时，随时看到照片，缓解依恋之情。第二，布置好模拟家庭生活的"娃娃家"区角。"娃娃家"里除了添置必备的玩具外，有条件的幼儿园，还可以铺上地毯，配备沙发、靠背等充满家庭气息的家具，引导幼儿到娃娃家区角扮演爸爸妈妈的角色，满足情感需求。第三，允许幼儿携带一个依恋物。依恋物可为幼儿在陌生环境中提供安全感，幼儿教师应尽量使每个幼儿都能在班级里找到自己从家里带来的物品，达到再现效果，戒除陌生感。

（3）建立良好的师幼关系，消除幼儿的陌生感

幼儿在家庭中，饮食起居大部分由家长照料，进入幼儿园之后，是由教师照料，教师在一定程度上替代了家长，因此师幼关系直接影响了幼儿对幼儿园态度。在幼儿刚入园时，难免会感到焦虑、惧怕和恐慌，此时，幼儿教师的悉心照顾与无私关怀能够消除孩子的戒备心理，使幼儿对幼儿教师及幼儿园产生亲切感，缓解入园焦虑。反之，幼儿教师的严厉斥责、烦躁等负面情绪会使幼儿与幼儿教师之间产生距离感，从而使得幼儿对教师乃至对幼儿园产生恐惧、焦躁、不安的情绪。因此，小班幼儿教师应当对初入园幼儿多一些爱心、耐心、关心，和蔼可亲地与孩子交流；对孩子的某些焦虑表现不能置之不理、更不能大声训斥，也不能有丝毫不耐烦之意。如果有孩子哭泣，应适当安抚，而不应置之不理。安抚幼儿的方法包括：坐在幼儿身旁，帮他们擦擦眼泪；带幼儿去喝点水或者提供一个玩具，帮助幼儿转移注意力；帮他们找到新朋友，融入新游戏等。

2．小班幼儿的生活常规管理

小班是 3～4 岁幼儿由自由式家庭进入社会集体生活的第一阶段，也是幼儿接受教师系统管理、培养生活常规的关键期。一方面，小班幼儿受身心发展水平的制约，自控能力和自理水平较低，没有良好的生活常规管理，幼儿园的保教工作将无法正常开展；另一方面，幼儿的生活习惯与自理能力的建立过程具有定向性，如果开始建立时是错误的，在以后成长过程中很难改正，因而在小班阶段帮助幼儿形成良好的生活常规是十分重要的，这也是小班班级管理的重要内容。小班班级常规管理的目标在于，通过帮助幼儿熟悉一日生活流程、掌握生活常规，引导幼儿由被动地接受教师指导与帮助，逐渐发展到愉快主动地融入幼儿园生活。

在小班阶段，对幼儿日常生活的管理要点包括以下方面。

（1）树立正确的生活常规管理理念

幼儿教师应该逐步转变在幼儿生活常规管理中只重管理轻教育的理念。应该意识到生活常规管理不仅仅是对班级秩序的管理，更重要的是促进幼儿形成良好的生活行为习惯，提高其自理能力和自控能力。在日常生活中，应注意将常规解释给幼儿，使其内化为幼儿自身的行为规范，而不是教师的要求。在日常一切活动中坚持以幼儿为本的理念，尊重幼儿的个体差异。树立幼儿第一的思想，将生活常规管理的最终目的指向促进幼儿

身心健康发展。

（2）制订科学合理的生活常规内容

幼儿在 3～4 岁时身心发展可塑性强，好习惯易于培养，坏习惯也容易习得，但坏习惯一经形成改正起来则十分困难。因此，制订科学合理的生活常规，对于初入园的小班幼儿发展非常重要。给小班幼儿制订生活常规时要考虑其身心发展特点，避免过多过细，避免对孩子进行"军事化"管理。如 3～4 岁幼儿注意力持续时间 3～4 分钟，在安排活动时就可以根据这个心理特点安排活动时间。

（3）合理设计过渡环节，避免消极等待

过渡环节作为幼儿园一日生活各个环节的纽带与轴承，不仅起着中转和衔接幼儿园一日生活各部分的作用，还蕴藏丰富的教育价值。科学地组织过渡环节，既能保障一日活动的有序进展，又能促进幼儿身心的和谐发展。但在实际的幼儿园生活中，过渡环节常常因为设计不足导致幼儿的消极等待，不利于幼儿身心发展。因此，在管理小班日常管生活时应注意：从整体上对过渡环节进行合理规划，根据活动的内容与性质合理安排过渡活动，充分发挥过渡环节的作用；根据幼儿的年龄特点、兴趣、活动目标等，准备形式丰富的过渡活动，避免消极等待；兼顾集体与个体需要，允许幼儿弹性过渡。

二、中班幼儿的班级管理

中班幼儿年龄一般在 4～5 岁，中班阶段是幼儿园 3 年学前教育中承上启下的阶段，是幼儿身心发展的重要时期。

（一）中班幼儿的特点

1. 生理发展特点

4～5 岁幼儿的生长发育进入相对稳定的增长阶段，生长速度与 3 岁前相比明显减慢。他们体力增强，运动速度、耐力提高，动作的灵活性、准确性有较大发展。一方面，中班幼儿的大肌肉动作更加协调，走、跑、跳、钻、爬、攀登等基本动作越来越灵活自如。另一方面，中班幼儿的精细动作进入快速发展阶段，动作质量明显提高，动作的灵活性、坚持性有较大发展。例如，中班幼儿基本能够较好地完成扣扣子、拉拉链、系鞋带、穿脱衣服、使用筷子等自我服务活动，也能较好地完成折纸、串珠、拼插玩具等精细动作。

2. 心理发展特点

（1）有意注意发展，行为的有意性增加

4～5 岁幼儿有意注意发展，行为的有意性增加，这意味着中班幼儿能够主动调整自己的注意力，集中精力从事某种活动。在中班幼儿活动过程中，他们虽然可能会走神、游离，但经过教师的提醒、调整，他们能很快重新投入到活动中去。此外，中班幼儿有意注意的发展还意味着，他们能够较好地完成成人交代的定向任务，如当值日生帮助老师摆放桌椅、帮教师传话、传递简单物品，收拾整理自己的玩具、用具，帮助家人收拾碗筷、折叠衣服等。中班幼儿已出现了最初的责任感。

（2）自我调节情绪的能力提高

与 3 岁之前的幼儿相比，4～5 岁幼儿情绪更加稳定，行为受情绪支配的比例在逐渐下降，开始学着控制自己的情绪。他们逐渐能够能听取成人的要求或建议，不再因为没有得到立刻满足而哭闹，当然，他们并非对所有的事都能调节好，对特别感兴趣的事和物，仍然受情绪支配，甚至还会出现情绪"失控"现象。

（3）规则意识萌芽，是非观念较模糊

经过小班一年的集体生活，进入中班的幼儿基本都意识到规则的重要性和必要性，开始主动地遵守规则。如知道饭前便后要洗手；与人相处时要有礼貌，主动说"谢谢""对不起"等礼貌用语。另一方面，中班幼儿虽然开始萌发规则意识，但对规则的好坏并不具备判断能力，也就是说幼儿是非观念较模糊，有待引导。他们判断一件事情的好坏，很多时候停留在"成人是否认可""自己是否会受到惩罚"的层面上，因此，在是非判断上，他们常常过度依赖成人，频频出现"告状"的现象。

（4）交往能力增强

4～5 岁中班幼儿交往意识和交往能力逐渐增强。一方面，相较于小班时期的"自我中心"，他们越来越合群，喜欢和同伴一起玩，渴望与同伴保持密切联系。另一方面，随着交往活动的增加及自我控制能力的发展，中班幼儿逐渐掌握了一定的交往经验，如领导同伴和服从同伴的经验。

（二）中班幼儿管理要点

1. 中班的生活常规管理

中班幼儿的生活常规管理建立在小班的基础之上，应更加注重文明礼貌教育和自我服务能力的培养。此外，良好的生活卫生习惯的形成需要一个循序渐进的过程，在这个过程中还可能出现反复，因此，中班幼儿教师要根据实际情况分析其中的影响因素，持之以恒地坚持要求，通过规则引导法、榜样示范法、情感沟通法等帮助幼儿形成良好的生活卫生习惯。

2. 中班的教育常规管理

在教育活动中，中班要在小班基础上巩固教育活动的规则，帮助幼儿养成良好的学习习惯。如活动中要认真倾听，发言之前先举手，保持正确的坐、写、画的姿势等。保教人员还要帮助幼儿了解并遵守各个活动区的规则，学会自主选择活动，学习独立完成活动任务，做好值日生工作，帮助同伴，培养初步的责任感和任务意识。

3. 认真对待幼儿"告状"的现象

中班阶段，幼儿"告状现象"频频出现，保教人员要正确认识和处理中班幼儿的"告状"，不失时机地教育幼儿。幼儿"告状"集中体现了幼儿对规则的理解和监督状况，告状内容多是直接与个人有关的，也有与己无关的、针对违规行为的检举性告状。一方面，告状体现了幼儿力求解决疑难问题的积极性和主动性；另一方面，经常性的告状容易导致不友好的同伴关系，而且使幼儿过分依赖教师而造成教师不必要的工作负担。因此，教师要帮助幼儿理解规则并自觉遵守规则，培养幼儿协商、解决问题的能力。此外，保教人员千万不可为了掌控班级情况，鼓励幼儿"告状""告密"行为，这会影响幼儿心理及道德品质的健康发展。

4. 减少幼儿攻击性行为

幼儿的攻击性行为是指幼儿以故意伤害他人为目的所做的包括身体或语言方面的伤害行为。幼儿常见的攻击性行为包括：抓、咬、推搡、踢打、辱骂等。攻击性行为是幼儿园中很常见的一种幼儿行为问题，这一行为不仅影响幼儿之间的正常交往，影响幼儿园的正常教学秩序，还会给幼儿的身心健康成长带来极大的消极影响。到了中班时期，考虑到幼儿认知的发展、情绪的稳定以及自控能力的进步，应把降低幼儿的攻击性行为的频率作为班级管理的重要任务。

攻击性行为成为幼儿园里越来越常见的问题之一，但是确定一个幼儿是否具有攻击性行为需要从多个方面进行评估，不能将幼儿之间的打闹简单地定性为攻击性行为，也不能随意地将攻击性行为的标签贴到任何一名幼儿身上。幼儿攻击性行为发生的原因包括自身、家庭、学校、社会等多个方面，综合客观地分析幼儿攻击性行为发生的原因，才能有针对性地进行干预。

（1）关注孩子内心情感需求

幼儿的攻击性行为一般包括无意性攻击、工具性攻击、敌意性攻击和表现性攻击4种类型，首先根据幼儿的攻击性行为表现特点判定其行为类型，是进一步分析其发生原因的关键一步。幼儿的工具性攻击行为一般是为了保护自己、捍卫自我权利，它并会随着年龄的增大而逐渐转变为敌意性攻击行为；表现性攻击行为的最根本目的不是伤害他人，而是将攻击性行为作为一种获取关注的手段。

因此，教师一方面要应针对幼儿不同类型的攻击性行为做好引导工作，关注幼儿的内心情感需要，做出正确的回应，关注到幼儿的不同需求，做到适当合理的满足；另一方面，还要积极帮助幼儿掌握正确的社交规则和技巧，避免因急于获取关注而弄巧成拙。

（2）优化班级活动环境

幼儿的攻击性行为多发生在规则束缚较强、身体接触较多、空间相对较少的背景活动中。特别是小班和中班幼儿，在一些易于发生物体争夺和空间争夺的游戏活动中很容易发生攻击，而大班幼儿则更容易在对规则和注意力要求较高的活动中实施攻击。基于此，一方面教师要多为幼儿开展活动空间较大，身体束缚相对较少的活动，如户外活动；另一方面，教师要在小班、中班的游戏活动中为幼儿提供足够的材料，并制订合适的规则，以减少因争夺物体而产生的攻击。

（3）积极寻求家园共育

在预防和矫正幼儿在园攻击性行为时，幼儿教师不可忽视家长的责任，而应该竭尽全力引起家长对幼儿攻击性行为的重视，促使家长真正参与到幼儿攻击性行为的科学预防与干预中。首先，教师需要及时将幼儿在园的攻击性行为表现传递给家长，并从家长那获取幼儿在家的攻击性或破坏性行为表现，在实现家园信息互通的基础上，了解幼儿在家和在园攻击性行为表现的异同，以制订科学合理的预防和矫正计划。其次，教师要将不同幼儿攻击性行为的预防、矫正方式、方法传递给家长，在获得家长理解、支持的前提下，指导家长调整对待幼儿攻击性行为的态度和应对方式，最终实现家园教育的一致性。

三、大班幼儿的班级管理

大班是幼儿在幼儿园的最后一年，这是幼儿从学前教育过渡到小学教育的承上启下阶段，也是幼儿从游戏阶段向学习阶段转变的一个时期。

（一）大班幼儿的特点

1. 生理发展特点

大班幼儿身体更加结实、健壮，不再像小班、中班时期那么容易生病，精力也更加旺盛、活动量增大；随着年龄的增长，大班幼儿的动作更加协调，能做一些复杂的动作，如会跳绳、翻单杠、爬树等。此外，大班幼儿的手指更加灵活，精细动作更加精细、准确和熟练，能做复杂的手工，会灵活地使用筷子等。

2. 心理发展特点

（1）自我意识逐步发展

5 岁以后，幼儿的个性特征有了较明显的表现，其中最突出就是幼儿自我意识的发展。这一时期幼儿自我意识的发展主要体现在自我评价的能力上。幼儿的自我评价从依从性评价向独立性评价发展，他们不再轻信成人的评价，当成人的评价与幼儿的自我评价不一致时，他们会提出申辩、质疑。同时，幼儿的自我评价开始从个别性评价向多面性评价发展，例如，大班幼儿在评价自己时会说"我会唱歌，但跳舞不行"。

（2）自我控制能力发展，活动的目的性、计划性提高

大班幼儿的神经系统比中班的幼儿成熟许多，大班幼儿的自我控制能力明显提高。5～6 岁幼儿出现了有意识地自觉控制和调节自己心理活动的能力，在认知活动方面，无论是观察、注意、记忆的过程，或是思维和想象过程，有意性、目的性都大大提高。同小班、中班幼儿在行动过程中进行思考的特点相比，大班幼儿的思维和行动少了些盲目性，多了些目的性和计划性，他们不再像小班、中班幼儿那样在行动中思考，而是会事先计划自己行动过程，做出行动计划，然后基本上按预定计划去行动。但是，这种目的性、计划性不是自然发生的，它有赖于教师的引导。虽然计划显得很幼稚，但它毕竟说明幼儿知道用计划指导自己的行动了。

（3）情绪情感更加稳定性

5～6 岁幼儿的情绪情感虽然仍会因外界事物的影响而发生变化，但他们情绪情感的稳定性开始增强，多数儿童在班上有了相对稳定的好朋友。幼儿开始能够有意识地控制自己情绪情感的外部表现，例如，痛了能忍着不哭。此时，由社会需要而产生的情绪情感也开始发展，例如，当自己的表现或作品被忽视时会感到不安。

（4）规则意识逐步形成

大班幼儿的规则意识逐步形成，他们开始学习着控制自己的行为，遵守集体的共同

规则。例如，游戏结束了要把玩具整理好放回原处，上课发言要举手等等。大班后期的幼儿特别喜欢有规则的游戏，像体育游戏、棋类游戏等，对在活动中违背规则的行为，大班幼儿常常会愤慨并努力"拨乱反正"。但这一时期的幼儿对于规则的认识还没有达到自律，因此，儿童在规则的实践方面还会表现出自我中心。

（二）大班的管理要点

1. 注重幼小衔接，做好入学准备

幼儿园大班和小学一年级两个阶段的作息时间、学习内容、教学形式与要求等方面差异都比较大，对于幼儿来说是很大的挑战，需要幼儿教师采用适宜的方法，帮助幼儿顺利地从幼儿园阶段向小学阶段过渡。

幼儿入小学的准备内容主要是社会适应和学习适应两个方面。社会适应方面主要包括：帮助幼儿养成规则意识、任务意识、时间意识、良好的生活习惯、交往习惯。学习适应方面主要包括：培养幼儿对小学的向往、喜爱之情，帮助幼儿形成良好的学习习惯、学习基础。

2. 大班的生活常规管理

大班幼儿经过小班、中班阶段对生活常规的学习与实践之后，基本形成了一定的生活习惯。一般来说，对大班幼儿生活常规的要求更强调自我服务能力的提高、服务他人能力的提高以及良好生活习惯的养成。例如，能够独立完成进餐、睡眠、盥洗、排便等，具备良好的生活自理能力及生活习惯；能够力所能及地帮助同伴和教师做好活动前的准备工作和活动后的整理工作；具备一定的安全常识、安全意识和自我保护能力。

对大班的生活常规管理，要注重激发幼儿的主动性、积极性，让他们成为班级的主人，从被动管理发展到主动参与管理；还要注重在日常生活中通过不失时机地随机教育，帮助幼儿积累分析问题、解决问题的经验和能力。

思考与练习

1. 简述幼儿园班级管理概念。
2. 简述常用的幼儿园班级管理方法，以及具体的使用要点。
3. 结合实际谈谈，作为班级管理者，应如何减少幼儿攻击性行为？

第八章

幼儿园后勤工作管理

本章提要：后勤工作是幼儿园管理工作的重要组成部分。后勤工作的好坏直接关系到幼儿园各项工作能否顺利开展，保教质量能否提高。后勤工作肩负着十分重要的任务，即建设和创建良好的工作环境，不断充实和改革教学设备；管理好幼儿园的财务和财产；改善教职员工与幼儿的生活福利；保障幼儿园保教任务的完成等。后勤工作千头万绪，团结协作是搞好后勤工作的前提；摊子大、独立性强是后勤工作的特点；和谐的人际关系、少说多做的实干精神是做好后勤工作的保障；服务育人是后勤工作的根本。

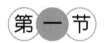 第 一 节　幼儿园后勤工作概述

一、后勤工作的职能与意义

（一）后勤工作的含义及重要性

幼儿园后勤工作涉及幼儿园财、物、事。大到整体规划、经费预算，小到一支笔、一根针，凡幼儿活动、教职工的工作所需的各类物品均要由后勤部门负责；幼儿园的一切设备、基建、财务、教育及生活用品都需通过后勤工作进行计划、供给、监督、检查，以最大限度满足全体教工与幼儿的要求，为实现教育目标提供必需的物质准备。幼儿园后勤工作的内容主要包括以下 4 个方面：一是幼儿园基本建设和办园条件的改善；二是财务管理；三是资产管理；四是幼儿园档案管理。

后勤工作是幼儿园管理工作的重要组成部分。从某种角度说，幼儿园的工作内容实质上包括两大类，即保教工作和后勤工作。离开了后勤工作，任何组织机构、各部门的工作人员都难以进行正常的工作和生活。幼儿园的后勤工作涉及面广，如基建修缮、美化环境、卫生保健、物资供应等，它是一项全面服务的工作。后勤工作质量的好坏直接影响着幼儿园教育目标和管理目标的实现，影响着幼儿园保教质量的提高。后勤工作为办好幼儿园提供了物质保证。另外，后勤工作是一项服务性的工作，不仅要为幼儿服务，还担负着为教师的工作，为教职工生活服务的任务。因此，抓好总务后勤工作，是搞好幼儿园科学管理的必要保证。一个好的园长，应该既是教养第一线的"指挥员"，又是服务第一线的"后勤管理员"，应该树立起"领导就是服务"的现代管理新观念。

（二）后勤工作的任务

幼儿园后勤工作与保教工作担负着对幼儿实施保育和教育的任务，但后勤工作与保教工作不同，后勤工作侧重于管理过程，其管理职能更突出，属管理性的工作，是为其他工作服务的工作。

幼儿园后勤工作的主要任务有：

1）创造良好的幼儿园环境，为保教工作服务，保证幼儿园保教任务的完成。

2）完善幼儿园的保教设施设备，做好幼儿园保教工作的先行工作。

3）管好幼儿园的财务、资产，充分发挥有限经费的经济效益。

4）做好幼儿园的档案和信息服务工作。

二、后勤工作的要求

（一）全心全意为幼儿和教职工服务的思想是后勤工作的基本要求

幼儿园总务管理不同于中小学。幼儿园教育的特点是保教并重，不仅要对幼儿实施体、智、德、美全面发展的素质教育，同时还要加强幼儿的保育，促进幼儿身体的健康成长。这与幼儿园教育对象——幼儿的身心发展特点是分不开的。幼儿自理能力差，造成幼儿园总务管理工作的庞杂，不仅要提供必需的学习用品，还要保证足够数量的生活用品以及大型的娱乐玩具。幼儿园教育更多是启蒙性的，教材自选，不留作业，教务管理工作不像中小学那么繁杂。这就造成了幼儿园总务管理工作与中小学之间的区别，即更侧重于生活与环境的管理。

后勤工作是一项服务性的工作，即为保教服务，为幼儿服务，为教职工服务，为家长服务。虽然各行各业都是互为服务的，但是就幼儿园后勤工作而言，它具有的服务性更强、更现实，它为办好幼儿园提供物质基础和保证。后勤工作管理的标准就是看其服务质量的好坏。因此，总务人员要在思想上正确认识这项工作的意义和特点，要有甘当配角的服务精神，将教养工作的需要和幼儿的需要置于后勤工作中头等重要的位置，根据服务对象的不同特点提供适宜的服务，为幼儿的健康成长提供良好的物质条件。

（二）后勤工作应加强计划性和预见性

幼儿园的工作虽然繁多，但并不是无序的；相反，更加要求工作的计划性，因为有预见性和计划性，才能做到未雨绸缪，将准备工作做到及时、准确、到位，保证教育活动的正常开展。如在春季时就应想到雨季到时房屋是否漏雨，若有问题就应及时修理；北方的幼儿园到 10 月份时就要检修取暖设备，为冬季取暖做好准备。所以，幼儿园的后勤工作应具备较强的计划性和预见性，把幼儿教育和教职工生活的物品提前准备好，不能耽误使用。另外，工作具有计划性和预见性可以减少浪费现象，为幼儿园节约资金，将有限的资金用在最需要的地方。特别是基本建设工作，一定要搞好规划，应从长计议，搞好百年大计。幼儿园要想得到长期的可持续发展就必须做好远景规划和近期计划，否则，无序的、杂乱的工作状态必然影响幼儿园的正常发展，因而后勤工作的计划性是重中之重。

（三）勤俭节约，杜绝浪费

勤俭节约是中华民族的美德，虽然现在人民的生活水平不断提高，但仍需坚持并发扬这种美德。特别在后勤工作中，要不断开阔思路，开源节流，合理使用钱物，使其充分发挥作用。无论是公办园还是民办园资金都很紧张，在这种条件下，可花可不花的钱不要花，能废物利用的尽量利用起来，购买物品要有计划性；同时，对物品的管理也要到位，要经常清查物品，控制闲置物品的数量。在节流的同时还要想办法开源。可在国家政策允许的范围内结合本园实际探索一些自我发展的途径，如利用幼儿园的空间、教职工、设施等条件为社会或所在的小区服务，适当收取报酬。压缩非一线人员、定岗定编、人尽其用也是节约开支、提高效益的重要措施。

第二节 幼儿园的财务管理

幼儿园财务管理的任务是开源节流，合理使用经费，增强经营意识，以有限的投入取得最大的效益。古人云："财是庶政之母"。没有必要的"财"，组织的生存与发展将成为一句空话。对"财"的管理主要是指对资金的管理。在计划经济条件下，幼儿园的经费全部由上级行政主管部门划拨，对资金的管理工作相对比较简单，加之经济活动较少，许多园长的理财意识和能力都比较弱。随着市场经济的推进，上级主管部门将减少甚至停止给幼儿园拨款，要求幼儿园自筹资金，自己养活自己，这必然增加了幼儿园的经济活动，导致幼儿园的财务管理比以前复杂了，这就要求园长不仅要懂业务，还要懂经济，要了解财务管理工作的规律。

一、财务管理的内容

幼儿园对财务的管理包括以下几个方面。

（一）积极筹措资金

资金是财务管理的主体。没有资金，财务管理也就不存在了。以前，幼儿园的经费主要来自上级行政主管部门，幼儿园的生存与发展同上级行政主管部门紧密相连。上级行政主管部门的领导重视，经济实力雄厚，幼儿园的日子就比较好过；上级行政主管部门不重视或经济实力较弱，幼儿园的生存就比较艰难。一般来说，在计划经济体制下，幼儿园既撑不死也饿不死。随着我国大中型企业的改革和行政机构的调整，许多幼儿园的上级行政主管部门自身难保，与幼儿园脱钩、给幼儿园"断奶"是发展的必然趋势。如今，大部分幼儿园的经费要靠自筹，筹措资金将成为园长一项十分艰巨的任务。资金来源有多种渠道，主要有管理费、赞助费、其他创收，其中以前两项费用为主。幼儿教育是一项教育事业，因此通过提高教育质量来吸纳资金是筹措资金最主要的渠道。园长应开通吸纳资金的各种渠道，积极筹措资金。

（二）合理分配资金

提高资金使用效率是财务管理的根本任务之一。幼儿园的各项工作对资金的需求不平衡，园长在支配资金时应本着照顾重点、兼顾一般的原则，将有限的资金合理分配，以确保幼儿园能稳步、高速、全面地发展。

幼儿园经费支出项目主要有人员费和公用费两项。人员费也就是大家常说的人头费，包括职工工资、奖金、医疗费等。公用费包括办公费、业务培训费、水电煤气费、维修费、设备费、资料费等。

做好经费分配工作，关键要把好预算关，加强对资金使用的计划管理。要分清主次，保证重点，将幼儿园的各项工作按照轻重顺序排列好。首先，要保证最重要的事情的完成。什么是最重要的事情呢？评判的标准是什么？最重要的事情是指那些直接影响幼儿园目标实现的事，如各类人员的工资、奖金、社保款等均属预留款充足的项目，每月如此，不能挪用。其次，要考虑到特殊需要。预算要留有余地，不要计划得太满。再次，要有规范的预算程序，即由财务人员制订，园务会讨论通过，最后由园长审批。幼儿的伙食费要执行专款专用原则，不得挪用。

（三）健全财务制度

要使财务管理有章可循、有据可依、杜绝漏洞、合理支出，必须建立和健全财务制度，如各项经费入账制度、报销制度、财务和出纳制度、财产分类制度等。财务制度既要严格，又要合理；既要相对稳定，又要根据实际情况进行必要的调整和修改。

（四）加强财务监督

加强财产审计监督和财务检查，避免盲目花钱、不讲经济效益的情况。幼儿园的资金来之不易，必须加强监督、严格管理，杜绝出现损公肥私、贪占挪用等违法乱纪行为。

二、财务管理的注意事项

随着幼儿园经营活动的增加，幼儿园管理人员必须学习财务管理知识，使有限的资金发挥最大的效益。在财务管理工作中应该注意以下几方面。

（一）处理好收入与支出的平衡

每年做好预决算；分析收入与支出的情况，不断总结收支平衡中存在的问题；积极探索幼儿园经费使用特点，摸索出幼儿园资金分配和运用的规律。

（二）处理好投入与产出之间的关系

幼儿园投入与产出的关系是指培养人才的质量、数量要求和工作成果的关系。教育成本与生产成本不同，它是一种软性因素，不像生产成本那样可以测量，所以容易被忽视。在进行成本核算时要注意将教育成本纳入到财务管理之中，科学地计算成本，充分发挥各种资源的优势，努力降低成本，挖掘教育资源的潜能，使其发挥最大的效能。经济学有一条很重要的原理，就是以最小的投入获取最大的效益。有些幼儿园盲目追求高档次，不注意投入与效益的关系，如在幼儿园室外大面积铺上大理石，致使幼儿园的绿地和花草减少，人为地将幼儿与大自然隔绝起来。这种做法是不科学的。

（三）处理好开源与节流之间的关系

在市场经济条件下，开源已成为幼儿园一项十分艰巨的任务，园长不仅要考虑教育教学质量，还要考虑多种渠道筹措资金。开源要与节流结合起来，只开源不节流同样会造成财务问题。开源是十分不易的，它凝聚着许多人的辛苦，应该珍惜它，而不能因为有钱就浪费、就大手大脚。一个不懂得节约的集体是不会有更大的发展的。相反，如果只知道节流，不善于开源，也是不能适应市场经济发展的，这是一种十分被动的做法。因此，开源和节流缺一不可，它们是幼儿园财务管理的两大"法宝"。

（四）处理好长期目标与近期目标之间的关系

幼儿园应该有自己长远的规划，如师资队伍的建设。教师数量的增加不等同于师资队伍的建设，师资队伍的建设包括更广泛的内涵，其中提高教师的素质与水平是最核心的问题。因此，平时就要注意教师队伍的建设，要有计划、有投入。不要认为它周期长、不易见效，就不给予投入，眼睛只盯着那些短、平、快的项目，例如，装修、购买大型玩教具。财务预算要处理好长期目标与近期目标的关系，既要有远见，又要解决好当前出现的问题。

三、财务管理的日常操作

1. 经费预算

本着"量入为出，统筹兼顾，保证重点，收支平衡"的原则，参照以往同期的经费支出情况，根据本身财力可能，结合每学期各项计划，在保证教职工福利待遇的前提下制订出预算草案，经园长审核正式定稿。

2. 收入管理

凡幼儿园的一切事业收入均开具正式收据入账。收取的捐资助学金一律开具上级主管部门的事业收据，统一入账管理。

3. 支出管理

1）每笔支出票据都有经手、证明、审核 3 人签字，且票据是正规发票，非正规的收据不收。

2）重大的建设、维修、业务开支都要有使用资金计划，要有园长的批示，要有上级主管部门的审批字据和加盖的公章。大规模的维修、建设须报请有关主管部门审定，再按程序放款。

3）结合本园的实际情况制订符合本园特点的差旅报销、旅游补贴的有关事项说明，逐步完善报销制度。

4）对于大额的支出要最大限度地使用转账支票，尽量避免直接使用现金往来。

5）根据幼儿园自身情况可设计"经费使用申请表""幼儿退费申请表"，以规范操作。

6）代办费。严格按照上级主管部门的要求收取幼儿代办费用，用于购买幼儿绘画用品以及智力训练。严把代办费支出范围，杜绝无关费用支出。

7）幼儿伙食费。按规定收取幼儿伙食费。根据本园情况制订收取的标准和交费方式。一般每学期实行一次性收取的办法，期中、期末退费两次。

按照制订的带量食谱采购每日食品，严格控制采购的量，杜绝营养摄入不足或不必要的浪费。

幼儿伙食的费用支出一切用于幼儿，坚决杜绝挤占、挪用幼儿伙食费现象。

对于食堂物品进库、出库情况，食堂保管员要做详细记载，月底盘库一次。每日公布采购明细，每月底向家长公布伙食费使用情况明细，接受家长监督。

第三节　幼儿园的资产管理

一、幼儿园资产分类

幼儿园资产管理即对幼儿园固定资产和流动资产实施管理，是对物的管理。幼儿园的资产分两大类：一类是固定资产，即指单位价值较大、可以使用多年的物品，包括房屋、土地、家具、图书资料、教具（特别是电化教具）、大型玩具设备、公用车辆、电器设备等；另一类是流动资产，主要是材料和低值易耗品。材料是指一次性使用或不能复原的物品，如建筑材料、玩教具制作材料等。低值品是指既不够固定资产标准，又不属材料范围的用具设备，如低值的幼儿玩具、教具、餐具等。易耗品则指经常使用的日用消耗品，如针、线、扣子、肥皂、毛巾、纸张、笔、颜料、笔记本等。

二、幼儿园资产管理方法

（一）固定资产的管理

幼儿园固定资产的管理首先从建制和建账开始。所谓建制就是建立完备的资产管理制度，明确固定资产管理人员的工作职责，固定工作流程，对资产管理者的工作任务及可能出现的工作失误或事故进行具体的规定，而且要从制度上、人员上予以保证。建账就是对所管理的资产进行分类入账，做到物物有账、账账相符、账物相符。固定资产应有资产账，由保管员分类登记保管，每学期至少查账两次。查账要做到账物相符，对已经损坏的物品要把原件保存好，报经园长查看后，根据园长的指示再进行处理。园长要督促保管员经常对全园资产进行清点核对，遇有丢失，要查明原因，追究当事人的责任。部分固定资产像电器设备、玩教具等要有专门的库房来保管，要定期做好物资设备的检查、维修工作，防止损坏丢失，延长使用年限。

（二）材料和低值易耗品的管理

幼儿园的材料和低值易耗品应由专门的库房进行储存，若没有专用库房，可以和部分固定资产合用一个库房。材料和低值易耗品应设两账，即购入账和领物明细登记账。

购入账和领物账要与出入的物品相符，每日盘存，并做到两账相符。对盘盈或盘亏的物品要认真查清原因，报请园长批示后按规定手续处理，管理员不能私自处理物品，对不经批准擅自处理幼儿园物品的人员要严肃处理。

生活、文化用品，即与幼儿生活和学习有关的各种物品，包括针、线、扣子、肥皂、手纸、毛巾、水杯、图画、手工用纸、彩色笔，节日布置装饰品，表演服装等；还包括教师的用品，如教具纸张、笔记本等各类物品。它们数量虽不多，但品种繁杂，应分类保管，储备数量适当。

日常生活用品每月领取 1 次（各班、各部门按需要每月月底填写在领物登记本上，由管理人员按需要将物品准备齐全，月初发放），教具每周领取 1 次（周末将所需教学用品填写在登记本上，由管理人员准备齐全，下班前发放至班），不在计划内的临时所需的各类物品可以随时领取。物品领取人应按物品品种、数量验收，并签字领具。教具管理应做到每周小整理，每学期末大整理；充分发挥每一件教具的作用，缺少的教具或购置或配合教师动手制作，保证教育工作顺利进行。

（三）幼儿食堂食品、物品的管理

为保证幼儿膳食、生活和教师执行保教工作计划的需要，提高工作效率，幼儿园食堂需要储存一定数量的食品、生活日用品。对于食堂储存的物品，为了使用和管理的方便，应按照物品特性分类储放，并由专人负责保管。一般说来，幼儿园食堂需设立食品库房、生活用品库房等，所有库房都应建立完善的管理制度，防止损坏或丢失。库房管理制度一般包括下列内容。

1. 验收入库

各类物品入库时应有严格的验收制度。新购入物品凭发票入账，保管人员按发票对物品品种、数量、质量进行验收。验收时应注意数量准确、质量无缺损（或变质），并对购入食品是否符合要求做出评价。在购置物品时，通常容易存在的问题，一是图省事，不考虑经济和需要，一次采购大量物品，把库房堆得满满的，长时期用不完，造成积压、变质或浪费；二是缺乏计划性，忙于零星购买，急需用时又不能保证供应。因此，必须有计划地根据需要进行采购，既保证供应，又不积压浪费。

2. 物品分类储存和保养

各类物品验收入库后，应分类定位存放。米、面、杂粮、油、盐、酱、醋、糖果、水果等，均应整齐地放在固定位置，并有适当容器存放。注意库房清洁、通风，保持食品不坏、不霉、不被虫鼠咬。

3. 严格领物制度

为提高后勤工作效率，应按照物品特点规定领物周期和确切的时间。在一般情况下，食品可每日领取 1 次。物品领取人应按物品品种、数量验收，并签字领取。

幼儿园的食品管理应做到每日食品支出有领物人签字的出库单，每月结算收支账目，由主管园长签字，库存量应既有余又不永存。

第四节 幼儿园档案管理

一、幼儿园档案管理的意义

幼儿园的信息资料记录了幼儿园的建立、成长和发展过程，可以说完整的档案信息就是幼儿园的发展史，因而将幼儿园各个阶段所发生的大事、行政领导的变动、党务管理者的变动等信息进行及时、妥善的记录，对于幼儿园的发展意义非常重大。

（一）为正确决策提供依据

档案信息是幼儿园各项工作保留的原始资料，也是第一手的参考资料，对于领导层的决策来说，是不可缺少的参考依据。科学地分析和处理档案信息，可以更好地总结经验、规划未来，提高工作效率和工作质量。

（二）加强业绩考核的合理性和科学性

工作业绩的量化考核是当前较为重要的管理手段。幼儿园可根据教职工在工作中形成的信息资料，通过分析在时间、数量以及质量上的差异，作为对教师评价的重要依据。这也是幼儿园结合本园实际制订奖惩制度，提高教职工工作积极性的现实依据。

幼儿园的信息资料集中体现了幼儿园各项工作的成败得失，尤其是富有特色的信息资料，更是开展本园培训的好教材。通过学习、思考和研究幼儿园长期积累的历史资料，可以激发广大教师对幼儿园的热爱、自豪之情；通过掌握对自己实际工作有启发意义的信息资料，更能调动教师的工作热情，对形成特色鲜明、特点突出的幼儿园文化，提高保教质量，将产生深远的影响。

二、幼儿园档案的种类

档案是信息资源的重要组成部分，它对日后的实际工作和研究有查考和利用价值。认真收集、归类、整理、保存和再利用档案信息，是幼儿园后勤工作的一项重要任务。

（一）幼儿园档案按其形成方式的分类

幼儿园的档案按其形成的方式可分为以下 3 类。

1. 因时间推移形成的档案

这些档案全程记录了幼儿园的整体工作。透过这些信息，我们可以看到每个部门在各个时段所做的工作，进而理清各个部门工作进展的脉络。根据各个部门工作的进程，可以看到他们的进步。幼儿园在每个工作时段都会产生新的信息资料，后勤行政部门应随着时间的推移及时收集、整理档案信息，并进行必要的分析、总结。

2. 各职能部门的工作档案

由幼儿园各部门、班级形成的信息资料组成的档案如实地反映了各部门的工作状态。不同的部门会同时形成自己的档案信息，这些信息是全园工作在不同层面的具体体现和反映，从这些信息中可以了解全园工作在各个部门的落实和执行情况。同时，通过对信息的比较分析，能清晰地看到部门之间的联系甚至是差异，因而具有多元价值。

3. 由各类人员信息组成的档案

幼儿园的档案信息既有教职工的也有幼儿的。在教职工方面，包括各类工作人员在工作中所形成的信息资料，如《幼儿入园登记表》《幼儿信息资料卡》《教职工业务档案》《人事档案》《教科研档案》等；幼儿的档案信息主要有《幼儿评估手册》《家园联系手册》《幼儿健康卡》等。这些档案是经常使用和变化的，是幼儿园的工作离不了的。因此，上述档案对于教职工和幼儿的管理有着非常重要的价值。

（二）幼儿园档案按其记录内容的分类

幼儿园档案按其记录的内容可划分为以下四类。

1. 园务管理档案

（1）管理体制档案

管理体制档案主要包括园长负责制实行情况以及所形成的资料信息，还包括园务委员会、家长委员会等工作机构的各类资料以及幼儿园实施民主管理的系列资料。园务管理资料比较宏观，政策性较强。

（2）目标档案

目标是一个幼儿园前进的方向。幼儿园在各个阶段、各项工作中会形成各具特色的目标，同时对全面落实目标也会提出较为详尽的措施。将幼儿园在不同时段所形成的目标体系进行整理，对促进幼儿园不断向更高的目标迈进，具有推动作用和启发意义。

（3）规章制度管理档案

幼儿园应及时地将工作制度、岗位责任制度、学习与会议制度、教研科研制度、考核奖惩制度、财务制度、财产管理制度、安全制度、幼儿园与家庭联系制度、卫生保健制度等汇编成册，将各项制度的落实情况所形成的信息资料整理归档，为以后的工作提供有价值的参考。

（4）财产物资管理档案

幼儿园应对现有的各类财产登记造册，并对各种物资的分配和发放留下记录，同时对账目的检查公布资料及时整理归档，以利于检查、验收。

2. 保教队伍管理档案

（1）人员配置资料

人员配置主要包括幼儿园各个时期教师、保育员、后勤行政人员及其他管理人员的配置情况，还包括不同时期的班级数量、在园幼儿数量等信息。上述信息资料统计核准后，应分类登记造册，并及时归档。

（2）教师简明情况资料

幼儿园每学期或每学年应对全体教职员工的简明情况，如人员的年龄、职称、学历、阶段性工作任务和业绩等，逐一进行登记，并分类汇总；同时对教职工在工作中形成的计划、措施、经验总结等资料，要及时予以整理；对全体教职工在职业道德、思想水平、业务进修等方面的资料，也应存入个人档案。

（3）教职工身体健康档案

对幼儿园全体教职工每年进行一次查体，幼儿园应将每年的查体情况保存起来，对不适合从事原来工作的教职工应及时调整工作岗位，以避免工作上的失误和损失。

3．保教工作管理档案

（1）教育教学常规管理档案

教育教学常规的执行情况也应纳入档案管理中。它主要涉及园长对教育教学定期、不定期检查和指导所形成的档案，业务园长每周对教师备课笔记、教育笔记、反思日记进行批阅或指导的资料，幼儿园对公共活动场地、专用活动室的使用安排，教师对全体幼儿所做的幼儿成长档案记录，教师对个别特殊儿童的过程性教育等。

（2）卫生保健工作管理档案

卫生保健工作管理档案的内容包括：对幼儿园卫生保健制度的落实情况，对幼儿的健康检查登记、分析、跟踪治疗、向家长反馈、缺点矫治的情况，幼儿的生活、卫生用具配备及消毒情况，幼儿的饮食及营养分析、膳食调整情况，幼儿园安全教育、安全设施、安全检查情况，幼儿园的环境卫生、计划免疫、疾病预防、传染病隔离情况，幼儿良好的生活卫生习惯的教育、培养工作情况等。

（3）儿童发展管理档案

幼儿园应对每个幼儿的身心发展状况进行科学的评估，对工作中采取的措施、方法和效果等方面进行及时的记录。幼儿个体发展状况的分析、评价结果，应及时向家长反馈并存档。

4．设施设备管理档案

（1）房舍资料管理

幼儿园的规划设计图纸是对房舍进行维护、检修和改造的第一手资料，应当加强管理，以方便查找。此外，这一类资料还包括每学期房舍的使用情况、户外场地的划分和使用情况、绿化面积、公共活动面积、人均活动面积等。这些资料对于幼儿园进行新的规划建设都是不可缺少的。有的幼儿园还利用这些资料制作平面设计模型，向家长和社会展示，既方便服务对象，又起到宣传幼儿园的作用，效果非常好。

（2）设施设备资料管理

幼儿园的全园设备、班级设备、各种功能场所的设备应逐年或逐学期进行登记，同时对全园设施设备的使用及检修情况也要进行登记造册管理。

三、幼儿园档案管理应注意的问题

（一）档案管理应做到及时和准确

档案信息的基本职能就是使查阅者通过研究、分析，从中获得启发，为更好地开展工作提供服务。由于幼儿园工作的特殊性和重要性，与之相关的档案信息资料更应确保资料供应及时、准确、全面，这是由幼儿园保教结合的工作特点所决定的。例如，幼儿的入园信息资料就应在幼儿进入幼儿园后及时整理好，以方便教师和园长查阅，遇有问题及时与家长联系；幼儿的卫生保健方面的档案也要做到及时和准确，幼儿查体结束后，要把查体的结果及时整理，并核实准确后通知带班老师和家长，以便做好幼儿的防病、治病工作。

（二）应由专人负责，管理要规范、到位

幼儿园的档案应有专人负责，管理人员应当及时收集和整理园内的信息，为幼儿园进一步发展提供及时、有效的信息资料服务。有条件的幼儿园可以专设一人，人员较紧张的幼儿园也可以由保管兼职负责，但不能指派多人负责，这样会造成不必要的混乱，使本来应该非常规范、有条理的档案工作变得杂乱无章，影响幼儿园的发展。园长要经常过问档案工作，经常翻阅档案，督促管理人员做好资料、信息的收集工作。档案信息管理人员应有规范意识，能够细致、耐心地做好这一工作；另外，还应有适度超前的思想，能够敏锐捕捉各种有效信息，更好地服务于幼儿园的发展。

（三）实行电子和纸质资料共存制度

随着信息技术的普及，档案信息的储存形式也实现了质的飞跃，幼儿园在档案信息管理中必须适应新的变化。日常资料的电子化处理是今后幼儿园档案管理的发展方向。使用计算机技术存储档案信息资料不仅方便、快捷，而且存储质量高，易于查找。计算机技术在幼儿园日常管理和保教工作中的普及已是大势所趋。但是，电脑存储资料有利有弊，虽方便快捷，但是电脑极易染上病毒，病毒可以删改文件或损坏文件。因此，一般来说，档案应有纸质和电子两种存储方式，这样更便于抵御风险，做到万无一失。

思考与练习

1. 幼儿园后勤管理工作的意义有哪些？
2. 联系实际分析后勤管理与保教管理的联系与区别。
3. 结合实际谈谈后勤工作坚持服务思想和强化服务意识的必要性。

本章提要：家庭和社区作为幼儿重要的生活场所，其本身所具有的教育价值已成为近年来教育实践者和研究者关注的重要教育资源。本章主要目的是让学生了解幼儿园、家庭、社区合作的意义及方式，为学生未来胜任幼儿教育实践工作、促进幼儿和谐整体发展奠定良好理论基础。

第一节 家长工作

一、家长工作的意义

《纲要》总则中第二条指出："幼儿园教育是基础教育的重要组成部分，是我国学校教育和终身教育的奠基阶段。城乡各类幼儿园都应从实际出发，因地制宜地实施素质教育，为幼儿一生的发展打好基础。"这是对幼儿教育地位和作用规定的纲领性文件。幼儿教育的重要性不仅受到幼儿园的高度重视，而且也被越来越多的家长所充分认识。

《纲要》还指出"家庭是幼儿园重要的合作伙伴。应本着尊重、平等、合作的原则，争取家长的理解、支持和主动参与，并积极支持、帮助家长提高教育能力。"家庭是幼儿成长的重要环境，家长是幼儿的第一任教师，对幼儿的发展有不可估量的重要影响。幼儿园谋求家长对幼儿园教育的理解、接纳与参与，做好家长工作，不断实现新的幼教改革背景下的家园合作共育，已经成为幼儿教育系统工程中的重要子工程。具体说来，幼儿园家长工作的意义可以概括为以下几方面。

（一）做好家长工作，能够促进幼儿身心和谐发展、健康成长

幼儿身体的发育和心理的成长都处在关键期，为人的终身发展奠定良好基础的素质教育必须是促进幼儿体、智、德、美各方面得到健康和谐发展的教育，因此"保教并重"是幼儿教育的重要原则之一。幼儿园的家长工作首先要让家长了解幼儿的心理特点，理解先进的教育思想和教育理念，认识到幼儿园和家长都是幼儿保育和教育任务的重要担当者。要想使幼儿拥有健康的体魄，幼儿园和家庭对幼儿的保育和教育工作必须密切配合、协调一致，不可偏执。

（二）做好家长工作，能够为幼儿园教育增添智慧和活力

家园共育一直是幼儿教育的重要原则和方法，但是在家园共育中，教师和家长的地位始终不是平等的，教师往往是唱主角的，家长关注幼儿教育但却往往被动地配合教师的工作，他们只是经常帮助幼儿复习幼儿园所学内容或者为教师准备一些活动用的教具材料。新型的家园共育中，家长不能够继续以旁观者的身份来参与幼儿园的教育活动。良好的家园互动，将打破过去教师凭借个人的知识和经验、个人的兴趣为幼儿选择主题的局面，变家长被动地接受幼教理论的宣讲为主动地参与幼儿园教育活动的设计。家长来自不同的家庭，具有不同的职业背景，具有各种各样的资源优势，他们的积极性一旦被调动起来，将会对幼儿园教育发挥重要的作用，从而实现家园的最佳沟通与互动。

（三）做好家长工作，能够使家长科学育儿

做好家长工作，能够让家长更好地担当家庭教育者的角色。21世纪的家长综合素质越来越高，对幼儿教育也非常重视和关注，但是他们对幼儿的教育却有诸多不科学之处。这是因为他们对幼儿教育的理论和实践缺乏足够的认识，功利性心态比较重，总希望自己的孩子能够学到更多的知识，而往往忽略对孩子终身发展有重要作用的素质的培养。做好家长工作，通过多种有效的途径使家长尽快用先进的教育理念和方法教育幼儿，科学育儿，才能够促进幼儿健康成长、和谐发展。

（四）做好家长工作，能更有效地实现亲子互动，构建学习型家庭

做好家长工作，还能更有效地实现亲子互动，建立和谐健康的亲子关系。对幼儿教育来讲，亲子教育是指以亲缘关系为主要维系基础，以幼儿与家长在情感沟通的基础上建立和谐的亲子关系为核心内容，以促进幼儿身心健康，开发幼儿潜能，培养幼儿个性，为幼儿未来可持续性发展打下坚实基础为最终目的的一种新型早期教育模式。亲子关系的核心人物是父亲、母亲和幼儿。幼儿性格以及社会性的形成和发展受家庭环境的影响非常大。在英国、法国、美国和日本等发达国家，社会和家庭都非常重视亲子教育。不难看出，亲子教育所倡导的核心是建立一种和谐健康的亲子关系，并且通过这种亲子关系不断提高父母自身的素质，更新父母的教育理念，从而有效地促进幼儿身心的健康发展。

做好家长工作，还能够促进学习型家庭的构建。构建学习型家庭要求父母做到：拿出更多的时间读书、学习和研究，不断丰富提高自己的文化素养。这种学习探究的精神不仅能够陶冶感染幼儿，而且能够为幼儿的成长创设一个良好的文化氛围。父母要为幼儿创设游戏与探索的环境，并且参与其中，与幼儿共同体验成功的快乐，如与幼儿一起欢笑，一起动手拼搭积木、绘画、制作，一起动脑探索科学的奥秘等。父母要善于创设良好宽松的精神环境，使幼儿沐浴在充满父爱母爱的生活里，自然地、快乐地学习、探索并获得和谐发展。

二、家长工作的主要内容

（一）指导家庭教育

幼儿园指导家庭教育的目的是要转变家长的教育观念，改善家庭育人环境，提高家庭教育质量。幼儿园可以成立家庭教育指导中心，无偿为家长服务。指导家庭教育的主要形式有：吸引家长观摩和参与到幼儿园教育活动中；接受幼儿家长的育儿咨询，为家长答疑解惑；定期举办家庭教育专题讲座，使家长掌握更多的幼儿教育知识、经验、方法；教师深入幼儿家庭进行教育指导工作，帮助家长制订适宜的家庭教育方案；家长可以借阅幼儿园书刊；定期举办家庭教育经验交流会；吸引家长参与幼儿园、家庭一体化教育课题研究。表 9.1 是某幼儿园家庭教育专题讲座计划表。

表 9.1　某幼儿园家庭教育专题讲座计划表

序号	讲座名称	讲课人	时间	地点
1	幼儿园与家庭一体化教育思想	园长	3 月 19 日	多媒体教室
2	现代家庭教育常见问题及策略	幼教专家	11 月 26 日	多媒体教室
3	幼儿家庭卫生保健知识讲座	保健医生	6 月 25 日	多媒体教室

（二）实现家园同向、同步教育

幼儿园与家长有着教育幼儿的共同任务，承担着幼儿全面发展的共同目标。两者的关系处理得怎么样，将直接影响着教育的一致性与连续性。家庭和幼儿园犹如一车两轮，分离脱节则寸步难行；只有家园合作，同向同步，形成合力，才能促进幼儿发展。因此，幼儿园教师要转变观念，不要把家长看作被动的配合者，而应该充分利用家长的资源，使他们真正成为幼儿园教育工作的合作者、共育者。为此，幼儿园需要制订家园共育的具体计划和目标，幼儿园和家长共同努力完成幼儿教育的统一目标。以下是某幼儿园小班家园共育方面的培养目标。

案例 9.1

小班上学期家园共育方面的培养目标
（×××幼儿园）

9 月

1. 家长按时接送幼儿，不入园者须向老师请假，以保证幼儿的出勤率。

2. 培养幼儿热爱幼儿园，喜欢老师和小朋友的感情。

3. 幼儿明确自己的毛巾、水杯的标志符号，知道用自己的水杯、毛巾。

4. 培养幼儿自己进餐、如厕、入睡的习惯，知道饭前便后洗手，餐后洗手漱口，睡前小便，摆好鞋子，脱掉外衣，盖好被子。

10 月

1. 进一步培养幼儿进餐、如厕、入睡的习惯，使幼儿有一定的独立性。

2. 培养幼儿互相谦让、团结友爱的好品质。

3. 培养幼儿正确取放玩具的良好习惯。

4. 教幼儿擦屁股的方法（从前往后）。

11 月

1. 进一步指导幼儿擦屁股。

2. 指导幼儿学习整理衣物。

3. 培养幼儿养成喝水的习惯。

4. 培养有序的观察能力。

12 月

1. 进一步指导幼儿整理衣物。

2. 指导幼儿学习整理床铺。

3. 培养幼儿的口语表达能力。

1 月

1. 进一步指导幼儿学习整理床铺。

2. 指导幼儿学习扣纽扣、穿外套、戴帽子。

3. 教育幼儿自己能干的事情自己干。

4. 培养幼儿爱劳动的好习惯。

（三）更好地为家长服务

著名教育家吕型伟说："教育为社会服务的特点最终要通过培养人来实现。没有把人培养好，没有把人的潜能充分开发出来，也就谈不上教育为社会服务，或者说不能充分服务。"

幼儿园教育也要服务于社会，要把幼儿培养成和谐发展的人才。幼儿园的服务对象主要是家长和幼儿，随着市场竞争的日益激烈，幼儿园全方位的服务质量已经成为影响家长评价幼儿园工作的关键因素。幼儿园应该树立为家长服务的意识，以质量求生存，以服务求发展。

幼儿园应秉承"尊重家长，爱岗敬业，热诚公正，优化服务"的理念，想家长所想，急家长所急，不断推出服务于家长的富有弹性的幼儿园制度。如早送和晚接制度、寒暑假轮休制度、设立家长意见箱等，认真听取家长的意见和建议，考虑家长的困难，让家长参与对保教工作的评价，不断改善幼儿教师的教育行为，提高为家长服务的质量，解除家长的后顾之忧。

（四）通过家长实现幼儿园和社会的互动

幼儿园要以优质的服务让家长放心和满意，通过爱心教育和敬业精神感动家长，充分激发家长的爱园之情，通过家长的力量增强幼儿园的对外宣传，扩大幼儿园的知名度，增强企业、个人、社区及社会其他机构关心支持幼儿园的热情。幼儿园要凝聚社会各方面力量，帮助幼儿园解决一些实际困难，实现多方合力办园；要通过师资培训、管理培训、项目扶助、资金支援等多种形式，优化幼儿园的教育资源，促进幼儿园的全面发展。

同时，幼儿园还要以实际行动回报社会，实现幼儿园和社会的良好互动，如以各种形式为社区服务、积极参与社区和幼儿园共建项目、积极研究开发社区内的教育策略等。

三、家长工作的方法

利用多种方法做好家长工作的前提是实现家园对话。家园对话就是家长和教师以完整性的主体意识参与到幼儿教育的活动中来，相互尊重、平等交往，在交流、理解、沟通与协调的基础上发掘、联合双方的优势。

有些幼儿园在家长工作方面，教师经常是指挥者和命令者，是教育者和主角，家长是受教育者和配合者，因此家园活动实际上始终是家长在园门之外，教师在园门之内的一种"表演"。还有些幼儿园，为了让家长对幼儿园满意，教师又完全听家长的，家长希望幼儿园教育是什么样子，幼儿园就如何去做，有的时候甚至违背了正确的儿童观、教育观。这两种做法都是不可取的。

要想真正唤醒家长参与教育活动的主体意识，开发家长的教育潜能，幼儿园和教师就必须以尊重、信任、平等和开放的胸襟迎接家长。

家长工作可以采取个别方式、集体方式、家长亲职教育、家长委员会等方式开展。

（一）个别方式

1. 入园、离园交谈

家长早晚接送幼儿的时间是交流沟通的最佳时间，但很多幼儿教师和家长没有把握住这家园联系的大好机会，每次只是匆匆接送幼儿，而语言交流较少，有些家长想和教师交流，但看到教师没有多少耐心和热情也就算了。教师应该把幼儿在园一天的生活、交往以及心理表现告诉家长，家长把幼儿在家的行为表现和教师沟通。这种周期非常短的沟通，可随时传递彼此的信息，最快缩短教师、家长与幼儿之间的心理距离，对于发现的问题，家园可以合作及时对症下药。

2. 电话、E-mail、QQ、微信交流

现在很多年轻的父母由于工作繁忙无法按时接送幼儿，而老人接送幼儿的情况越来越多，所以电话、E-mail、QQ 群、微信群等交流方式已经成为教师和家长进行联系越来越重要的方式。双方可确定通话或发信息的最佳时间，这样就能保证家园交流顺畅进行。可以由教师或家长发起，针对大家共同关注的幼儿在园情况、幼教理念、幼儿园管理、保教、亲子教育等热点问题深入探讨，从而实现家长与教师、教师与教师、家长与家长的多方互动。

3. 家园联系册

家园联系册是家长和教师之间情感沟通的平台，是家园联系的重要渠道，能够实现家园教育的连续性和一致性。家园联系册应该每位幼儿一份，定期让幼儿带回家给家长。写家园联系册时要注意：教师要客观、真实地反映幼儿在园的表现，尤其要写出幼儿在园的典型行为表现和个性特点；要多表扬，少批评；针对不同类型的家长，注意语言交流的艺术；要指导家长抓住重点，写出幼儿在家的真实表现；教师要根据家长的意见和建议及时改正自己工作中的缺点，同时对家长教育孩子过程中遇到的问题给予具体指导和帮助。以下是某幼儿园家园联系册的内容。

案例 9.2

××幼儿园家园联系册内容（节选）

（老师的话）家长您好：

小米比上周进步多了，不但不因期盼妈妈来接她而掉泪豆豆，还能按照老师的要求去做一些事情了。虽然还是不爱吃菜，但能自己吃饭了。上课的时候尽管她还不能够勇敢回答问题，但是我能够感觉到她开始认真倾听老师和小朋友的话了。午睡时看到她睡得香甜的样子，忍不住亲了她一下。宝贝加油哦！

希望小米下周还要听妈妈的话，坚持上幼儿园哦！

老师：××

（妈妈的话）老师您好：

小米去幼儿园后变化很大，我心里很高兴，我的宝贝终于长大了！

小米在家里也开始自己吃饭了，做事情也不像以前总是磨磨蹭蹭的了，周末在家就是不喜欢睡午觉。小米和爷爷出去玩回来，很兴奋地跟我讲这讲那的，要是她在幼儿园也这么开朗就好了。不过我相信小米，一切都会好起来的。

希望小米在幼儿园里开开心心！谢谢老师对小米的照顾！

家长：××

4. 家访

家访是教师走入幼儿家庭和家长面对面交流沟通的重要方式。家访曾是家园联系非常重要的工作，但是现在由于诸多因素，有些幼儿园越来越不重视家访。其实通过家访的方式最能深入了解幼儿家庭经济状况、家庭结构、教养态度、亲子关系等。和家长直接交流，教师也能倾听到家长对幼儿园教育的希望和要求，以更好地开展工作。

家访可以分为入园前家访和入园后家访。

幼儿入园前进行家访，通过教师和幼儿交流、玩耍，能够使幼儿认识教师，有助于减轻幼儿入园后的焦虑感。教师还可以提前了解幼儿的性格、生活自理能力等情况，待其入园后，教师可以因材施教。

幼儿入园后家访又可以分为定期集体家访和个别不定期家访。

定期集体家访是指幼儿园规定每学期或每年，教师要对本班孩子普遍进行一次家访，以全面了解本班幼儿的家庭教育状况。

个别不定期家访主要针对有特殊问题需要家园双方下大力气合作教育的幼儿的家庭。

除了进行定期集体访问外，还要进行不定期的家庭访问。性格孤僻内向、攻击性行为强、体弱多病幼儿以及生活自理能力差的幼儿，是个别不定期家访的重点，有的时候一年需要家访几次。

家访的注意事项：家访前要制订详细的家访计划，包括家访的目的、主题以及时间；家访中教师态度要诚恳、谦和，尊重家长，认真倾听家长的发言；教师对幼儿的评价应该以表扬为主；教师要认真填写家访记录并进行家访总结。表 9.2 是某幼儿园中班幼儿家访记录表。

表 9.2　某幼儿园中班幼儿家访记录表（部分）

幼儿姓名	采访对象	采访时间	在家表现	原因及教育策略
甜甜	爸爸、妈妈	3 月 11 日晚 7 点	脾气大、固执，做事依赖性强	溺爱所致，应在幼儿园注意培养良好情绪和独立性
雯雯	爸爸、妈妈、爷爷、奶奶	3 月 12 日晚 7 点	在家性格内向、话不多，胆小，做事认真	平时爷爷奶奶带，父母与他交流少，建议父母抽出更多时间陪孩子，在幼儿园给他更多的锻炼、表现机会，培养自信心
壮壮	妈妈	3 月 13 日早 9 点	活泼外向，适应能力强，注意力不集中，做事没有坚持性	培养注意力、坚持性
阳阳	爸爸、妈妈	3 月 13 日早 10 点半	活泼外向，表达能力强，在家在园喜欢表现，各方面能力较强，做事有时浮躁，自尊心强，受不了挫折批评	培养她做事认真、踏实以及抗挫折能力

（二）集体方式

1. 家长会

家长会是幼儿园普遍采用的一种家长工作方法。家长会可以分为全园家长会、年级家长会和班级家长会。全园家长会要求全体幼儿家长参加，一般安排在学期（或学年）初或学期（或学年）末，让家长了解幼儿园全年的工作计划及重点，或者向家长公布学期或年度工作总结，向家长展示幼儿教育成果，还可以就幼儿园的工作等进行家园交流与互动。年级或班级家长会针对性更强，既可以使家长及早了解幼儿所在班级的教学内容和活动计划，也可以就某一教育主题展开讨论。家长会切不可流于形式，不要让家长只做一个听众和受教育者。家长会的形式应该灵活多样，更重要的是实现教师和家长、家长与家长之间良好的交流与互动。家长会之前也可以先对家长进行相关的调查，了解家长主要育儿观点和家长对幼儿园教育的期望。调查获得的信息可以使家长会更有针对性。例如，某幼儿园小班教师针对幼儿生活自理能力培养家园教育不一致、孩子在园和在家表现不一致的问题，把孩子在幼儿园一日生活中的表现用照相机和录像机记录下来，进行剪辑和整理，然后召开家长会。家长们在观看了照片和录像后感到很震撼，在家里什么事情都要大人包办代替的孩子，在幼儿园竟然都能够自己做，而且做得很好。这位教师别出心裁的家长会方式，让家长们切实感受到了家园教育一致的重要性，同时也感慨幼儿园工作细致深入。以下是某幼儿园中一班家长会调查表和家长会计划。

案例 9.3

×××幼儿园中一班家长会调查表

亲爱的家长：

您好！

为了能够了解您的孩子在家的真实表现，了解您对幼儿园教育和家庭教育的观点与见解，也为了我们的合作愉快与成功，请您务必真实、详尽、认真地回答下列问题。谢谢您的配合，并预祝将于 9 月 11 日召开的家长会取得圆满成功！

1. 请您认真询问孩子下列问题，并如实做好记录。

你喜欢上幼儿园吗？为什么？

你喜欢班上的哪个老师？为什么？

你在幼儿园开心吗？

2. 您觉得在过去的一个学期里，您的孩子是否获得了身心的和谐发展？

3. 本学期您希望您的孩子在哪些方面获得发展？

4. 在家庭教育方面，您感到困惑的问题是什么？

5. 在家庭教育方面，您有什么好的经验可以与大家分享？

6. 在家园合作方面您有什么好的意见和建议？

×××幼儿园中一班家长会计划

主持人：×××

会议时间：2018 年 9 月 11 日下午 3：30

会议地点：多功能活动室

会议目的：

1. 向家长介绍本学期班级教育重点和幼儿园教育大事，取得家长的配合和支持。

2. 通过调查，了解家长关注的教育问题，并以此形成家长会讨论议题，不仅解决家长遇到的难题，幼儿园也可以获取重要的教育资源和教育信息。

会议准备：

1. 班级讨论家长会计划和详细的会议安排，并报请园长批准。

2. 发放家长会通知。

3. 做好对家长的问卷调查，并做好统计。

会议过程：

1. 班长会议致辞。

2. 张老师介绍班级学期工作计划、教育重点。

3. 张老师介绍家园如何围绕教育重点进行合作。

4. 李老师介绍每个幼儿的基本情况和本学期发展重点。

5. 班长主持"家园对话时间"。教师们根据家长问卷调查情况，就家长关心的主要问题与家长真诚对话。

6. 请家长自由谈建议或意见，教师做好记录。

2. 橱窗、家园联系栏、板报、家园论坛、刊物阅读区、园报等

这种书面方式可以让家长及时了解幼儿园一周或一月保教工作计划和活动内容，了解全园的工作动态，家长还可以阅读教师为他们精选的文章、论文，学习保教新理念、新动态、新方法。

3. 家长开放日

家长开放日是指幼儿园定期或不定期对幼儿家长开放，家长可以观摩或参与幼儿园的教育活动。幼儿园除了计划内定期的家长开放日之外，还可以利用各种节日、运动会等对家长开放。家长通过开放日的观摩活动可以了解幼儿园的办园理念和教育理念、幼儿园的物质环境和精神环境、幼儿园的教育模式和教育特色及教师的教育行为。家长在家庭教育中可以学习借鉴教师好的教育模式和方法，在观摩过程中发现的问题和生成的观点可以随时和园长、教师进行交流。家长还可以参与幼儿园的各种活动，如每年"六一"儿童节、"元旦"，家长、幼儿和教师一起联欢，亲子同台演出；"春季（或秋季）运动会"家长和幼儿合力角逐等。通过亲身参与幼儿园的各项活动，家长更加全面地了解幼儿园、教师和幼儿，为家园合作奠定了良好的基础。

（三）亲职教育

为充分挖掘、利用家长的教育资源，幼儿园可以先对家长的爱好、特长、经历、职业等进行全面调查，根据家长的不同特点，创设条件和空间，让家长走进幼儿园课堂，走进幼儿中间。这样幼儿不仅感觉新鲜，而且可以获得不同来源的知识经验。例如，邀请在部队工作的家长身穿军装，为幼儿展示军人的风采；邀请当交通警察的爸爸，现场为幼儿示范交通指挥，讲解交通法规知识；邀请当医生的家长，为幼儿讲解疾病防治的常识等。亲职教育不仅使幼儿教育和社会实践紧密结合起来，而且增强了家长参与策划、组织、实施幼儿园教育活动的主人翁意识。

（四）家长委员会

家长委员会是以家长代表为主体构成的家园共育组织，是连接家庭和幼儿园的桥梁和纽带。其主要任务是帮助家长了解幼儿园工作计划和要求；反映家长对幼儿园工作的意见和建议；协助幼儿园组织交流家庭教育的经验等。

家长委员会可以分为幼儿园家长委员会和班级家长委员会，幼儿园家长委员会可以在班级家长委员会的基础上产生。家长委员会成员可以采用家长推荐、自愿报名、教师推荐以及幼儿园审核的方法产生。为使家长委员会明确自己的职责，幼儿园应根据本园实际情况，制订家长委员会章程。家长委员会章程应该包括组织、职责、权利、活动内容及活动方式等。幼儿园需要创设条件让家长委员会参与到管理工作中来，并对其成员进行明确的职责分工，使其主体性得以充分发挥。要让所有教职工和家长明确家长委员会的工作任务，并建立一套完整的管理制度和检查措施，以确保各项工作的落实。

家长委员会是家园联系的重要组织机构，它在家园共育中起十分重要的作用。要制订相应的制度和章程，保证家长委员会正常行使其职能。以下是某实验幼儿园家长委员会章程。

案例 9.4

××××实验幼儿园家长委员会章程

第一章　总则

第1条　成功的启蒙教育必须是幼儿园、家庭与社会三方面有效结合的教育。家长委员会是幼儿园的参谋和咨询机构，是幼儿园与家庭、教师与家长联系的纽带，是联系幼儿园教育、家庭教育和社会教育的桥梁。家长委员会切实有效地开展工作，协助幼儿园贯彻《幼儿园教育指导纲要》，提高教师和家长自身的教育水平，是形成幼儿园、家庭和社会的立体教育网络，加深家长、社会和幼儿园相互信任和理解的重要途径。

第2条　家长委员会的宗旨：一切为了孩子、一切为了教育、一切为了幼儿园。

第二章　组织

第3条　家长委员应具备的条件：作风正派、热心教育事业并具备较好的教育理念。

第4条　在班级家长委员会的基础上，由各班推荐2～3名家长，当选幼儿园家长委员会会员。

第5条　家长委员会成员由于工作调动或其他原因不能继续任职，可以提出变更或退出，其名额及时增补，每学期根据实际情况进行调整。

第6条　家长委员会由园长直接领导，日常工作联系由幼儿园各部门组长负责。

第三章　职责

第7条　参与幼儿园民主管理，积极为幼儿园的发展出谋划策，协助幼儿园改善办园条件。

第8条　以各种可能的形式协调或帮助幼儿园开展各项教育活动，提供幼儿认识社会、走进自然的条件。

第9条　通过各种渠道了解家长对幼儿园教育的建议及意见，宣传幼儿园教育工作成果，并向幼儿园提供教育改革信息。

第10条　协助幼儿园办好家长学校，带头学习家教知识，提高家长素质。

第11条　协助幼儿园、教师调解园、班、家长之间的争议与矛盾。

第12条　每学期向全体家长汇报家长委员会工作情况一次。

第四章　权利

第13条　有向园方咨询幼儿园各项工作情况的权利。

第14条　有巡视与参加幼儿园各种重大教育、教学活动的权利。

第15条　有对幼儿园工作提出建议和意见的权利。

第16条　有参与"优秀家长"和"优秀教师"评议活动的权利。

第五章　干部和职责

第17条　通过自荐、推荐等形式，产生家长委员会主席1名、副主席1名及小组正副组长各1名。

第18条　主席职责：制订、落实年度计划。

副主席职责：帮助主席制订、落实年度计划，并协助组织、策划各项活动。

组长职责：制订所负责内容的年度计划及人员落实。

副组长职责：协助组长做好各项工作，协助组织、策划各项活动，记录、整理活动情况。

第六章　附则

第19条　园方开设"家长信箱"，每周五由家长委员会主席开启。对于家长提出的意见及建议，由园方和家长委员会讨论协商后，10日内予以答复。

第20条　本章程由家长委员会讨论通过。

第21条　在实践中发现本章程不妥之处，由家长委员会修改补充。

××××实验幼儿园家长委员会

2018年11月24日

四、家长教育工作

家园联系的诸多方式都能够使家长在与幼儿园的合作共育过程中受到多方面的教育。目前家长教育的主要形式是幼儿园家长学校。幼儿园家长学校由幼儿园园长领导，教师和家长委员会联办。它以幼儿家长为对象，以提高家长素质、传授家庭教育科学知识和方法、按时代要求开发家庭教育资源为目的。

家长学校应该制订详细的家长学校制度，并要严格执行各项制度规定。幼儿园要派专人负责每一期家长学员的学籍登记、资料发放、教学通知以及考勤记录，并做好教师教学纪律和家长听课纪律的管理工作。

家长学校应该具有高水平的师资队伍，可以由幼教专家、园长、教研组长和骨干教师等组成。教师授课前要认真备课，做到理论结合实践、深入浅出、高质量教学。

家长学校要制订完备的教学计划，包括：教学内容、教学形式、教学时间、教学学时、教学地点、考核方式。主要教学内容应包括：家庭教育的基本理论、幼儿独立性培养、幼儿个性和社会性培养、幼儿情商培养、家庭卫生保健及家园共育等知识。

家长学校可以采取集中授课、家教热点讲座、家长经验交流会议及家教咨询会等灵活多样的教学形式，真正丰富家长知识，扩大其视野，提高育儿水平。

还可以以调查问卷、基本知识书面考核、写心得体会或总结以及撰写家教论文等方式提高家长学校的培训质量。

第二节 幼儿园与社区工作

《纲要》的总则中明确指出："幼儿园应与家庭、社区密切配合，综合利用各种教育资源，共同为幼儿的发展创造良好的条件。"

社区是若干社会群体或社会组织聚集在某一个领域里所形成的一个生活上相互关联的大集体，是社会有机体最基本的内容，是宏观社会的缩影。幼儿园是社区的重要组织，幼儿也是社区的一分子，所以二者和社区是水乳交融的关系。近年来有关幼儿园与社区合作共育的理论和实践研究日渐增多，其研究成果表明了幼儿园充分利用社区资源为社区服务的重大意义。

一、幼儿园利用社区教育资源

（一）走进社区，让幼儿感受自然和社会生活

社区内不仅有良好的自然环境和物质条件，而且还包括人文环境、各种人力资源、社区团体和单位等。幼儿园附近社区具有丰富的可以利用的资源，如超市、商店、医院、药店、饭店、宾馆、服装店、公园、植物园、书店、银行、书店、派出所、汽车站、小学、中学或者大学等。幼儿园应该经常组织各种活动，让幼儿经常到大自然、社会中去，充分体会自然的美，如到植物园和公园春游、秋游。可以到社区中体验社会生活，认识社会不同的职业及职业特点，并提高幼儿基本的社会生活适应能力。

（二）利用社区对幼儿进行情感教育

"爱身边的人和事""生活中的爱"已经成为现代幼儿情感教育的主题。社区资源对幼儿情感教育潜在的价值就在于其能够自然地、潜移默化地激发幼儿的丰富情感。

1. 家园配合，利用社区对幼儿进行礼貌教育

小区邻里之间是幼儿家庭每天重要的交往对象，父母要培养幼儿礼貌待人的良好品质。幼儿教师和父母首先要以身作则，热情礼貌待人，与邻里之间互相帮助、友好相处，为幼儿树立良好的模仿榜样。

2. 家园配合，利用社区培养幼儿合作与分享的习惯

社区里的幼儿是一个相对固定的玩伴群体。幼儿交往的时候，家长要进行引导，让幼儿掌握交往技巧，学会与同龄伙伴之间进行合作与分享，这是幼儿社会化发展的重要内容。

3. 家园配合，利用社区培养幼儿的关爱情感

幼儿园利用社区，通过组织幼儿参观敬老院、为敬老院服务、为贫困儿童献爱心等活动，激发幼儿对贫困、残疾、年老体弱者的同情和关心，这是从小培养幼儿关爱情感的重要一环。

4. 利用社区对幼儿进行多元文化教育

随着世界各国、各地区越来越密切的交流与合作，国家、地区间的经济文化日渐融合。对幼儿进行多元文化教育、培养世界公民，已经成为全世界各国学前教育的共识。美国学前教育专家 George S. Morrison 认为，多元文化教育是帮助儿童理解、欣赏、尊敬其他种族、性别、社会经济、语言、文化背景的人，使儿童能够在一个不同文化的世界中生活、学习、交往和工作的教育。

幼儿园应利用社区生活从不同的角度让幼儿体验多元文化。如肯德基、麦当劳、日本和韩国的料理可以让幼儿体验不同国家的饮食文化；英语、法语等让幼儿体验不同的语言文化；少数民族服装和首饰让幼儿体验不同民族丰富多彩的服饰文化等。

（三）利用社区能够扩展幼儿园的教育资源和空间

幼儿教育不等于幼儿园教育。幼儿教育是一个系统工程，要想实现幼儿教育最优化，幼儿园必须依赖于社会各方面的力量。随着时代的发展，社会经济水平越来越高，社区的物质条件和精神文明建设也越来越好，幼儿园要树立大教育观，更新教育理念。幼儿园的教育资源和环境绝不能仅仅局限于幼儿园的小环境内，幼儿园教育要跨越幼儿园围墙的限制，充分利用社区特有的自然和人文环境优势，努力构建幼儿园和社区教育合作一体的长效机制，促进幼儿园教育改革与发展。

《纲要》要求幼儿园教育必须尊重幼儿兴趣和认知特点，选择贴近幼儿生活的内容，通过游戏和探索来拓展幼儿的经验和视野。幼儿园珍惜和利用社区宝贵的教育资源，丰富和拓展幼儿园的教育主题活动，是贯彻《纲要》和实现幼儿全面和谐发展的要求。如"My neighborhood"的主题活动中，教师带领幼儿走进社区、认识社区，学习了 post office、bookstore、hospital、park、school 等词汇和不同环境的情景对话；"我是环境小卫士"的主题活动，让幼儿到社区中去观察和认识环境小卫士的职责，培养幼儿环境保护的意识；"认识小学"的主题活动，通过带领幼儿参观附近小学，倾听小学老师和小学生的介绍，增加幼儿对小学的认识，激发幼儿上学的愿望；"生活中的数字"的主题活动，通过幼儿在社区环境里寻找数字，发现神奇数字的妙用；"超市购物"的主题活动，通过社区超市购物活动，使幼儿了解超市购物环境以及购物程序，培养幼儿的社会交往能力和加减运算能力。

二、幼儿园为社区服务

《纲要》组织与实施中提到："充分利用自然环境和社区的教育资源，扩展幼儿生活和学习的空间。幼儿园同时应为社区的早期教育提供服务。"幼儿园和社区的合作互动，不仅能够全面提高幼儿园的保教质量，而且也能够为社区营造一个良好的教育环境。

1. 专家讲座

幼儿园应该利用自身教育专业资源的优势，为社区提供培训指导的服务。幼儿园可以根据小区内家长的基本素质和特点，有计划地定期组织家长来幼儿园听专家或教师讲座，让家长具有先进的保教理念，掌握科学的育儿方法。

2. 幼儿园开放活动

幼儿园不仅要"走到社区中去"，还要敞开大门让家长"走进幼儿园来"。幼儿园可以利用节假日实行开放，让家长走进幼儿园，主要了解幼儿园的环境和设施，另外，幼儿园新生入园前，可以对即将入园的幼儿和家长实行包括环境和保教活动在内的全面开放。

3. 亲子教育机构

亲子教育是一种早期教育模式，它以亲子园为主要教育机构，其中幼儿园内部的亲子园尤其受到广大家长的青睐。亲子班为幼儿提供了一个学习和探索的机会，促进了亲子关系和幼儿社会交往能力的发展。幼儿园可以利用双休日和节假日举办亲子班。亲子班要选择亲子教育和家长工作非常有经验的教师，制订严格的教育计划，让家长提前了解教育内容、方法、时间及如何在活动中与孩子互动等。教师利用亲子班还可以实现育儿咨询和家庭教育指导。表9.3是某幼儿园亲子园宝宝班5月份教学计划表。

表9.3 某幼儿园亲子园宝宝班5月份教学计划表

教学时间	活动名称	活动目标要点
5月6日 8：30～10：00	穿珠子比赛 钻山洞比赛	培养宝宝手眼协调能力及做事的专注力 训练宝宝爬行能力 促进亲子感情
5月7日 9：00～10：00	感统训练	针对宝宝发育个别差异确定训练目标和选择训练项目
5月13日 8：30～10：00	小小球员 小狗小狗真可爱	培养宝宝身体平衡协调能力 促进社会性发展 发展宝宝语言能力
5月14日 9：00～10：00	感统训练	针对宝宝发育个别差异确定训练目标和选择训练项目
5月20日 8：30～10：00	袋鼠妈妈有个袋袋 会跳舞的娃娃	培养亲子感情，发展语言能力 培养宝宝动手制作能力
5月21日9：00～10：00	感统训练	针对宝宝发育个别差异确定训练目标和选择训练项目
5月27日8：30～10：00	运红绿黄球 画轮廓游戏	培养宝宝颜色视觉及专注力 培养宝宝绘画兴趣及对线条的敏感能力 培养手的控制能力
5月28日9：00～10：00	感统训练	针对宝宝发育个别差异确定训练目标和选择训练项目

4. 通过参与社区活动而服务社区

幼儿园参与社区活动有很多形式：一是节假日共庆活动。幼儿园组织教师和幼儿准备精彩节目和社区居民同台演出，共庆佳节。二是慰问、捐助等献爱心活动。如幼儿去敬老院表演节目，与老人共度老人节；在世界助残日去看望聋哑小朋友并捐零用钱和玩具献爱心。三是幼儿园与社区共建活动。如幼儿作为环保小卫士，为社区环境保护做宣传活动。幼儿园通过参与社区活动，提高了幼儿的基本素质，也为社区文明建设增添了新鲜的活力，实现了幼儿园和社区双方的互赢。

总之，幼儿园应充分发挥自身的教育能力和教育资源优势，强化幼儿园的社会服务职能，积极向所在社区和家庭开展早期教育服务，主动承担和参与社区早期教育管理和家庭教育宣传、指导及社区文化建设等方面的工作，使幼儿园成为社区早期教育的资源中心。

思考与练习

1. 参加幼儿园的一次家长会，并写出家长会总结。
2. 调查几所幼儿园，比较它们在家园联系工作方面的异同。
3. 设计问卷，并调查幼儿园与社区合作共育的基本情况。

第十章

幼儿园危机管理

10.1

本章提要：危机及危机管理是人类社会中不可或缺的一部分，危机可发生于任何组织之中，大到国际战争危机，小到环境变化所引发的个人危机等。大量事实证明，危机是可以避免的，但有人却一再地重蹈覆辙而不知改进。本章对幼儿园危机的独特性进行了分析，对如何预防幼儿园的危机及危机发生时的应急方案做了详尽的说明。

第一节 幼儿园危机的特征与类型

一、幼儿园危机的概念

目前对危机这一概念还没有明确的界定，主要的原因是被人引用时常应用于不同的情景而不加以区别，也被用来形容各种不同的情境，如个人的情感危机、财务危机，甚至被用于全球性危机，且危机本身会因其所发生的时间长短而有着不同的显著差异。总之，在其解释上极具弹性，几乎可以被引用到任何领域中，导致人们对这一概念真正意义的认识有很大的差异，表述上更是千差万别。一般而言，危机是指潜伏的祸机，指生死攸关的紧要关头。幼儿园危机是指由于幼儿园外部环境突变或内部管理失常而使幼儿园的经营活动陷入一种危及生存与发展的严重困境。它的产生、发展过程和运动形式都呈现为一定的规律性，并在幼儿园日常经营活动中表现出具体的危险征兆。

家长隐瞒幼儿病况，幼儿癫痫病发作死亡

某幼儿园幼儿，患有先天性癫痫病，但该幼儿入托时，家长并没有把这一情况告诉幼儿园。一天早上其母将孩子送入幼儿园内，告诉老师孩子昨晚发烧。老师劝其带孩子看病，但其母说孩子烧已退。早饭后，户外活动时，教师让此幼儿安静地坐着，幼儿坐了一会儿忽然倒地，教师及时按其人中，并将其送往医院，并电话告知幼儿母亲。在送幼儿去医院的路上幼儿已醒，也能说话。幼儿母亲未按医生吩咐让孩子住院治疗。第二天，幼儿在家中癫痫死亡。事后，幼儿家长要幼儿园承担全部责任。

案例 **10.2**

　　某市一娱乐公司与市体育场的后勤服务公司联合，利用体育场的大门口空地设置大型充气玩具，开展经营性的娱乐活动。为吸引游客，请电视台为他们做宣传广告。因为拍摄中需要一些幼儿配合，娱乐公司老板与体育场后勤服务公司的人员就一同来到某幼儿园，请该园承担此项任务。园长明确提出，必须在保证幼儿安全的情况下才可帮忙。对方承诺安全由他们负责。每件大型玩具由一位工作人员维护安全。园长仔细看过后，提出有几件玩具只有一人看护是不够的，但娱乐公司的老板说没有问题。园长只得让随同前来的几位老师也参加孩子的保护工作。在拍摄从高处的充气房间跳向下面的一匹充气马时，一位女孩跳到马背上弹了下来，正砸在周围一名男孩身上。男孩的胳膊疼得抬不起来。诊断结果是，男孩胳膊骨折。游乐场承担了医药费和车费。后来，当家长提出承担后遗症的责任时，游乐场要求幼儿园也承担一定的费用。

　　幼儿园的工作对象是无民事行为能力的幼儿，幼儿在园期间，幼儿园有责任保证幼儿的生命安全。由于幼儿园的工作失误或预想不到的客观原因，幼儿园安全、卫生保健方面的事故时有发生，本书列举的两个实例只是冰山一角，幼儿园一旦出现安全事故就会给幼儿园带来极大损失，甚至是灭顶之灾，这是幼儿园管理者不得不面对的，需要极其重视的问题。

二、幼儿园危机的特征

　　幼儿园危机具有 5 种特征：危机存在的普遍性、危机潜伏的隐蔽性、危机爆发的紧急性、危机传播的公开性和危机本质的双重性。

　　（一）危机存在的普遍性

　　幼儿园的成长过程中都不可避免地会遇到危机，危机的发生是必然的，也是普遍存在的。从某种意义上说，幼儿园在经营与发展的过程中遇到危机是一种正常现象，正如一位哲人所言："只有不做事的人才永远不会犯错误。"对幼儿园而言，也是如此。任何幼儿园都不可能永远存在、永远正确，也不可能一直一帆风顺地发展。遇到挫折、陷入危机、甚至衰亡，这都是可以理解的，这是事物发展的规律。危机存在的普遍性告诉人们，在幼儿园管理中，一定要重视危机管理与运营。现代幼儿园经营管理不仅要善于认识和捕捉市场发展的机会，而且要防微杜渐，排除潜在和面临的危机，对幼儿园的危机进行有效的管理。危机管理事实上已成为现代幼儿园管理的一个重要课题。幼儿园应注重危机运营，能够及时化解幼儿园经营过程中出现的各种危机，在战胜一个个危机后逐渐成熟壮大。

　　（二）危机潜伏的隐蔽性

　　危机爆发之前往往难以准确地进行预测，而大多数情况下表现为潜伏发展的状态。

危机的隐蔽性造成了危机防范的难点，但另一方面也表明，若及时发现，也易于将其消灭在萌芽之中，因为绝大多数危机在爆发以前都会有征兆。危机潜伏的隐蔽性告诉幼儿园一定要建立危机预警系统，信息是危机运营的生命。幼儿园须不断监测社会环境的变化趋势，收集整理并及时汇报可能威胁幼儿园的危机信息。同时还应当超前决策，精心策划全面的危机反应计划。良好的危机防范管理能够预测可能发生的危机情境，要为可能发生的危机做好准备、拟好计划，从而自如应付危机。居安思危、未雨绸缪是最好的危机管理运营策略。

（三）危机爆发的紧急性

危机往往来势突然，而且发展迅猛，如不及时制止，则损失巨大，后果不堪设想。紧急性有两重含义：一是指幼儿园由于受到外部环境突然出现的变化或内部因素长期积累到一定程度突然爆发而形成危机，如天灾人祸等突发事件；二是指危机一旦发生后，是不会保持原状态一成不变的，而是会在短时间里（甚至有的幼儿园还来不及采取有效管理措施）进一步扩大范围和加剧，使幼儿园更加难以处理所面对的危机，因而蒙受更大的损失。危机总会轻重不同地影响幼儿园的正常经营活动，威胁到幼儿园的既定目标，最为严重的将导致幼儿园经营的彻底失败，甚至经营者为此官司缠身。在第一时间果断采取措施是战胜危机的关键因素。因此，在危机刚发生的阶段，幼儿园就要抓紧时间，立即实施应对措施，在危机还没有来得及加剧前就把它控制在一定范围内。

（四）危机传播的公开性

在现代社会，大众传播业的发展，信息传播渠道的多样化、高速化、全球化，又加上未成年人的状况格外引人关注，使幼儿园危机情境迅速公开化，成为公众关注的焦点。如某幼儿园发生了陌生人进园伤害幼儿并造成重大人身伤害的事情，消息立即传播到全国，一时间全国范围内的幼儿园都在不同程度上受到影响。正是这个特点，使得幼儿园在处理危机过程中，要极端重视媒体的力量，做好与社会公众的沟通工作。从某种意义上讲，幼儿园的危机处理基本上是一场幼儿园形象保卫战。幼儿园形象的塑造，一靠平时的点滴积累；二靠危机当时的处理。在大多数情况下，幼儿园面对危机所采取的处理方式对幼儿园形象有着更为重要而深远的影响。换言之，幼儿园在面对危机时所采取的不同的态度和方法，对塑造幼儿园形象将会产生立竿见影的效果。危机传播的公开性使得加强与公众沟通、争取公众谅解和支持成为幼儿园处理危机的基本对策。当危机出现时，有些幼儿园出自本能采取"挡"的对策，否认成为危机的存在，拒绝回答新闻界提出的问题，发布片面的不太准确的消息，这种态度被看成是逃避责任，将会更加损害幼儿园自身形象。

（五）危机本质的双重性

危机的本质在于它的危险性与机会性同在，也可以说是恶性与良性共存。中国有古语云："祸兮福所倚，福兮祸所伏。"这句话辩证地阐明了危机本质的双重属性。危机的危险性自然不辩而明。大范围的危机状况或因幼儿园管理上的漏洞造成严重后果的危机会严重威胁幼儿园的生存与发展，特别是影响幼儿园的信誉度，这种影响可能会持续几年甚至几十年。但从另外一个方面讲，危机也有它的积极意义。危机暴露了幼儿园自身的弊端，使幼儿园可以迅速发现自身的不足，从而能对症下药，实施有效措施。危机可被理解为唤醒幼儿园的警钟，又可看作是为幼儿园"接种疫苗"。例如，某省一个单位办的幼儿园失火，造成孩子的伤亡，在国内引起了非常大的震动，各省的教育主管部门立即对这一问题高度重视。现在无论是哪种类型的幼儿园只要是招收孩子就要有消防部门的许可证，如果没有，教育部门就要限期整改，直到符合了消防要求才允许继续开办。另一方面，幼儿园在危机中成为公众注意的焦点，危机处理得当，可以迅速提高幼儿园的知名度和美誉度。此外，以往幼儿园失败的惨痛经验教训，可以为其他的幼儿园所借鉴，前事不忘，后事之师。从中找出失败的原因和避免危机、控制危机局面的有效方法。

三、幼儿园危机的类型

具体来讲，幼儿园面临的主要的危机类型有：政府法律、政策的突然巨大变化；招生面临巨大困难，招生数量急剧减少；大范围对幼儿园不利的社会舆论甚至谣言的泛滥；大面积食物中毒；传染性疾病爆发与大面积传染；火灾；恶劣的环境造成的人身伤害；建筑物毁坏造成的伤害；其他意外人身伤害；对幼儿园疾病处理方式不当造成的危机；可能的性伤害；其他严重的道德危机；交通危害；玩具与设施危害；幼儿的相互伤害；幼儿走失；其他不可预见的危害。

四、幼儿园危机产生的原因

危机产生的具体原因多种多样，每一次具体的危机产生又总是有其具体的甚至是唯一的原因。根据危机发生原因的来源不同，可分为外因和内因。

（一）外因

幼儿园危机的发生有时是由外部因素引发的，比如国家教育政策的重大改变，可使一些幼儿园突然面临被限制发展，甚至被勒令停办的处境；又比如幼儿园突然遭遇重大恶性劫持人质事件而使幼儿园招生面临空前危机等。虽然我们对由外因导致的危机发生无能为力，但对这些原因的认识也可帮助我们提前做一些预防工作，以使危机来临时最大限度地减少损失。

（二）内因

幼儿园危机的发生有时是由内部因素引发的，比如重大决策失误、重大责任事故、管理不善等。内因型危机主要有两大类原因：一是由于幼儿园管理不善，如发生大规模的食物中毒事件，幼儿走失事故等；二是由于功能性的因素，如幼儿园的大型玩具年久失修而造成幼儿的身体伤害，幼儿园的建筑或配套设施设计不合理、功能不齐全，造成幼儿在使用时发生问题等。无论是管理方面的还是功能方面的都要引起相关人员的注意，否则，蚁洞虽小，却能溃堤。

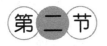

第二节 幼儿园危机的日常管理

幼儿园危机的发生多数同幼儿园管理不善有关。也就是说,修炼幼儿园管理内功,对预防危机至关重要。即使面对不可抗拒的自然灾害或社会灾难,扎实过硬的幼儿园管理也会使危机得到迅速、有序的处理,从而大大减小危机影响的范围和造成的损失。因此,危机管理最重要的基础工作,就是切实加强幼儿园的教学管理、安全管理、人员管理、资金管理、信用管理,把危机消灭在萌芽中,这是幼儿园危机管理的主要目标。

一、幼儿园内部应对危机发生的措施

(一)事先制订应急预案

幼儿园危机有可能随时随地发生,要做到在危机发生时能从容应对,就要事先做好危机发生时的应急预案。应急预案应包括以下内容。

1)预案应明确规定幼儿园要成立危机处理小组,并由园长亲自领导,对小组及幼儿园的其他人员进行有效配置,做到事事有人管、人人有事做,从而使幼儿园全体成员在危机来临时都能够迅速找到自己的位置,发挥主观能动性。

2)预案必须有危机管理的预算。危机管理预算和幼儿园运转预算同等重要。制订危机管理预算必须以自身的人力、物力、财力资源为基础,而不能以危机事件的种类为依据,否则危机管理计划只会成为水中月、镜中花,没有任何现实意义。

3)预案必须有危机信息收集、上报的措施和途径,并要保证途径的畅通,保证能及时地把危机事件的原因、发生过程、造成的后果及对当前和以后幼儿园的影响进行通报和分析,以便决策者能及时根据这些信息进行决策,防止恶性事件继续扩大,并将损失减到最小。

4)预案应包括幼儿园易发生危机和事故的处理方法。以假设的事故为处理目标,制订出幼儿园各类事故的处理方式。例如,幼儿园的会计携款逃跑,幼儿园进来了有暴力倾向的精神病人,出现了幼儿集体腹泻的现象等。类似这些危机一旦发生,幼儿园具体的应对方法是什么?这是应急预案的核心内容。

5)应急预案还应对危机发生后幼儿园对媒体和公众的解释方面作出规定,维护幼儿园形象,做好危机公关。预案中应规定负责公关工作的人员及其工作权限和具体的消息发布途径。

6)为保证预案的有效性,应定期对其进行检查及更新。制订好危机管理预案后,并不是万事大吉,将预案束之高阁,而是应定期组织外部专家及内部责任人员进行核查和更新,否则就可能发生"用过时的军用地图去制订作战方案"的悲剧。

(二)组建危机管理机构

组建危机管理机构是幼儿园危机管理有效进行的组织保证,不仅是处理危机时必不可少的，而且在日常危机管理中也非常重要。危机管理机构的具体组织形式可以是独立的专职机构，也可以是一个跨部门的管理小组，幼儿园可以根据自身的规模以及可能发生的危机的性质和概率来灵活决定。对于大部分幼儿园来说，后一种形式应用较多。幼儿园如果采用危机管理小组的组织形式，其成员应当包括幼儿园领导以及公关、人事、教务、财务、保卫、后勤等部门负责人，还应当包括法律顾问等专门人才。

日常危机管理机构不论采用何种形式，其职责都应当包括以下内容。

1）开展危机教育，增强员工特别是各级管理人员的危机意识。

2）搜集和分析幼儿园内外各类信息，寻找幼儿园薄弱环节，捕捉和识别幼儿园潜在的危机风险。

3）组织危机风险评估，提出危机风险控制意见，并督促有关措施的落实。

4）建立危机预警系统，及时发出危机警报。

5）针对可能发生的危机制订危机应对预案，并根据情况的变化适时修订、调整或更新计划。

6）有计划地组织危机管理培训和演习，培养员工的危机意识以及处理危机的心理、知识和技能，提高幼儿园应对危机的能力。

（三）人员培训

危机管理培训的目的与危机管理教育不同，它的作用不仅在于进一步强化员工的危机意识，更重要的是让员工掌握危机管理知识、提高危机处理技能（如沟通能力、合作能力）以及面对危机的心理素质，从而提高整个幼儿园的危机管理能力和水平。常用培训方法有以下几种。

1. 在职培训法

在职培训法即在实际的工作场所对受训者进行技能或知识的培训，受训者通过观察、提问和实际操作而得到提高。

2. 工作指导培训法

工作指导培训的特点是把培训任务分解为若干步骤，然后逐个演示和让受训者练习，直到所有步骤学完。

3. 授课法

授课是一种常见的方法，多半用于传授知识或培训的开始阶段，其效果往往取决于师资的水平和授课的方式。

4. 案例法

案例法即通过实际案例的阅读、分析和讨论，使受训者从中学习危机管理的知识和技能。

5. 角色扮演法

角色扮演法即在事先没有得到指导的情况下，让多个受训者扮演危机中的不同角色，相互合作地处理危机，然后训练者与受训者一起对他们的行为进行评论和分析，从而使受训者得到提高。

6. 演习

演习是危机管理培训的一种很重要的方法，因为它有一些独特的优势：一是可以比较逼真地营造危机情境，使受训者感受更加真切和深刻，有助于提高心理素质；二是可以比较全面地进行各种危机处理知识和技能的综合训练，使受训者获得这些知识和技能在危机环境下配合使用的技巧；三是可以检验危机应对计划的可行性，同时通过演习可以发现计划中可能存在的漏洞与不当之处，以便及时调整和改进。

上述这些危机管理培训方法各有利弊，各有一定的适用性，幼儿园应当根据培训内容和对象的不同选择合适而有效率的培训方法。为配合培训并巩固和提高培训效果，幼儿园可将危机管理知识、危机应对措施等编成通俗易懂的小册子发给每个员工。

二、媒体工作

除了通常意义上的幼儿园管理外，危机管理还有一项重要的基础工作——媒体工作。现代社会是高度开放的社会，现代幼儿园是高度社会化的幼儿园，现代媒体是高度发达的产业，其信息传播有着超越时空的广泛性、渗透性和快速性的特点，由此确立了其在现代社会生活中举足轻重的地位。媒体对幼儿园危机管理有着不可替代的积极作用，包括向社会公众传递幼儿园信息，宣传幼儿园良好形象，唤醒幼儿园危机意识，为幼儿园危机管理提供决策依据、思路以及社会支持等；同时媒体对幼儿园危机管理有着不容忽视的消极作用，因为任何失实、放大或者非理性的信息传播，不仅会干扰、妨碍幼儿园的危机管理，而且可能直接催生或引爆危机，也可能火上浇油，促进危机的进一步蔓延和恶化。因此，媒体管理的目的就是要适应现代社会环境，根据媒体的特点采取相应的管理措施，有效发挥媒体的积极作用并抑制和消除媒体的消极作用，从而维护幼儿园的良好形象，实现幼儿园危机管理的目标。幼儿园在危机管理中应对媒体做哪些工作呢？

（一）将媒体工作纳入幼儿园战略管理

研究不同媒体的工作特点和需求，平时主动地与社会相关的媒体做好沟通、交流的工作，使相关的媒体了解幼儿园的工作特点，熟悉幼儿园的情况，主动、系统、有针对性地进行媒体工作。

（二）认真挑选新闻发言人，并进行必要的培训

一方面，要让发言人掌握幼儿园的基本情况（教育目标、课程、后勤、卫生保健、幼儿园文化等）及其动态变化。另一方面，让他们不断充实媒体知识，了解媒体工作的特点，学习与媒体交流的技能；建立良好的媒体关系，主动地与媒体负责本行业采访报道的记者、编辑相结识，并通过各种渠道（如新闻发布会、记者座谈会、邀请媒体参与幼儿园活动、参加新闻媒体活动等）保持经常性的联系，以建立起良好的工作关系和融

10.3

洽的人际关系；了解媒体的内部分工，尽力满足媒体的需要，为媒体工作人员提供工作方便，如帮助媒体解决一些难题、为记者安排与幼儿园负责人会见、经常向媒体提供幼儿园的各类资料或新闻线索等；对媒体坦诚相待，不提供虚假和片面的信息，同时兑现幼儿园所有的承诺和保证，树立幼儿园的良好形象，建立和维护与媒体的信赖关系，使之成为幼儿园的宝贵资源。

（三）重视网络媒体的作用

网络媒体作为近年来迅速崛起的新型媒体，与传统媒体相比，具有信息容量更大、传播速度更快、传播范围更广以及互动性和感染力更强的特点。网络媒体在社会信息沟通中的作用越来越大，给幼儿园危机管理带来了更大的难度，也提供了威力强大的武器。媒体管理者对此应有清醒的认识，并予以高度关注和重视，比如建设好幼儿园网站或借助同业公会网站及时发布信息以引导公众舆论。

向媒体发布的信息，要从有利于危机管理的角度做出必要的筛选，但又要真诚坦率，不能传递不真实的或片面的信息，对于暂时需要保密的信息也不能简单地以"无可奉告"作答。

要根据危机管理需要，对不同媒体区别对待，采用不同的管理方法，但又要一视同仁，不能厚此薄彼。

要坚持维护幼儿园利益，做到有理、有利于、有力，又要冷静、有节，不能得理不饶人，更不能与媒体发生对抗和冲突。

要站在幼儿园立场，维护幼儿园的形象，又要有高度的社会责任感，不能对公众利益表现出不该有的无情和漠视，也不能为回避责任而轻易把矛头指向其他社会组织。

幼儿园的新闻发言人，要注意"口径一致"和"自圆其说"，又要尽量以个人（客观第三者）而不是"代言人"身份发言，要多讲事实少评论，千万不要以"可能"或主观臆测来回答媒体。

除以上危机预防中的媒体管理内容外，在危机处理中有目的地限制媒体活动范围、加强与媒体联络沟通等工作也属于媒体管理范畴。

　幼儿园危机事件的紧急处置

一、危机事件处理的主要工作

在危机处理阶段，速度是关键，危机不等人，而主动出击是最好的防御。"雄鹰"式的危机处理方式是幼儿园在遭遇危机时，主动迅速出击，果断承担责任，这样往往能够得到公众的谅解，尽可能维护幼儿园的形象。"鸵鸟"式的处理方式是幼儿园在遇到危机时总辩解说"这不是我们的责任"，然后试图做把头埋在沙子里的鸵鸟，这样最终会失去公众的支持，给幼儿园的信誉造成无法挽回的损失。危机处理是危机运营的核心工作，其最终后果往往决定幼儿园在危机中的命运。危机处理的成败与否，以下因素至关重要。

（一）危机发生后，迅速建立快捷、高效的危机处理组织

在危机发生时，以最快的速度成立"战时"办公室或危机控制小组，由幼儿园最具权威的人担任负责人，调配受过训练的高级人员，配备必要的危机处理设备工具，以便迅速调查分析危机产生的原因及其影响程度，全面实施危机控制和管理计划。这一点十分重要，它是保证统一指挥、果断决策和迅速采取行动的前提，直接关系到危机管理的成败。

解决危机，要求人们迅速决策、快速行动。为此，从总体上看，组织机构必须精简、统一、协调，规章齐全，职责明确，不能层层请示，甚至出现扯皮的现象。从参与人员上看，根据危机的程度和类型不同，参与者也有所区别。对于关系幼儿园整体的重大危机，要包括幼儿园的最高领导人和上级主管部门的领导，以保证危机决策和执行的权威性。此外，还要包括相关外部专家，以提供专业咨询意见。

（二）对危机进行确认和评估

幼儿园的最高领导人面对危机，应考虑到最坏的可能，必须对危机所造成或者可能造成的危害以及影响有一个整体的把握。例如，对幼儿及教职工的生命的影响有多大，幼儿园的财产受损的估计，对幼儿园声誉的影响，是否危及幼儿园的生存，影响是短期的还是长期的等，以此为基础快速形成危机处理的主攻方向和重点。

在危机状态下，领导者必须果断。在对危机情况准确分析的基础上，迅速做出决策，以高压强制政策保证决策执行，将事态迅速控制住，否则就可能势如决堤，一溃千里。

（三）迅速隔离危机

危机爆发时往往是在幼儿园的某一个方面或者部门出现，然后扩大到整个幼儿园。此外，危机发生还具有连锁效应，一种危机处理不当，往往会引发另一种危机。因此，当某一危机发生之后，幼儿园应迅速采取措施，切断这一危机对幼儿园其他经营方面的联系，及时将爆发的危机予以隔离，以防扩散，造成更大的损失。

（四）维护幼儿园形象，做好危机公关

通常情况下，任何危机的发生都会使公众产生种种猜测和怀疑，有时新闻媒介也会有夸大事实的报道。因此，危机单位要想取得公众和新闻媒介的信任，必须采取真诚、坦率的态度。越是隐瞒真相越会引起更大的怀疑。在与新闻媒体沟通时，幼儿园要掌握舆论的主导权，尽量以组织发布的消息为唯一的权威性来源。在危机发生而事故真相尚未查明前，可向媒介提供背景材料，介绍发生危机的初步情况、幼儿园采取的措施以及与事件相关的资料来占领舆论阵地。幼儿园需要慎选对外发言人。发言人应当具有足够的权威，对幼儿园的各个方面和危机事件十分清楚，同时应当头脑清晰、思维敏捷。幼儿园在处理危机时，应当以社会公众利益为重。幼儿园可以邀请公正、权威性的机构来帮助解决危机，以协助保护幼儿园在社会公众中的信任度。由社团、权威性机构出面讲

话，一般给人以公正的感觉，容易得到公众的信任和舆论的同情。

二、危机事件处理中要注意的问题

（一）面对公众的态度和作为

1）关注和慰问危机受害者及其家属，诚恳地对待他们，理解和体谅他们可能有的过激行为。在可能的情况下，幼儿园要付出自身的努力，积极回应公众的要求。

2）危机发生时，要将公众的利益置于幼儿园利益之上，以寻求公众的谅解，不能对在危机处理过程中的成本过于计较。

3）打开幼儿园与公众的沟通通道，理解公众的特殊情绪。如果幼儿园方面缺少能与公众进行沟通与协调的人才，可以在亲友、社区或管理主管部门中寻求帮助，进而能够把握、引导和缓和公众的情绪，争取获得他们的理解和支持。

4）与公众领袖进行单独的沟通，以获得他们的理解与支持。

5）在深入了解公众意见的基础上，尽快结束对立。

6）向公众说明事故的性质以及幼儿园已经采取的补救措施，让公众了解幼儿园的积极态度和行动才能获得公众的理解。

7）争取政府、教育主管机关、安全专家、媒体等公共部门的理解和支持，以进一步缓解公众的焦虑情绪。

（二）处理与新闻媒体的关系

1）掌握报道的主动权，及时组织和整理事件的消息，如危机内容、幼儿园已采取的补救措施，并尽早对外发布，以减少公众的误解、传闻和猜测，还原事故的客观面貌。

2）集体配合并指定专人（发言人）与媒体保持密切联系，争取他们的谅解和支持，透过媒体来与大众沟通。拒绝与媒体的合作，就是自我切断与公众沟通的渠道，误解、猜疑和不信任就会接踵而来。

3）发言人要及时与幼儿园领导层和相关事件知情人保持密切联系，适时、动态地传递幼儿园的客观正面的信息。

4）用平实的语言来传递消息，有利于信息的传播和理解。

5）保持危机处理小组 24 小时的对外沟通的畅通性，避免夜间或特殊时间无人接收外部"声音"而造成误解或延误决策时机。

6）如果幼儿园方面确实存在失误或不正当行为，一经确认应尽快对外公布并采取积极措施进行补救，不要抱有侥幸心理。一旦隐瞒的事件被外界或媒体曝光，对幼儿园的信用和声誉的打击将是致命的。

7）新闻媒体常常是新闻事件的不懈追问者，幼儿园的配合会给他们带来满足和方便。反之，如果幼儿园不正面配合，一些记者由于无法获得足够信息转而发布他们所"理解"的"客观"消息，那么幼儿园就只有恼怒和后悔莫及了。

8）如果出现报道与事实不符，应及时将事实的客观情形传递给相应媒体并要求更正；如果是由于幼儿园的接待工作失当，园长等应直接或透过相关中间力量与媒体达成共识，避免事件被误导。

9）如果出现媒体被相关利益冲突人所误导，则应该及时与对方或经由第三方进行及时沟通；同时，与该记者进行正面沟通，在沟通无法达成共识的情况下要及时与记者所在的媒体领导进行沟通，以争取幼儿园被公正对待。

10）为了避免外界对事件的误解，幼儿园只有在事故真实原因查明时才能对外发布消息，非危机小组成员不要任意传递信息，更不得传递所谓"理解性"信息。

11）在事故发生的初期，危机处理小组掌握的确切信息较少，在与媒体沟通过程中尽可能用幼儿园的背景材料和设施状况等资料来弥补新闻稿的空白，以表明幼儿园愿意与外界进行沟通合作，借以获得危机处理的主动权。

12）不要发布不准确的信息，这样造成的误导可能最终引来更大的麻烦。

13）坦诚的态度是争取公众支持的最有效方法。

（三）危机中的自我保护

在危机中幼儿园也要学会自我保护，以期顺利度过危机，重新得到发展。

1）自我保护与坦诚并不矛盾。

2）寻求国家权威鉴定部门、权威法律人士的支持和帮助。

3）如果事实清楚，幼儿园方面并无过错的话，对待事故的处理结果，既要坦诚、心平气和，也不要做无原则的随意迁就。人道主义和随意迁就是有本质区别的。

4）公众一般不愿意花费更多的时间去追究事件的诸多细节和各种事实依据，而往往直接认同媒体的结论。公众更加关注的是幼儿园方面的态度和表现。这些心理也为幼儿园提供了较好的处理危机的机会。

5）注意内部意见的沟通与管理，防止"后院失火"。总结经验教训，提高幼儿园的抗危机能力。

（四）危机的转化与教训

1）借机转化，使幼儿园在公众心目中建立起负责任的良好形象。

2）吸取经验教训，教育幼儿园的全体教职工增强责任意识。

3）危机也提供了幼儿园增强教职工责任感和团队意识、进一步强化组织凝聚力、搞好幼儿园文化建设的大好时机，可以进一步提升幼儿园的危机防范意识和进一步完善管理制度，使幼儿园的管理更趋完善。

思考与练习

1．试分析造成幼儿园危机的原因有哪些。

2．结合实例制订一份完整的幼儿园危机预案。

3．在日常的幼儿园危机管理过程中我们如何做好培训工作？

第十一章
幼儿园工作评价

本章提要：幼儿园的评价工作可以提高管理效率，同时也是衡量一个幼儿园教育改革成果的重要尺度。通过评价可以获得改进幼儿园工作的客观依据。本章主要介绍幼儿园管理评价的内容和方法，特别是幼儿园教师工作的评价方法，这是幼儿园评价工作中的重点和难点。

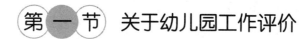 关于幼儿园工作评价

一、幼儿园工作评价的概念及作用

在幼儿园刚刚建立起来时，就应该着手评价的工作，而不是在所有工作进行完以后才考虑进行评价。评价制度的建立对幼儿园是一个必需的工作内容和环节，是维持幼儿园正常运转及取得更大发展的重要保证。

（一）幼儿园工作评价的概念

幼儿园工作评价是以幼儿园工作目标为依据，对有关方面的工作进行有组织、有计划、有程序的资料收集及整理，并进行价值判断的工作过程。

评价是对价值的判断过程，是一种认识活动。幼儿园评价是教育评价的组成部分。

幼儿园评价的目的在于以幼儿园的发展目标为基础，来确定幼儿园中的哪些是适宜幼儿发展的有价值的因素，哪些是低效的或妨碍幼儿发展的因素。由此可以去除不利因素，使幼儿园成为幼儿健康发展的适宜场所。

幼儿园工作评价是一个动态的连续过程，而不能仅仅理解为一次或几次考核。它包含一系列的程序和步骤，例如，有收集信息、整理分析信息、形成评价标准体系和实施方案等程序和步骤。

幼儿园工作评价是对幼儿园工作的反馈和矫正系统。它通过不断地分析、比较、批判等方式，对幼儿园工作进行全面的判断，并采取多样化的手段确保幼儿园工作的有效性。因此，评价不是终结，而是新的起点。

幼儿园工作评价的主体是人，客体是幼儿园工作的任何要素，既可以是幼儿园工作人员，如教师、管理人员等，也可以是教育现象、教育效果等。主体和客体是相互联系

的，不能把它们任意分割。二者是相互联系、相互依存、对立统一的辩证关系。

（二）幼儿园工作评价的作用

1. 确定幼儿园目标是否达到

幼儿园工作是一个目标性很强的工作。促进幼儿和谐地、有个性地发展，为幼儿一生的发展奠定基础是任何一个幼教机构都必须做到的。幼儿园的工作评价首先应该弄清楚什么是幼儿园的最终发展目标，幼儿园应该为谁服务，他们的需要是什么。我们把目标分解、形成指标体系及评价的标准体系，通过对总目标的具体化，就可以考察目标完成的情况，从而判断被评价对象与目标之间的差距，使被评价对象更加贴近目标，直至达到目标。

《纲要》颁布后，很多幼儿园改变了过去重智轻德、轻视儿童社会性发展的观念，但同时又产生了新的问题，即新的评价目标体系怎样制订、总目标如何分解和具体化等问题。这些问题如不能及时解决，势必影响总的教育目标的实现。另外，现在幼儿园办园体制的改革幅度较大，很多幼儿园由原来的福利性质的公办幼儿园改变为独立核算的幼儿园。幼儿园如何处理经营与服务的关系、办园效益与办园质量的关系，也是幼儿园面临的问题。因此，为保证幼儿园工作的目标顺利实现，不产生目标的偏差，就必须利用教育原理和教育评价的理论和方法，根据教育目标树立正确的、客观的评价标准，使幼儿园的工作始终朝着预定的教育目标进行，不发生偏离教育目标的现象，确保教育质量的不断提高。

2. 确保幼儿园的工作效率

幼儿园工作应有激励机制，以确保幼儿园工作的高效率。幼儿园工作的高效率首先体现为幼儿园各类工作人员潜能的最大限度的开发和利用。幼儿园的管理者主要包括教师、食堂工作人员、医务人员等人员，每类人员在幼儿园的各类岗位上都有着不可替代的作用，而其发挥作用大小与幼儿园的工作评价有着直接的关系。评价体系越客观、合理，幼儿园内部职工的积极性就越高；反之，就会严重挫伤教职工的工作积极性和主动性，从而影响幼儿园工作的效率，影响教育目标的实现。

幼儿园工作的高效率还表现在对幼儿园财力、物力和时间利用方面的效率。在目前市场经济的大背景下，幼儿园也要逐渐学会经营而不再只会伸手向上级要钱。既然要经营，就必须考虑在人力、财力、物力、时间利用上的高效率，用更少的人力、物力办更多的事情。这不仅仅是一个节约的事情，而是关系到幼儿园的生存和发展的大问题。因此，通过科学合理的评价机制使幼儿园的工作运转呈现一种高效率的状态是评价的又一功能。幼儿园的工作评价应该是一个全方位的、涉及幼儿园工作方方面面的工作，是提高幼儿园工作效率的重要措施。

3. 可以进一步提高幼儿园管理水平，促进幼教改革的不断深入

通过对幼儿园工作的评价，可以了解到幼儿园现有的工作状态，幼儿园人力、物力、财力的使用状况，教学效果及幼儿发展状况如何等。因此，对幼儿园工作的全面考核和

判定会为幼儿园下一步的发展计划提供可靠的数据支持和全面的基础资料。园长可以从当前的评估数据中确定园所的优势和不足，这样就能对未来的计划作适宜的调整，对出现的问题进行纠正，或对未来的工作做相应的准备，从而进一步提高幼儿园管理工作的计划性和针对性，不断提高幼儿园管理工作水平。

自 20 世纪 80 年代以来，我国幼教界在管理体制、课程模式等方面开始改革探索。随着改革的不断深入，在幼教实践中也遇到不少问题。如何使改革深入进行，如何评价幼儿园的改革工作，这都需要建立幼儿园的客观的、科学的评价体系，以保证幼教改革深入、持续地进行下去。因此，要加强对幼儿园工作评价的研究和探讨，吸取成功经验，摒弃不恰当的教育方法，大胆创新，把幼儿园教育改革进行下去。

二、幼儿园工作评价的类型

幼儿园工作评价可按照评价的范围和评价的功能等划分，具体划分如下。

（一）按评价范围划分

1. 宏观评价

宏观评价指的是全面评价幼儿园的工作，如对办园水平、教育观念、教师队伍、后勤工作等方方面面的工作进行评价。

2. 微观评价

微观评价主要是指以幼儿发展的某一方面或侧面为对象进行评价，如对幼儿身体发育、智力发展、社会性发展等方面进行的评价。

（二）按评价功能划分

1. 诊断性评价

诊断性评价是指在幼儿园实施某项计划或某个方案之前进行的对评价对象的现状或基础的评价，所以它是一种事前性评价。医生在给病人实施治疗之前，通常都要先对病情进行诊断，确定病情的性质和严重程度，在此基础上才能对症下药，制订治疗方案。幼儿园的诊断评价与此类似。诊断性评价是制订幼儿园工作计划的基础。在幼儿园工作中，诊断性评价的应用是十分广泛的。如在幼儿园进行新的课程内容时，应对教师和幼儿进行诊断性评价。又如过去我国幼儿园长期以分科教学为主要教学模式，而现在有很多课程模式如互动课程、主题网络教学等，在吸收这些新的课程模式之前，首先就要诊断一下这些课程模式在本园的适宜程度，在对教师和幼儿的接受能力进行诊断性评价之后才能得出结论，即这些课程模式是否适合本园。并不是新的就是好的，适宜的才是好的。诊断性评价的作用就是帮助管理者选取最适宜的行动计划和方案。

2. 形成性评价

形成性评价是指在幼儿园工作过程中进行的评价，又称为过程性评价。其主要作用就是在幼儿园管理中及时获得反馈信息，适时调整方案、修改计划，以提高幼儿园管理质量。

形成性评价是一个动态的评价过程，它是随幼儿园管理的过程而进行的。这种评价的优势就在于它的动态性和及时性。

3. 总结性评价

总结性评价是指在幼儿园管理中，某个计划或方案完成以后对其结果进行的评价，又称作事后的评价。其主要作用就是对预设的目标是否达到的情况进行评价，即评价实施方案的最终结果如何。

总结性评价只关心结果，基本不涉及过程。它的作用只是对某一事物进行完整性的分析、鉴定等。过去幼儿园常常用总结性评价。例如，幼儿园一学期的工作结束了，到学期末，很多幼儿园都要对教师教育活动和幼儿的学习情况进行综合考评。针对本学期进行的教育内容，看幼儿掌握的情况如何，根据幼儿的学习情况确定教师的工作质量，并以此为依据进行奖惩。除此之外，各级教育行政部门对幼儿园进行的分级分类验收也是一种总结性评价。这些定级定类工作是依据一定标准进行的，符合几级几类标准就可以定为几级几类。这也可以看作是一种总结性评价。

总结性评价简便易行，能够较为全面、客观地反映幼儿园的整体工作水平，但也存在着不少弱点。总结性评价只关注结果而不重视过程，不管采取什么手段，取得效果就好，因而这种评价方式的副作用较大。如在学期末的测评中，部分教师平时对幼儿的教育无计划性、不连续，到期末测评时拼命加班，给孩子造成很大的压力，有的孩子甚至由此厌恶幼儿园，不愿上幼儿园了。这样的做法与只是用总结性评价方法有直接的关系，是总结性评价带来的不良影响。因此，我们提倡诊断性评价、过程性评价和总结性评价相结合使用，能尽量避免各种评价的弱点，发挥各自的长处，扬长避短，使评价工作更科学、有效。

三、幼儿园工作评价的内容

幼儿园工作评价的内容应涉及幼儿园工作的各个方面，如园所管理体制的改革、办园思想和办园理念、幼儿园制度建设、教养工作、财务、卫生保健、园风建设、教师工作等方面的工作都应作为评价的内容，但这些工作内容归根结底是为幼儿发展服务的。因此，在幼儿园工作评价中，幼儿的发展评价应是最终目的。

幼儿园工作评价可分为办园思想与管理体制、教养工作、后勤工作、幼儿园公共关系四大部分。办园思想与管理体制是幼儿园总体发展的方向和目标，即幼儿园到底要发展成一个什么层次、具备什么特色、规模有多大的幼儿园，这是幼儿园发展的总体框架。办园思想是幼儿园发展的灵魂，园风文化和规章制度的建设是幼儿园可持续发展的保证。

幼儿园的教养工作是幼儿园工作评价的核心内容，也是幼儿园的中心工作，如果后勤工作是后勤的话，那么教养工作应该是前沿，教师是冲锋陷阵的战士。幼儿园教育工作的评价应从教育目标入手，评价教育目标是否蕴含了新的儿童观和教育观，教育目标的制订是否符合国家总的教育方针和《规程》及《纲要》的精神，是否因地制宜、适合本地区和本园的实际情况，是否具备目标达成的可能性等。教师工作评价是幼儿园工评价中的重中之重，也是目前较难操作的一种评价，但因其重要的地位，必须进行而且要科学地进行评价。现在很多教育家正在研究这个问题，也取得了一些研究成果，具体内容将在后面详细论述。

幼儿园的后勤工作涵盖的面较广，评价内容较多。它包括财务、保管、保卫、食堂、卫生保健工作等很多方面。后勤工作是为学校服务的，但管理质量的高低也直接影响幼儿的发展。幼儿园工作是一盘棋，离开任何一方都无法运行。因此，幼儿园后勤工作的评价也是幼儿园工作评价的一个重要内容。

幼儿园公共关系评价主要是指幼儿园的家长工作和社区工作。幼儿教育并不是孤立的社会现象，不能关起门来谈建设和发展，它需要社会的支持和协作。家长是幼儿园最重要的校外资源，充分利用家长与幼儿园的天然关系，很多困难就能迎刃而解。社区环境也是幼儿园的重要社会支持。在《纲要》中特别提到要充分利用社区资源进行幼儿教育，这是非常重要的。因此，幼儿园公共关系的评价是保证幼儿园工作效果和教养质量、取得社会支持的重要举措。

另外，对幼儿园办园条件的评价也是幼儿园工作评价的一部分。

总之，幼儿园工作评价的内容丰富，涉及面较广，既有宏观评价，又有微观评价，对幼儿园工作内容进行评价是一项重要而复杂的工作。

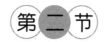

第二节 幼儿园保教工作评价

关于幼儿园教养工作，《纲要》做了明确的规定：幼儿教育应当贯彻国家的教育方针，坚持保育与教育相结合的原则，对幼儿实施体、智、德、美诸方面全面发展的教育，全面落实《规程》所提出的教育目标。幼儿园担负着对幼儿进行教育和保育的双重任务，这正是设立幼儿园的根本目的。保育和教育是幼儿园全部工作的中心，幼儿园的一切工作都围绕着这两项工作展开。幼儿园的保教质量是幼儿园得以全面发展的前提。因此，对保教工作的评价能保证教养目标的最终实现。

一、幼儿园保教工作目标评价

幼儿园教育目标是对教育对象培养规格和要求的规定，其具体要求是幼儿园根据国家提出的总的教育目标结合本园实际情况制订的。在评价幼儿园教育目标时应注意以下3点。

1）幼儿园教育目标不能偏离国家对幼儿教育所规定的目标和任务，但应具有地方特点。在《纲要》中除规定幼儿教育应贯彻体、智、德、美等全面发展的教育目标之外，还把幼儿学习活动的范畴相对划分为健康、社会、科学、语言、艺术五大领域，要求根据幼儿已有的知识经验与特点灵活地综合安排幼儿的学习内容，使幼儿获得相对完整的学习经验。幼儿园的教育目标应以国家对幼儿教育总目标的阐述为基准，结合本园情况制订符合本园幼儿学习和发展的教育目标。

我国幅员辽阔，各地经济发展水平差距较大，如东南部沿海地区和西部地区的经济发展水平的差距可能是 10～20 年，幼儿教育水平的差距也很大。上海市二期课改的目标里蕴含的儿童是主动的学习者，尊重不同儿童的需要；支持和鼓励儿童自主性和创新能力的发展；追随儿童的经验与生活，由幼儿自行生发主题，强调幼儿的自主学习；教师是幼儿学习的支持者、合作者、引导者等思想就是一种新的教育理念的体现，而这种目标放在偏远落后的地区就显得过高，不符合当地的幼儿教育实际。因此，好的教育目标应在国家总体教育目标下符合当地幼儿园实际发展的目标。

2）幼儿园教育目标应符合本园实际，要具有可行性。幼儿园在制订教育目标时应遵循国家教育方针和地方实际情况，扬长避短。每个幼儿园还应有自己的教育特色，这种特色应从目标中体现出来。如有的幼儿园以艺术教育为特色，而有的幼儿园儿童的科学研究活动开展得较好，这些都是与本园实际相联系的教育活动在教育目标中的体现。

3）幼儿园教育目标不同于幼儿园管理目标。幼儿园教育目标是受教育者的培养规格和要求，是把幼儿培养成什么样的人的问题；而幼儿管理目标是要把幼儿园办成什么样的幼儿园的问题，其中涉及教师管理、各种规章制度、人财物的管理等方面。幼儿园教育目标是根本目标，是管理工作的依据，管理工作应围绕根本目标展开，而管理目标又是根本目标实现的前提和保障，教育目标的实现是全部管理工作的结果，因此，二者是相辅相成的。

二、教师工作评价

（一）关于教师评价

教师评价是幼儿园管理者对教师工作和能力的价值的判断过程。教师评价标准是管理者对教师的期望，是教师工作应达到的预期目标和标准。教师评价应是对教师工作和能力的综合性评价，但其核心评价内容应是教师的工作评价。幼儿教师的工作不仅仅是教学工作，还有班级管理和培养幼儿健康人格等工作任务，因而幼儿园教师的工作评价标准应是一个综合性的指标体系，它是一系列相关的、系统的评价指标组成的。通常教师工作评价指标体系至少由三级评价指标构成，即一级指标可分解到二级指标，再由二级指标分解为三级指标。通常一级和二级指标都是概念性的、抽象的、笼统的指标，不能直接用来评价，三级指标应是具体的、可操作性的指标，一般应把概念性的内容细分为可测量、观察的行为定义，这些可操作性定义就可以直接用来进行评价了。如果第三级指标仍太笼统，那还应继续分解，分为第四级……直到能测量为止。

幼儿教师评价指标应包括哪些内容？长期以来，众多学者对此各有认识。霍力岩在《学前教育评价》一书中提出了自己的观点。她认为：幼儿教师的评价标准应包括管理能力、计划与教学实施能力和人格特质 3 部分。管理能力包括 10 项指标，计划与教学实施能力是 14 项，人格特质是 6 项，共 30 项指标。在这 30 项指标中，有些指标是可以直接测量与观察的，有些则还需要分为可操作性定义。如在管理能力的第 1 项，"尊重孩子的人格、兴趣和人格"就需要再划分为可观察、可操作的行为定义，因而这个标准体系操作起来仍有一定的难度。

在实践中有不少幼儿园也在探索对教师工作进行评价的问题，他们根据本园的实际也制订出了可操作性较强的教师工作评价标准。这种自实践中来的教师工作评价可为我们提供一定的启发。

（二）教师工作评价方法

教师工作的评价应注意要始终以工作为评价中心，教师的人格特质、个人兴趣、爱好不是评价的内容，也不应涉及个人隐私问题，教师评价评的是工作而不是"人"。

教师评价的具体步骤如下。

1. 宣传发动

进行教师评价之前应召开动员会，在会上应说明此次评价的目的和意义。让教师树立正确的评价观，评价不是批评，而是找出工作中成功的经验和存在的问题，以利于今后的工作。要让教师统一思想认识，积极主动地参与到评价工作中去。

2. 制订评价方案

幼儿园要根据本园实际情况制订有针对性的评价方案。评价方案应包括评价周期、评价对象、评价者、评价方法等内容。在制订评价方案时应该是由上至下、由下至上的反复讨论。要增加评价方案的公平性和透明性，不搞突然袭击，给大家公平竞争的机会，形成良好的评价氛围。

3. 制订评价标准及评价工作细则

按照教师评价中涉及教师工作数量和质量的内容制订详细的评价指标，如工作量的评价方法、教学效果如何体现、幼儿一日生活常规的教育效果如何考评等。把评价指标分解到三级评价指标，即具有可操作性的评价指标。评价指标的使用期限一般不超过两年，使用周期太长，指标老化，便失去了评价的意义。另外，评价指标不能"千人一面"，应根据不同的岗位制订。如对幼儿园大班教师和托班教师的评价指标就应有不同，因为他们的工作重点不同，所以即使在同一幼儿园，对教师的评价也不应只是用一种指标体系。应根据实际工作的不同相应地调整评价指标，使之符合实际工作。另外，也不能盲目照搬其他幼儿园的评价指标，因为每个园幼儿及老师的情况不尽相同。盲目照搬看似省力，但实际上是穿上不合适的鞋走路，不仅走不远，还会硌得脚疼，起不到评价应起的作用。所以，幼儿园应从本园实际出发，制订出一套符合本园特点的评价指标，才能确保评价工作有效地进行。评价指标的确立是评价工作的重中之重。除此之外，在方案制订后还要确立评价指标的计分方法。可选用算术平均数法、加权平均数法、文字评语法或者等级排列法等。在这些方法中只选用一种即可，不应同时使用以上方法。

4. 收集信息

教师工作信息是评价的重要依据。信息应包括教学计划、教案、听课记录、幼儿作品、活动记录、问卷等内容。收集信息的渠道来自教师、家长、幼儿、领导等。收集信息的方法因人而异，对家长多采用个别访谈、座谈、问卷的方式，对教师或领导可采用观察、问卷、听课、谈话等方式，对幼儿大多采用观察、活动产品分析、谈话等方式。

所收集的信息应是客观、准确和可靠的，对似是而非、模糊不清的信息则应摒弃不用。问卷的问题应简明易懂，可采用匿名的问卷调查。

5. 考评并分析评价结果

以上的准备工作就绪后就应开始考评工作。一般考评工作安排在学期末进行。考评过程要突出民主性、公平性和透明性，可吸收非本园的专业人员参与或监督考评工作。考评工作不宜拖得太久，一般应在一周内完成。考评后应立即着手分析考评结果，对考评方案和成绩情况进行量化分析，得出最终结果。结束考评后还应着手以下工作：一是反馈考评结果。幼儿园可采用书面或面谈形式或是开会公布的形式反馈考评结果，让被评价对象认可。对于评价结果好的教师协助其继续进步；对评价结果不太好的教师，应帮助其找出自身的存在问题，鼓励他们认识自我，改掉缺点，继续前进。切忌轻描淡写，含糊其词。应实事求是地找出问题，帮其进步。二是做出奖惩决定。幼儿园可根据考评结果做出晋升、加薪、颁发奖金等奖励决定；对不称职的教师可做出扣发奖金、换岗、停职甚至开除的惩罚决定。惩罚与奖励都应尽量公平，但世界上是不存在绝对公平的，因此只能做到相对公平。若评价工作真正起到了发现问题、提高幼儿园管理水平的作用，评价便是取得了成功。反之，就意味着评价的失败，可能对幼儿园工作产生不利的影响。

一般常用的教师工作评价方法有绩效考评法、末位淘汰法、增值评价法、教学档案袋法、课堂听课评价法等。下面重点介绍绩效考评法、课堂听课评价法和教学档案袋评价法。

（1）绩效考评法

它是指在一段时间内采用定量和定性分析相结合的方式对教师完成工作的数量和质量进行评价，并以此作为奖惩的依据。绩效考评法也评价诸如教师的工作态度、专业素质等方面，但因这些东西是内隐的、不易量化的，因而评价只能是主观性的判断，所以这种评价的实效性不大。教师的工作是一种复杂的工作，不可能只用量化分析的方式进行评价，用定性分析的方式又很难避免评价者的主观性，因此对教师工作的评价是相当困难的一件事。但尽管如此，教师的工作表现与其工作结果还是存在着一种必然的联系，好的结果并不是偶然的，我们应能从结果中推断出其工作的过程。因此，教师工作评价虽困难，但并不是不可能做到的。

（2）课堂听课评价法

它是指评价者直接进入课堂听课，现场观察评价对象教育活动的组织与实施的过程，从中总结经验和教训，并做出相应的评价。课堂听课法又可分为两种形式，即"敲门听课"和"推门听课"。所谓的"敲门听课"是预先通知评价对象，允许评价对象事先做好准备的一种听课方式，它包括事先通知、听课、课后评课 3 个环节。事先通知就是在听课前一天或前几天通知被听课的教师，被听课的教师应把教育活动的类型、教育目标、时间、地点等内容通知评价者，双方均有所准备。听课人要事先准备好听课记录，听课记录可以用笔记本也可以用专门设计的表格，如表 11.1 所示。

表 11.1　幼儿园听课记录表

活动名称：	备注
活动目标：	
活动准备：	
活动过程：	
教师反思：	
评课要点：	

　　一般这种活动在幼儿园叫"公开课"。有人到幼儿园参观学习时也多采用这种方式，对教师评价也可采用这种方式。"敲门听课"的重要一环是课后的评课，听课完毕，要组织听课的人就本次活动进行评课。评课的内容应包括本次活动的目标所表现出的教育理念，活动准备，幼儿在活动中的表现，教师作用的体现，活动结果等方面。评课活动对授课教师提高专业水平具有十分重要的作用。评课的程序一般是先自我评价，而后由听课人进行评价。

　　"推门听课"是指在听课前不通知被评价对象，不需要评价对象事先做好准备。这是一种突击式检查的方式。与"敲门听课"相比，"推门听课"是评价者事先有准备，是有备而来，而被评价者是被动的。评价者事先准备好听课记录和听课评价表，进门听课后组织评课，程序同"敲门听课"。

　　关于"推门听课"的听课方式，至今褒贬不一。赞成的人认为：只有在事先不通知的情况下听课才能真正了解教师真实的工作情况，如果事先通知，教师用几天的时间准备一次课，就很难看出教师的真实水平和教学态度，有"作秀"之嫌。反对的人认为：推门听课的方式是缺乏民主管理思想的典型表现，是对教师的不信任，容易造成评价者和被评价者的敌对情绪；教师的专业水平是多年沉淀的结果，即使事先通知，教学水平差的教师"临时抱佛脚"，也起不到什么作用，因此"推门听课"做法不足取。

　　（3）教学档案袋评价法

　　教学档案评价法是由教师自己建立起教学档案，通过对教学过程的记录和反思提高教师的自我评价能力，促进教师的专业发展。教学档案袋有如下作用：①记录自己的成长过程，留下宝贵资料；②以此为依据进行自我评价和他人评价；③为教师晋升职务或职称提供材料，特别是原始资料。

教学档案袋的内容主要包括教学计划、活动方案、课件、与个人教学有关的音像制品、活动反思、受到的奖励、别人的评课记录、教研科研论文等材料。其中教学反思特别能促进教师的专业水平的提高，也能反映教师的工作态度和能力。因此，反思在档案袋中是必不可少的内容，现在尤其提倡教师写活动后的反思。

教学档案袋由封面、目录、内容 3 部分组成。封面可以是个性化的设计。现在办公室常用 A4 规格的纸张，建议规格统一。在封面上可以根据个人爱好进行装饰，富有鲜明的个性特色为好。目录通常是在封面的后面。目录的形式可参照书的形式，也可再详细一些。教学档案里一般收录近 3 年来的教学档案，件数在 10～20 件，若很丰富可不受件数限制；可以是复印件、原件、照片等，其中最重要的应存有教师的发展和教学反思。

第三节 幼儿园后勤工作评价
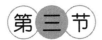

一、幼儿园后勤工作评价的指导思想

幼儿园对各项工作进行评价的根本目的是加强管理工作，进一步提高对工作的重视度，树立质量为本的思想，充分发挥评价的导向、激励、反馈的功能，为幼儿园的保教工作提供必要的保障。要进行幼儿园后勤工作评价，首先要树立正确的指导思想；其次，应制订一套规范的、行之有效的评价指标体系，还应有相应的评价方法。

幼儿园后勤工作评价的指导思想和依据：

1）以《规程》为工作依据，坚持贯彻《规程》的精神，争取全面达到《规程》中的各项要求。

2）坚持服务第一的思想。加强后勤工作人员的理论和业务学习，不断提高工作人员的服务意识，做到各项服务及时、到位，以主人翁的精神投入工作，为幼儿园的教养工作，为幼儿的健康成长提供一个良好的物质和文化环境。

3）坚持评价标准的多元性和评价方法的灵活性。幼儿园的后勤工作包括幼儿园设施、设备的建设和维护，财务和资产管理，幼儿园信息档案和信息服务。这些工作涉及范围广、头绪多、任务复杂，因此，在制订幼儿园后勤工作评价标准时必须本着多元化的原则，确定评价指标体系；在进行评价时也应采用多种方法，使评价能恰如其分地反映客观事实，反之，使用统一的标准和方法，不仅不能真实地反映客观事实，还会伤害工作人员的工作积极性，给工作造成不必要的损失。

二、幼儿园后勤工作评价的指标体系

幼儿园后勤工作评价指标体系主要包括的内容如表 11.2 所示。

表 11.2　幼儿园后勤工作评价指标体系内容

评价指标	评价内容	评价水平			
		优	良	中	差
工作制度	1. 有厨师、财务、保管、维修等各类人员的岗位职责 2. 有食堂管理制度（包括食品采买制度、食品保管制度、食品领用制度） 3. 有财务工作管理制度 4. 有资产管理制度（包括固定资产、低值易耗品、教学用品管理制度）				
设施、设备管理	5. 有幼儿园的基本建设规划 6. 定期并及时检修园内电路、水管，保证用水、用电 7. 做好房屋及设备的防雨、防冻处理 8. 食堂的炊事用具要保证安全使用 9. 对园舍、园内道路、大型玩具等定期维修 10. 及时处理其他一切设施、设备故障，保障幼儿园各项活动的顺利进行				
财务管理	11. 按照幼儿园工作目标制订一年的财务预算，预算要本着量入为出、统筹兼顾、保证重点、收支平衡的原则 12. 坚持执行各项财务制度 13. 幼儿餐费要保证专款专用，坚决杜绝挤占幼儿餐费或挪用幼儿餐费的现象 14. 严格把关，厉行节约，杜绝浪费				
资产管理	15. 幼儿园的资产实行分类管理，设有固定资产、低值易耗品、教玩具等物品账 16. 固定资产账目详细清楚，对新购买的物品要及时入账，验收入库；对需淘汰的物品要有严格的程序 17. 有低值易耗品的专用账和领用制度并严格执行 18. 有材料的专用账和领用制度并严格执行 19. 有玩教具的专用账和使用制度并严格执行 20. 对食堂经常使用的物品和储存的物品要有登记和使用制度，并应指派专人负责				
信息管理	21. 幼儿园的信息档案实行分类管理，专人负责 22. 幼儿毕业后各种成长记录、家园联系表等需家长和幼儿园各执一份，三年后若无特殊用途可以销毁 23. 幼儿的接种卡等个人用品要妥善保管或及时归还幼儿，不得丢失 24. 幼儿园工作档案要及时、准确地进行整理，保存完整 25. 各种材料要实行电子和纸质材料共存的制度				

三、幼儿园后勤工作评价方法及注意事项

对幼儿园的各项工作的评价都是对管理职能的质量监控，管理者应该了解评价工作的意义，完全掌握工作评价标准，按照评价标准进行工作，在客观条件允许的情况下应力争达到优秀水平。另外，随着幼儿园的不断发展，要求更高质量的管理和更周到、贴心的服务，幼儿园的后勤工作人员无论是管理者还是操作者都应对自己提出更高的要求，只有这样才能完全做到让孩子满意、家长满意。

对幼儿园后勤工作的评价可以采用以下 3 种方法。

1. 儿童评价

孩子是幼儿园的小主人，幼儿园所有的工作都应围绕着孩子的需要而进行，因此，

孩子是否喜欢幼儿园是评价幼儿园一切工作的最终标准。幼儿园的管理者和服务人员应时刻站在儿童的角度看问题，用儿童的视角认真审视幼儿园的一切。如要购置设备时，我们首先要想到"这些设备孩子们喜不喜欢？对孩子的成长有没有作用？"等一切围绕着孩子需要的问题，如果答案是否定的，那么我们就不能购置这样的设备。后勤工作人员可能平时并不经常直接面对孩子，但从事工作的目的同教育工作一样都是为了孩子的发展，因此，重视孩子的需要和感受也是工作要遵循的原则。所以，对幼儿园后勤工作的评价首先是听取孩子的意见，把儿童的评价作为评价工作优劣的主要依据。由于孩子不会书写，因此带班教师要重视孩子平时的语言和感受，及时地把孩子的意见反映给相关的人员或园长。

2. 家长评价

幼儿园赖以生存的主要条件是孩子和家长的认可和满意，家长的满意度是幼儿园不容忽视的。当一个家长退园时就会引起同园的很多家长的注意，有时会形成"流感"症状，这是幼儿园潜伏的危机。因此家长的意见必须得到重视。在评价幼儿园的后勤工作时，可采用不具名问卷的形式向家长征求意见，问卷的收集和整理应有与后勤工作没有直接关系的人或园长负责。而且对家长提出的问题应该个个有回应，不能不重视，不能束之高阁，否则就会造成家长的更强烈的不满情绪，以至于产生更坏的结果。应该定期征求家长的意见和建议来了解幼儿园后勤工作是否满足了他们和孩子的需要，除了使用问卷的形式之外还可以利用业余时间进行小型的家长座谈会或者个别访谈的形式收集家长意见，要让家长充分感受到幼儿园的诚意，这样即使工作中偶尔有失误，只要和家长及时沟通，大多数家长是可以谅解的。形成这种与家长的良好的互信互谅关系，对幼儿园的发展极为有利。

3. 自评和专业人士评价

作为管理者，自己必须时刻监督工作范围内的各项工作。将工作运行情况与既定的工作目标相比较，进行定期或不定期的检查。另外，还可以聘请有关的专业人士来园指导，认真听取专家的意见和建议，结合实际进行工作整改。也可以到其他幼儿园或幼教机构参观学习，汲取其合理的成分，改进自己的工作。自评要有相应的激励机制，或奖励或惩罚，切不可评价结束后无结果或者对结果不重视，对结果的不重视就是直接否定自己的工作。应把评价结果与幼儿园的发展和个体的发展结合起来，使评价结果确实发挥作用。这样就需要注意一个问题，就是评价工作的公平性问题，在自评中评价的参与者包括评价者和被评价者都应非常重视公平问题。在评价标准的制订、评价方法、评价时间、评价参与人、评价后的激励措施等评价活动的各个方面都有公平性、客观性的问题，这就要求评价工作的负责人有公平思想，在评价工作方案的制订与实施中本着客观公正的思想、认真细致的工作态度、科学有效的工作方法进行评价工作。只有这样才能确保评价工作具有实效，才能起到监督、反馈、促进幼儿园工作的作用。

第四节　幼儿园安全及卫生保健工作评价

一、幼儿园安全和卫生保健工作评价的指导思想

幼儿园管理者要正确理解党和国家的教育方针，认真学习《纲要》《条例》《规程》等重要文件，领会其精神，并积极贯彻实施。要遵守保教结合的原则，正确认识安全和卫生保健工作在幼儿园总体工作中的地位和特点，注重对儿童进行卫生常识和安全常识的教育，以促进其德智体美诸方面和谐、全面发展。

幼儿园的安全和卫生保健工作是幼儿园常抓不懈的工作，对其评价既要有政策性又要非常具体细致，具有很强的可操作性。幼儿园安全和卫生保健工作指导思想如下所述。

1）幼儿园的安全和卫生保健工作评价一定要明确评价目的和思想。幼儿园是教育组织或机构，主要任务是实现教育目标，同时为家长参加社会活动提供服务，确立评价标准的依据。评价目的与指导思想要体现正确的教育、卫生观念，不能与《纲要》及《规程》相违背，不能违背幼儿的安全和卫生保健工作特点和规律，不能脱离实际。

2）幼儿园安全和卫生保健工作评价涉及范围很广，应从本园实际需要和各年龄阶段特点出发，选择并确定评价的内容和指标体系，要将评价内容和目的综合起来加以考虑，发挥评价的导向性。如果幼儿园只注重硬件设施的建设而忽视制度建设和管理，就会犯形式主义的错误，而对幼儿的发展没有实际意义上的作用，久而久之，幼儿园安全和卫生保健工作就会出现大问题，对幼儿造成伤害，这是与我们的教育目标背道而驰的。

3）评价要具有可行性，要考虑幼儿园工作实际，如工作条件与现状，确立适宜的评价标准，对幼儿园各项工作做出客观真实的分析和判断。

二、幼儿园安全和卫生保健工作评价的指标体系

幼儿园安全和卫生保健工作评价指标体系包括的主要内容如表 11.3 所示。

表 11.3　幼儿园安全和卫生保健工作评价指标体系内容

评价指标	评价内容	评价水平			
		优	良	中	差
工作制度	1. 与幼儿园安全和卫生保健工作相关的各类人员的岗位职责 2. 幼儿安全管理制度 3. 幼儿各种意外伤害预防制度（如烫伤、药物中毒、腹泻、外伤等） 4. 幼儿园事故处理制度 5. 幼儿园设施、车辆等管理制度 6. 幼儿园各种灾害预防应急预案（如火灾、水灾、雪灾、地震等） 7. 幼儿园室内及环境卫生管理制度 8. 幼儿体育锻炼制度 9. 幼儿园卫生消毒及隔离制度				
安全管理	10. 严格执行各项规章制度 11. 经常对教职工进行安全工作教育 12. 定期检查园内各种设施和设备有无安全隐患，如有发现立即上报并排除 13. 在幼儿园各年龄段的课程中皆有对幼儿的安全教育内容并经常训练 14. 幼儿用品无有毒成分				

续表

评价指标	评价内容	评价水平			
		优	良	中	差
卫生与保健	15．严格执行各项规章制度 16．坚持执行幼儿生活用具、玩教具的消毒工作要求 17．户外环境、幼儿活动室、寝室卫生每天要有专人负责，定期粉刷、消毒 18．培养教职工和幼儿爱护环境、讲卫生的好习惯 19．在流行性疾病多发期要做好卫生防疫工作 20．每天结合幼儿生活内容，帮助幼儿形成良好的生活习惯、卫生习惯、学习习惯 21．科学制订幼儿一日生活制度，要保证幼儿充足的户外活动时间 22．每班都要有幼儿出勤记录、服药记录、消毒记录，记录准确，无遗漏 23．加强对食堂的管理，坚决杜绝食物中毒现象 24．课程中有幼儿情感教育的内容，注重培养幼儿的良好个性 25．有专门用于宣传疫病预防知识的设施并经常进行各种形式的宣传活动 26．按照规定定期进行幼儿和教职工体检				

三、幼儿园安全和卫生保健工作评价方法及注意问题

幼儿园安全和卫生保健工作评价方法可借鉴后勤工作评价方法，但也存在其特殊性。例如，评价主体除了幼儿、家长、自身之外，幼儿园安全和卫生工作也是上级主管部门的工作重点。安全与卫生保健工作包括食品安全由上级教育行政部门、卫生防疫部门、消防部门负责监管，他们会定期检查各种安全设施、卫生设施的使用情况。对不符合安全卫生要求的幼儿园予以各种处罚，直至关门整顿或勒令停办。

另外，幼儿园安全和卫生保健工作评价的内容很多，涉及硬件设施、教职工日常工作等。一日生活组织与各项制度的建立，教育环境的创设与利用等，都是评价对象，要按照制订的具体的评价指标进行操作。评价事实材料收集来之后要做适当的处理，进而对所得的结果做出正确的解释和分析，说明幼儿园安全和卫生保健工作取得的成绩和存在的问题，并根据分析提出改进工作的意见和建议，将评价结果与建议及时反馈给被评价者。

思考与练习

1．谈谈你对幼儿教师工作的认识。
2．练习写一篇教学反思。

主要参考文献

北京市教育委员会，2010. 0~3 岁儿童早期教育指南 [M]. 北京：北京师范大学出版社.

陈帼眉，梁雅珠，2004. 快乐亲子园实用教材 [M]. 北京：农村读物出版社.

戴蒙，勒纳，2015. 儿童心理学手册 [M]. 6 版. 上海：华东师范大学出版社.

段云波，2004. 蒙特梭利双语幼儿园的运营与管理 [M]. 青岛：中国海洋大学出版社.

方富熹，方格，2004. 儿童发展心理学 [M]. 北京：人民教育出版社.

菲利斯·M. 科里克，金柏莉·A. 卡克斯，凯西·罗伯逊，2017. 托幼机构管理 [M]. 刘莉，等译. 9 版. 北京：北京
  师范大学出版社.

胡中锋，2006. 教育测量与评价 [M]. 广州：广东高等教育出版社.

罗萍，路玉才，高洪，2016. 教师专业发展 [M]. 北京：教育科学出版社.

莫立芸，2013. 国际视野下的幼儿园管理 [M]. 北京：北京少年儿童出版社.

帕特里夏，2007. 幼儿园管理 [M]. 严冷，等译. 上海：华东师范大学出版社.

邱仁根，陈策，张园园，2016. 幼儿园组织与管理 [M]. 天津：南开大学出版社.

沈伯梅，于芳，2006. 幼儿园管理案例研究 [M]. 上海：百家出版社.

汤慧丽，罗梦君，魏艳红，2019. 幼儿园班级管理 [M]. 北京：首都师范大学出版社.

唐淑，虞永平，1999. 幼儿园班级管理 [M]. 南京：南京师范大学出版社.

王斌华，2005. 教师评价：绩效管理与专业发展 [M]. 上海：上海教育出版社.

沃尔夫冈·蒂策，苏珊娜·菲尔尼克，2019. 德国 0-6 岁幼儿日托机构教育质量国家标准手册 [M]. 济南：山东科学技术
  出版社.

夏拉，多尔西，2003. 幼儿园的开办与管理 [M]. 北京：中国轻工业出版社.

虞永平，等，2005. 幼儿园课程评价 [M]. 南京：江苏教育出版社.

张宏亮，2001. 幼儿园管理 [M]. 北京：高等教育出版社.

张笠颖，2010. 幼儿园班级管理 [M]. 北京：高等教育出版社.

张燕，1995. 学前教育管理学 [M]. 北京：北京师范大学出版社.

张燕，刑利娅，2002. 幼儿园管理案例及评析 [M]. 北京：北京师范大学出版社.

中国福利会托儿所，等，2008. 走进亲子苑：多边干预的早教模式 [M]. 上海：中国福利会出版社.

3～6岁幼儿日托机构教育质量评价表

一级指标	二级指标	优秀	合格	不合格	备注
教育理念	儿童观	尊重儿童的游戏权利、人格权利、生活自理和劳动权利、身体健康和生命安全权利四大基本权利，在发展儿童认知和社会性的同时，发展儿童个性；游戏是幼儿期儿童的主要活动，以区域游戏、户外游戏活动为主，教育内容适合幼儿年龄发展特点，没有小学化教学内容；教育丰富多彩，有鲜明特色；孩子喜爱幼儿园	尊重儿童的游戏权利、人格权利、生活自理和劳动权利、身体健康和生命安全权利四大基本权利，在发展儿童认知和社会性的同时，发展儿童个性；游戏是幼儿期儿童的主要活动，以区域游戏、户外游戏活动为主，没有小学化教学内容	不尊重儿童的游戏权利、人格权利、生活自理和劳动权利、身体健康和生命安全权利四大基本权利。小学化倾向严重；没有得到家长和社会认可，幼儿日托机构生存困难	
空间设置	日托机构选址	居民小区配套建设的幼儿园，空气洁净、清新。安静、低噪声、周围环境卫生；有充足的日照；有通畅的排水设施；远离易燃、易爆工矿所；周围环境治安好；交通便利；有方便家长停车的场所	空气洁净、清新；安静、低噪声；周围环境卫生；有充足的日照；有通畅的排水设施；远离易燃、易爆工矿所；周围环境安定；交通便利	选址距离工矿企业不足1公里；环境嘈杂；日照、排水设施不完善；周边有垃圾场等不卫生场所；有空气污染、水污染现象	
	室外设置	每位幼儿有3～5平方米及以上的户外活动空间；有30米以上直跑道；有不低于900平方米的软化地面；有树木草地；有遮阳设施；有大中型运动、游戏器材；有器材仓库并有专人管理；有戏水池和种植区、沙地、崎岖路径等	每位幼儿平均有2平方米及以上的户外活动空间；有28米以上直跑道；有不低于600平方米的软化地面；有树木草地；有大中型运动、游戏器材；有戏水池和种植区等	每位幼儿户外活动场地平均不足2平方米；无直跑道；无软化地面或不足600平方米；无大中型运动、游戏器材	
	室内布置	活动室使用面积每名幼儿不低于3平方米；空调、暖气、采光的设备完善、环保；幼儿用家具、卫生间设施设备环保，为幼儿专用尺寸；玩教具环保、易消毒清洗；玩教具品种多样、数量充足；有活动区角，有幼儿美术作品陈列处；室内装饰有自然和谐，清新淡雅。 有专设的图书室、科学发现室、舞蹈室、美工室等功能性活动室，不少于5个。教师备课室、办公室面积较充足	活动室使用面积每名幼儿不低于2平方米；空调、暖气、采光的设备完善、环保；幼儿用家具、卫生间设施设备环保，为幼儿专用尺寸；玩教具环保、易消毒清洗；玩教具品种多样、数量充足；有幼儿美术作品的陈列处；室内装饰自然和谐，清新淡雅。 有专设的科学发现室、舞蹈室、美工室等功能性的活动室，不少于3个。 有教师备课室、办公室等	活动室使用面积每名幼儿不足2平方米；幼儿用家具、卫生间设施设备不完善，无流动水洗手；无专设的科学发现室、舞蹈室、美工室等功能性的活动室，无教师备课室	

续表

一级指标	二级指标	优秀	合格	不合格	备注
幼儿一日生活	一日生活安排	在保证幼儿身心健康的原则下合理、科学地制订幼儿的生活起居时间和要求，保证幼儿有足够的户外活动时间、游戏、学习、休息、饮食的时间安排	幼儿一日生活的内容无明显不合理安排	幼儿一日生活的内容有明显不合理安排	
	营养膳食	幼儿膳食种类要丰富，粗细粮搭配，蛋白质、维生素摄入均衡；每日制订带量食谱，并告知家长；饮食定时定量	幼儿膳食种类要丰富，粗细粮搭配，蛋白质、维生素摄入均衡；饮食定时定量。无带量食谱	幼儿膳食种类欠丰富，营养摄入不均衡；无带量食谱	
	安全管理	有日托机构安全管理领导工作小组，小组成员包括律师和医护人员；制订严密的安全制度；对教职工及幼儿进行安全教育；有针对火灾、地震、传染病等安全应急预案；无恶性师德类案件；无因设备不良造成的幼儿伤害事故；无大面积中毒、传染病发生	制订严密的安全制度；对教职工及幼儿进行安全教育；有针对火灾、地震、传染病等安全应急预案；无恶性师德类案件；无因设备不良造成的幼儿伤害事故；无大面积中毒、传染病发生	近3年内出现过重大恶性师德类案件，或重大幼儿身体伤害案件，或发生大型传染性疾病或中毒事件	
卫生保健	卫生保健制度	根据不同年龄幼儿的生理特点及四季的变化制订的幼儿一日生活时间安排表；有新生入园体检制度；定期体检制度；晨检、全日健康观察制度；体格锻炼制度；卫生消毒及隔离制度；幼儿个人卫生管理；消毒隔离制度；预防传染性疾病制度；幼儿饮食卫生安全责任制	根据不同年龄幼儿的生理特点及四季的变化制订的幼儿一日生活时间安排表；有基本符合需要的卫生保健制度，不低于7项	幼儿一日生活时间安排有明显不科学问题；卫生保健制度极不完善	
	卫生保健人员配备	150名儿童至少设1名专职卫生保健人员；有职业资格证和专科以上学历证。食堂工作人员和保教人员个人卫生无瑕疵；每年体检1～2次，有体检证明；持健康证上岗	有兼职卫生保健人员；有专科以上医护学历证。食堂工作人员和保教人员个人卫生无瑕疵；每年体检1次，有体检证明；持健康证上岗	无兼职卫生保健人员，或兼职人员无相关专业学习证明。食堂工作人员和保教人员每年无体检，或部分人员无体检。无健康证上岗	
	卫生保健常规工作	保教人员应每天定时清扫环境卫生、消毒；所有人员熟悉并遵循预防幼儿手足口病、肝炎、疱疹性咽峡炎、新冠肺炎等传染病的措施；卫生保健工作记录真实、准确、统计方法正确；晨检、午检工作到位，记录完整；食谱及计算各项营养量正确；消毒工作有培训记录；及时处理幼儿偶发病痛；食堂环境窗明几净，无污浊。	保教人员应每天定时清扫环境卫生、消毒；教师及保健人员熟悉并遵循预防幼儿手足口病、肝炎、疱疹性咽峡炎、新冠肺炎等传染病的措施；卫生保健工作记录较完整；晨检、午检工作到位，记录比较完整；消毒工作有培训有记录；及时处理幼儿偶发病痛。食堂环境窗明几净，无污浊	环境卫生清扫、消毒不及时、不到位，不熟悉防治幼儿传染病的措施；卫生保健工作记录不真实。无晨检、午检记录	
幼儿发展与教育	身体发育	幼儿整体身体发育良好，身高、体重平均水平符合或高于同年龄段平均水平；幼儿视力良好，近视率低于同年龄段平均水平；幼儿整体动作、精细动作发展水平高于同龄儿童	幼儿整体身体发育良好，身高、体重平均水平符合同年龄段平均水平；幼儿视力良好，近视率不高于同年龄段平均水平；幼儿整体动作、精细动作发展水平与同龄儿童相差不多	幼儿身高、体重平均水平低于同年龄段平均水平；幼儿近视率高于同年龄段平均水平；幼儿整体动作、精细动作发展水平低于同龄儿童	

续表

一级指标	二级指标	优秀	合格	不合格	备注
幼儿发展与教育	心理发展	遵循幼儿发展特点制订教育目标；幼儿平均认知水平优于平均水平；主动探究的愿望强烈；动手操作能力强；幼儿同伴间合作游戏较多；有初步的道德观；有美的感受力；文明礼貌，有秩序、有纪律；有自理能力	幼儿发展特点制订教育目标；幼儿平均认知水平不低于平均水平；有主动探究的愿望，愿意动手操作；同伴间可以合作；有初步的道德观；有美的感受力；幼儿文明礼貌，有秩序、有纪律；有自理能力	教育目标制订过高或过低；幼儿平均认知水平低于平均水平；幼儿合作性与社会性发展水平较低，幼儿文明礼貌、秩序、纪律、自理能力较差	
	教育内容方式	各年龄段幼儿的教育目标和课程设置适合其发展水平；课程以游戏为主，兼有其他教育方式；每日幼儿的室外活动时间保证2小时以上；游戏材料丰富，开发无毒无害的废旧材料做游戏材料；教师会观察和记录幼儿游戏活动，指导幼儿游戏时不能包办代替，要做幼儿游戏的支持者、帮助者、合作者；环境创设有特色，要和幼儿一起动手丰富室内外环境，使环境成为教育的一部分，并培养幼儿对色彩鲜艳的艺术作品或东西产生美感；鼓励幼儿同伴间的交往，要求幼儿自己解决同伴交往中出现的矛盾和分歧；鼓励幼儿在游戏中多自己动手操作，鼓励孩子活动的多样性，培养独立性，激发创造性；要有目的、有计划地培养幼儿自我服务性劳动的意识和能力；要将幼儿生活习惯、卫生习惯、劳动习惯的养成纳入到幼儿园课程中。纠正幼儿任性等不良情绪，养成健康、积极的情绪情感	各年龄段幼儿的教育目标和课程设置适合其发展水平；课程以游戏为主，兼有其他教育方式；游戏材料比较丰富；每日幼儿的室外活动时间保证不低于2小时；教师参与孩子游戏并进行适时指导；环境创设有特色，符合幼儿需要；鼓励幼儿在游戏中多自己动手操作，鼓励孩子活动的多样性，培养独立性，激发创造性；要求幼儿自己解决同伴交往中出现的矛盾和分歧；纠正幼儿任性等不良情绪，养成健康、积极的情绪情感	各年龄段幼儿的教育目标和课程设置不符合其发展水平；课程有"小学化"内容和教育方式	
家园社会共育	家园共育	成立家长委员会、家长伙食委员会并真正参与幼儿日托机构的管理与监督，有活动记录；定时开展家长开放日活动；采用多种手段开展家园联系工作；有家长学校，定期开家长课堂，聘请专家讲课每年不低于5次，为家长提供家庭教育指导	成立家长委员会、家长伙食委员会并有活动记录；有家长开放日活动；采用多种手段开展家园联系工作	无家长委员会、家长伙食委员会；无家长开放日活动；家园联系工作不到位，家长意见无渠道反映	
	社会共育	与社区、居委会签订共建协议；积极参与社区公益活动，有记录	积极参与社区活动，参与社区公益活动	无参加公益活动记录	

续表

一级指标	二级指标	优秀	合格	不合格	备注
后勤管理	财务管理	财务制度健全；办园资金充足；正常运营经费每年增长不少于 5 万元；每年根据需要投入设施设备建设经费；投入资金预算优先考虑人头费，社保、公积金缴纳及时；预算中留有流动现金、应急资金支出；伙食费做到专款专用专账，不挪用伙食费并按规定清退及时	财务制度健全；正常运营经费每年有增长；资金预算优先考虑人头费，社保、公积金缴纳及时；预算中留有流动现金、应急资金支出；伙食费做到专款专用专账，不挪用伙食费并按规定清退及时	办园资金紧张；教职工工资、保险无保障，有挪用伙食费的现象	
	资产管理	资产购置有票据存根，账目明晰；涉及幼儿使用的物品环保，无"三无"产品；物品与账目相符，无假账，无以次充好现象；物品领用有记录。食堂物品保管得当，食物有专门仓库保管，账物相符	资产购置有票据存根，但不完整；涉及幼儿使用的物品环保，无"三无"产品；无假账，无以次充好现象；物品领用有记录，但不完整。食堂物品保管得当，食物有专门仓库保管，账物相符	资产管理混乱，账物不符；食堂食物保管失当；幼儿使用的物品不环保，有"三无"产品	
	信息管理	档案管理收集及时、准确，整理并归档；有专人负责；电子和纸质资料共存，存放条理	档案资料较齐全；有纸质档案，电子档案为主；存放条理	档案资料较不齐全；无纸质档案	
教师队伍	人员配备数量与结构	按照《幼儿园工作规程》要求配备教职工；教师要具有大专以上学前教育专业毕业证书或幼儿教师职业资格证；有健康证，无不良嗜好；大专院校学前教育专业或相关专业实习生只能作为配班教师，不可做主班教师或班主任。 机构主要负责人要具有大专以上学前教育专业毕业证书和幼儿教师职业资格证；具有幼儿园园长工作经历 3 年以上；有园长资格证。 保育员具有中专以上学历；年龄在 18～55 岁的女性；无不良嗜好	按照《幼儿园工作规程》要求配备教职工；教师要具有中专以上学前教育专业毕业证书或幼儿教师职业资格证；有健康证，无不良嗜好。 机构主要负责人要具有大专以上学前教育专业毕业证书和幼儿教师职业资格证；具有幼儿园工作经历 5 年以上。 保育员具有初中以上学历；年龄在 18～55 岁的女性；无不良嗜好	教师 50%以上无教师资格证或无学前教育专业毕业证；机构负责人无幼儿园工作经历或不足 5 年或无学前教育专业学习经历	
	教师队伍专业素质要求	师德教育常态化，有记录；每周有固定的业务学习时间和学习内容，有记录；70%以上教师组织幼儿教育活动、指导幼儿游戏能力强，受到家长肯定；与家长沟通顺畅，有记录；有进行教学、科学研究的能力，主持或参加过教研项目	师德教育常态化，有记录；每周有固定的业务学习时间和学习内容，有记录；50%以上教师组织幼儿教育活动、指导幼儿游戏能力强，受到家长肯定；与家长沟通顺畅，有记录	没有或很少进行师德教育；无固定的业务学习时间和学习内容，50%以上教师组织幼儿教育活动、指导幼儿游戏能力较差。家长满意度低	

续表

一级指标	二级指标	优秀	合格	不合格	备注
教师队伍	教师专业成长	教师具有终身学习的意识和能力；组织教师和职工进行专业培训，每年不少于 10 次；教师能进行教育实践反思	每位教师具有终身学习的意识和能力；组织教师专业培训，每年不少于 5 次；教师能进行教育实践反思	没有或很少对教师进行专业培训。教师教育实践反思能力差	
	教职工评价与激励机制	有负责教职工工作考评的机构；评定工作有量化指标体系；考评工作每年或每学期进行；考评结果公示并与物质、精神奖励挂钩	考评工作每年或每学期进行；考评结果公示并与物质、精神奖励挂钩	无教职工工作考评或不定时考评	

注：该评价表用于评价育中方略教育集团 3～6 岁幼儿日托机构教育质量，按照一级、二级两级评价指标体系进行评价工作；评价等级分为优秀、合格、不合格 3 个等级；优秀和合格等级必须满足其所有条件，不合格等级是满足 50%的不合格条件即为不合格等级。

3～6岁幼儿日托机构教育质量参考标准

导　言

　　学前教育是基础教育的一部分，学前阶段的教育会影响人一生的发展。优质的学前教育能促进幼儿的全面发展，能帮助幼儿养成良好的习惯，成为日后发展的动力。优秀的幼儿日托机构对幼儿的认知和社会行为的发展会产生积极的影响。《幼儿园教育指导纲要》和《3～6岁儿童学习与发展指南》是我国学前教育指导性、纲领性文件，为学前教育的发展指引了正确的方向。《3～6岁幼儿日托机构教育质量参考标准》（以下简称《标准》）是编者在认真学习、领会文件精神，结合自身对学前教育的体会和思考，借鉴世界学前教育发展有突出成就的国家的经验基础上编制而成的。该《标准》为学前教育实践工作提供科学的指导和参照，为我国学前教育日托机构管理和教育质量的全面提升提供支持。

　　《标准》共分六编，19个部分的内容，涵盖幼儿日托机构的保育、教育、保健卫生、幼儿安全、财产管理、信息管理、教师队伍建设等主要工作内容，每一部分内容都包括工作内容、教育指导要点或管理指导要点。《标准》是幼教机构质量发展的参考资料，也是进行幼教机构工作评价的指标体系，以此为基准评判各幼教机构的工作质量和工作水平。

　　《标准》中关于儿童心理发展的理论是遵循了皮亚杰的儿童认知发展理论和信息加工理论的主要理论观点，体现了幼教界普遍认同的儿童发展观。儿童不是缩小版的成人，儿童的身心发展有其自身的特点和规律。学前教育应秉持以儿童为主体，尊重儿童的游戏权利、人格权利、生活自理和劳动权利、身体健康和生命安全权利四大基本权利，在发展儿童认知和社会性的同时，发展儿童个性。游戏是幼儿期儿童的主要活动，儿童是游戏的主宰者，成人不能剥夺儿童游戏的权利，儿童在游戏中学习和成长。

　　《标准》中的教育观是以维果斯基"最近发展区"的思想作为实施教育的理论依据。教育者在了解儿童身心发展年龄阶段和主要特点的基础上，制订教育内容和策略，以儿童通过努力能达到的水平作为实施教育的水平基点。这也是经过了教育实践检验的为大多数人所接受的理论观点。学前阶段的教育应该面向所有儿童的共同发展，不应让一个儿童落伍，要"为了一切儿童"。要为儿童的可持续发展奠定基础，杜绝"小学化"的学前教育，杜绝拔苗助长，使每个儿童的发展都是可持续的，都能在其原有的基础上得到发展。学前教育应关注儿童的身体健康、心理健康、社会适应性健康发展，使其成长为具有健康体魄、正常认知活动、健康的情感和人格的全面发展的儿童。要给儿童一个发展空间，让儿童自由探索，让儿童的天性在游戏中自由发挥、发展；要为儿童提供游戏材料，创设游戏环境并保证游戏时间，要能敏锐地读出儿童游戏行为背后的发展。要鼓励儿童之间的交往，支持儿童的互动和交流；培养幼儿爱家、爱父母、爱朋友的情感，具有基本的道德认知、道德情感和美感。要有效利用幼儿一日生活的各个环节，培养儿童良好的生活习惯、卫生习惯、文明习惯，教儿童做一个合格的公民。要肯定儿童自主意识的表现，鼓励儿童做自主评价和自我服务性的劳动。家长是儿童的第一任老师，幼教机构要和家长密切合作，家庭和幼教机构具有共同的权利、共同的责任，家长和教师平等交流，共同促进儿童健康成长。

第一编　空 间 设 置

幼儿日托机构环境是幼儿成长和发展的资源，是幼儿除家庭之外的最重要的生活空间，每个日托幼儿每天在园时间为8～10小时，幼儿对环境的选择带有明显的倾向性，他们喜爱熟悉的环境，常常对不熟悉的环境产生陌生、害怕感。适宜的环境对幼儿的认知活动起到良好的启发、引导作用，能够激发他们去尝试、探索、思考，使其语言、认知、动手操作等能力得到相应的发展，智力水平、社会化水平得到相应的提高。为幼儿创设一个他们喜爱的、适合其身心健康发展的环境，不但能激发幼儿的兴趣，调动幼儿的主动性和积极性，更能使幼儿获得用其他手段难以达到的效果，从而促进幼儿整体的和谐发展。

幼儿日托机构环境美观设计和布置要充分考虑幼儿的感官特点，强调对幼儿的适应性、教育性和可变化性。首先，对于3～6岁的幼儿来说，他们不具备成人对环境具有的那种选择、适应、改造等能力，这决定了幼儿对环境具有广泛的接受性和依赖性，所以创设一个科学的教育环境就显得尤为重要。该环境要对幼儿适合，而不是一味强调幼儿接受和适应，尤其对小于3岁的幼儿更是如此。其次，3～6岁幼儿日托机构环境创设要有利于用环境对幼儿进行生动、直观、形象和综合的教育，让幼儿参与和利用环境，对幼儿进行全方位的信息刺激，激发幼儿内在的积极性，让幼儿直接得到一种情感体验和知识的启迪，从而促进幼儿的全面发展。再次，幼儿的一日常规生活和游戏活动是预定的、重复的，但变化也是常见的现象，因此在设置环境时必须留有余地，即可变化的自主空间和活动材料，这样可以满足幼儿不断变化的、多样化的需求，平衡幼儿需要，发展幼儿个性。

本编包括以下3部分内容：选址要求、室外环境布置、室内区域布置。

第一部分　幼儿日托机构选址要求

一、卫生及安全要求

幼儿日托机构选址的卫生及安全标准是保证幼儿身体健康发育的关键。具体要求包括以下 5 个方面。

（一）空气洁净、清新

3～6 岁幼儿日托机构的地址要保证空气的洁净，严禁在污染源附近设置。如严禁在化工厂、化肥厂、农药厂、皮革厂等产生污染气体的工厂内部、附近区域及在污染气体排放下风口的地方设置。 要远离灰沙加工厂或有毒物品仓库、建筑粉、灰粉仓库，以防空气污染对幼儿的健康造成损害。

（二）安静、低噪声

幼儿神经脆弱，对外界噪声敏感，因此 3～6 岁幼儿日托机构坐落地应安静、噪声低，远离铁路线、强噪声工厂（如轧钢厂、木材厂、铁路、机场等）、建筑工地、农贸市场、闹市区等。

（三）周围环境干净、卫生

3～6 岁幼儿日托机构周围宜清洁卫生、环境优美或接近绿化地带。不宜在农田、垃圾堆放场、饲养场、物资回收站等场所附近，以上场所在夏季蚊蝇成群，易滋生各种有害病菌，进而威胁幼儿的身体健康。

（四）有充足的日照、有通畅的排水设施

1. 充足的日照是保证幼儿户外活动及室内采光的首要条件。幼儿每天要保证 2 小时以上的户外活动，充足的阳光能保证幼儿骨骼和智力的正常发育。

2. 要有通畅的排水管道和设施，避免积水造成环境污染。如夏季多雨季节，如果雨后积水不能及时排掉，会很快滋生蚊蝇，妨碍幼儿健康。

（五）安全要求

1. 幼儿日托机构落址还要注意远离易燃、易爆工矿所，如煤气站、酒精厂等，以免上述工厂发生事故，威胁幼儿生命安全。

2. 选址还应考虑无高层楼房及建筑物遮挡、排水设施完备的地方，使其环境卫生得到保证，幼儿的健康得到保障。

二、幼儿日托机构选址的地理位置条件

3～6 岁幼儿日托机构周围环境可直接影响日托机构的知名程度、家长接送幼儿方便与否、日托机构的招生工作。因此，机构的地理位置选择要考虑周密。

（一）周围环境安定

日托机构要设置在安全区，杜绝危险因素的存在。不要建在过于偏远的地区、治安差的地区以及临近监狱、精神病院的地方。应设在居民区和治安机构附近，如发生紧急情况，能及时报警并得到援救。在落址时要与当地派出所联系，使幼儿日托机构在安全问题上得到保障。

（二）便于家长接送幼儿

幼儿日托机构落址要考虑生源的居住位置，落址要本着方便家长的原则，设置在居民区内或居民区附近和在家长上、下班顺路或较方便的位置，如在居民区与主干道路的交界处附近。街区过于狭窄或无停车空地的位置会给家长造成不便，造成接送时间的拥挤和堵塞，影响交通，须慎重选择。

第二部分　室外环境布置

一、室外环境布置的原则

基于对环境的认识，在室外环境设计中，应集中体现设计的整体性、区域划分的合理性、科学性和安全性等原则。

（一）重视三维空间的充分利用

要充分利用地面、墙面和空中等三维空间，尽可能多地为幼儿提供接受各种知识或信息刺激的机会和条件，以促进幼儿无意识学习，使幼儿在幼儿园的一日生活中，不知不觉地接受熏陶，充分发挥环境的教育作用。

（二）环境创设内容的全面性和系统性

根据幼儿无意注意占优势、好奇心强的特点，教师应为幼儿布置内容生动、形象、全面系统并与教育内容相适应的环境。

（三）注重幼儿参与创设环境过程的体验

室外环境的布置环境应由成人、幼儿共同完成。让幼儿参与环境创设，体验行为过程，激发幼儿与环境的充分互动，发挥幼儿在环境创设中的辅助作用。活动区投放的活动材料要符合幼儿年龄特点，环保、安全、无毒，与教育课程要求相适应的操作材料。材料和工具的摆放要方便幼儿取放，培养幼儿使用后放回原处的好习惯。

（四）充分创设接近大自然的环境

户外活动场地的创设，要充分发掘场地的自然潜力，开辟一个可供幼儿翻滚、蹦跳、自由游戏的地方。户外活动环境的设计，要根据地区气候的特点，寒带地区要设有足够的挡风设备，多雨及热带地区要设遮阳、遮雨的天棚或种植高大树木遮阳，园舍的建筑物位置的设计也应考虑挡风遮阳的问题。

二、室外环境设计基本要求

1. 每位幼儿平均有 2 平方米及以上的户外活动空间。
2. 户外庭院为幼儿提供草坪、栽植花草树木，铺设平坦及崎岖的路面。
3. 需要装中大型玩具，爬杆、平衡木、梯子等设施，供幼儿发展动作的协调能力。
4. 户外活动区要有种植区、戏水池。
5. 有 30 米以上的直跑道。
6. 要铺设环保材料软化部分地面。
7. 日照区和阴影区要均衡。
8. 设有户外储存室，使儿童能自动放回可移动的运动器材。
9. 活动场地要有良好的排水系统。

第三部分 室内区域布置

一、室内环境创设的基本原则

基于对环境的认识，在室内环境布置中，应集中体现设计的适宜性、开放性和安全性等原则。

（一）环境与教育目标一致

环境是教育的一部分，应使环境创设的目标与教育目标相一致，促进幼儿的全面发展。不仅注重幼儿的认知活动，还要提供幼儿社会性发展的环境，要注重环境对幼儿社会情感、社会行为发展的作用。

（二）室内环境的适宜性

幼儿正处在身体、智力迅速发展以及个性形成的重要时期，有多方面的发展需要。幼儿园环境创设应与幼儿身心发展的特点和发展需要相适宜。处于不同年龄阶段的幼儿，身心发展特点和需要表现出不同的年龄特征，即使同一年龄阶段的幼儿，其兴趣、能力、学习方式等方面都存在很大差异。因此，环境创设就应适应幼儿的这种差异。幼儿的身心特点和发展需要还会随着其年龄增长而发展变化，因此环境创设不是一次就可以完成的，它是一个设计→实施→修正→再实施→再修正的螺旋式发展过程。

（三）幼儿共同参与

环境创设的过程是幼儿与教师共同参与合作的过程。教育者要有让幼儿参与环境创设的意识，认识到幼儿园环境的教育性不仅蕴含于环境之中，而且蕴含于环境创设的过程中。教师应将幼儿参与环境创设融入课程，发展幼儿的自主性、能动性和动手操作能力。

（四）创设易观察并安全的环境

幼儿园室内的物品首先要考虑到幼儿的安全，桌椅、橱柜的摆放位置和所放置的物品不能有尖锐的棱角，幼儿园的活动室分隔空间的柜子宜采用镂空的架子，并且不可超过幼儿的身高，除了使教师容易观察和监督外，也方便幼儿的取拿和放置。总之，室内的每一样东西都要考虑儿童的安全，这是至关重要的。另外，为了让儿童能自我学习，为幼儿准备的环境必须是一个真实的环境，每一样东西都是真实可用的，并且以幼儿的视线所及、双手可取的陈列为原则。

二、室内环境布置的基本要求

1. 活动室使用面积每名幼儿不低于 2.5 平方米。
2. 活动室内家具要幼儿专用尺寸家具，材料易清洗、消毒。
3. 浴洗室中的洗手台、马桶为幼儿专用尺寸，数量充足。
4. 教室的地板适合幼儿走、坐。
5. 空调、采光的设备完善、环保。
6. 有多功能活动室、科学发现室等专用教室。
7. 有自制的符合本土化的玩教具，数量充足。
8. 有益智玩具（积木、拼图等）、图书，数量充足。
9. 有活动区角，有幼儿美术作品的陈列处。
10. 教室内有植物、精致的饰物等室内装饰使幼儿感受到家的温馨。

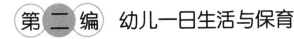

第二编 幼儿一日生活与保育

幼儿保育是指教育者为幼儿的生存和发展提供必需的、良好的环境与条件，给予幼儿精心的照顾和养育，促进幼儿生理、心理健康发展，增强幼儿体质。主要内容包括：促进幼儿生长发育而进行的体育锻炼、卫生保健、疾病预防、制订并执行科学的一日生活制度，安全管理等。除此之外，还包括幼儿的心理健康、营养膳食等内容。保育工作是幼儿日托机构工作重点和核心内容之一。幼儿一日生活安排中的许多因素，如进餐、问候、告别、休息等活动每天都会重复，合理科学的安排会让幼儿成长有时间感、预见性和安全性；幼儿的膳食营养是儿童健康成长的物质条件，日托机构应为幼儿提供营养均衡、丰富多样的饮食。要制订严密的安全制度并严格遵守；要保教结合，将教育寓于幼儿一日生活和保育工作的方方面面。

第四部分　幼儿一日生活安排

一、幼儿一日生活安排的环境要求

幼儿一日生活安排要求符合幼儿身体发育规律和幼儿心理发展规律，在保证幼儿身心健康的原则下合理、科学地制订幼儿的生活起居时间和要求。保教人员要了解幼儿的需求，按照要求做好相应的保育和照护工作，保障幼儿身心健康成长。

（一）室内空间环境要求

1．应保持幼儿日托机构和室内设备（如家具、玩教具、空调、电扇、暖气等）运行状况良好、干净，并定期清洁。

2．所有房间的温度、照明和通风都可直接调节。

3．包括公共卫生间和休息室在内的所有房间都应有适当的照明、温度和通风、消毒设备，必要时应有防晒装置。

4．保教人员应注意确保低龄幼儿所处空间有益于健康、并具有恒定的室内温度和地板温度。

5．一些特殊区域不允许穿鞋进入。

6．确保睡眠和休息区域没有污染，并每天清洁这些区域。

7．应确保公共卫生区域设施和卫生间设施的卫生，以尽可能阻止病菌的传播。

8．马桶、盥洗池、镜子、毛巾架设施和用品的布置和安装方式要使幼儿能够容易够到和独立使用。

9．应配备能保护幼儿隐私的洗手间（有隔离视线的防护墙、平开门等）。

（二）室外空间环境要求

1．室外要有公共卫生区域，若活动区域很大，应设置 2 个以上公共卫生间。

2．室外的公共卫生间应安装冷水和温水水龙头。盥洗池旁应配有可供幼儿独立够到、使用的给皂器。

3．室外公共卫生区域内应配有存放垃圾的可密闭容器。

4．应保持室外区域、户外设施以及设备状况良好，定期清洗并每日检验有害污染物。

5．室外游乐区应设有防晒、防雨装置。

6．室外游乐区、运动区应设有足够空间的器材仓库，并有专人妥善管理。

二、保教人员教育指导要点

1．保教人员应具备照护幼儿，保证其身体健康的能力和技能。

2．保教人员应具备较强的观察能力，能观察到幼儿的健康异常状况。例如，不安的动作、不自然的姿势表明想去如厕等。

3．保教人员应树立健康意识，作为幼儿行为的榜样，培养幼儿基本的卫生、生活习惯，注重幼儿的牙齿护理。

4．保教人员在保育工作中要同时关注幼儿在社会、情感、认知、语言和运动领域的发展，利用游戏手段开展保教工作。

5．保教人员应鼓励幼儿尝试独立进行自我服务性的劳动。

6．保教人员必须注重师幼互动，根据幼儿的需求提供帮助。

7．进行保育工作时，积极与幼儿交谈，通过讲故事，做游戏，语言，动作如温柔地抚摸、微笑等表达对儿童的关注。

8．对幼儿出现的错误行为及时制止，但不能进行语言上的侮辱和与肢体上体罚。

三、家园合作工作指导要点

1．保教人员应与父母合作，一起做好幼儿的生活习惯、卫生习惯的教育；应咨询家长的意见，与家长交流讨论，如何根据幼儿的需要提供适当的帮助。

2．家长在入园前应如实告知保教人员幼儿的体质情况、曾患疾病，过敏史、睡眠障碍、生活上需要的特殊照顾等情况，不得隐瞒。

3．保教人员必须经常通过邮件、微信、电话、当面交谈等多种方式及时与家长交流儿童在园情况，每周不低于3次。

4．保教人员应在幼儿保健方面帮助家长，向家长宣传疾病预防知识、防疫知识，提高家长防病、治病的意识和能力。

5．如在日托机构发现幼儿身体异常，须立即与家长联系，通报幼儿身体状况，同时与日托机构的医务人员一起及时处置突发的健康事件。

6．保教人员应鼓励幼儿以游戏的方式发展其能力。

7．保教人员应发展幼儿的能力和独立性。例如，扣对衣服上的扣子，穿衣服、脱衣服，开关水龙头等。

8．保教人员可以与幼儿做想象力游戏，与幼儿进行身体认知、健康或者疾病等主题的游戏并给予鼓励，以此来扩展幼儿的体验。例如，给玩具娃娃梳头、洗涤、包扎、贴创可贴等。

9．保教人员可与幼儿进行健康、疾病、医生等方面的话题讨论，向幼儿介绍养成良好卫生习惯和生活习惯的益处。

10．保教人员应负责为所有的保育和陪伴过程创造愉快的氛围，用赞赏和支持的态度对待每个幼儿及其需求。

11．保教人员应鼓励幼儿发展积极的自我形象。保教人员应向幼儿活动提供支持，积极与幼儿交谈。

12．保教人员通过适当的监督保证幼儿的健康和安全。

第五部分　幼儿营养膳食

我国幼儿日托机构要求根据平衡膳食的原则制订幼儿健康食谱，幼儿平衡膳食是指能满足儿童所需要的热量及各种营养素，而且各种营养素之间能够按照科学的比值搭配平衡。

一、食谱要求

幼儿一天内在日托机构的饮食，机构会根据家长的普遍需求设置三餐两点、二餐两点、一餐两点等多种模式。虽然模式不同，但对幼儿的饮食有以下4个方面的要求。

（一）膳食品种多样化

幼儿膳食应做到粗细搭配、荤素搭配、干稀搭配、主副食搭配。幼儿膳食种类要丰富，粗粮、细粮、豆类、奶类、肉类、蛋类、鱼类、深色蔬菜、浅色蔬菜、水果、油、糖等各种食物都要吃，而且一天之内膳食所包括的食品种类最好不要重复。

（二）各种营养素的量要适度，比例要适当

幼儿每人每日需要粮食150～250克，蛋1只，牛奶或豆浆150～200毫升，荤菜类50～75克，绿叶蔬菜200～250克，水果1个。由于幼儿处在生长发育的过程中，机体对酸碱平衡的调节能力比较弱，需要为幼儿提供营养素比例适当的膳食。蛋白质、脂肪、糖类这三大产热营养素的比例应该是1∶2∶4，矿物质之间也必须有一定的比例。

（三）饮食定时定量

幼儿园应该制订并严格执行合理的生活作息制度，以确保幼儿饮食定量定时。根据幼儿消化系统的基本特点，幼儿一日三餐热量分配应该参照下列指标执行：早餐约占总热量的25%，午餐占35%，晚餐占30%，中间加点约占10%。

（四）定期进行体格检查，进行营养计算

幼儿园应该定期对幼儿进行体格测查，包括身高、体重，是否有发育迟缓、贫血、肥胖等情况。将测查结果与幼儿每日的营养摄入量情况结合进行综合分析，然后根据幼儿的年龄及生长发育水平进行新的营养素计算。要使用带量食谱。使幼儿每日食物摄入量、营养素比例均衡。

二、幼儿饮食卫生管理要点

（一）建立健全幼儿饮食卫生安全责任制

1. 幼儿日托机构必须严格执行《食品卫生法》《学校卫生工作条例》《学校食堂与学生集体用餐卫生管理规定》等有关法律、法规规定的饮食卫生安全条文。

2. 制订幼儿园卫生防疫与幼儿饮食卫生安全责任制，实行岗位目标管理，明确分工，落实责任，责任追究制度，杜绝幼儿饮食安全事故的发生。

（二）定期体检和培训，提高食堂工作人员和保教人员的卫生意识

1. 食堂工作人员和保教人员每年要进行一次体检，持健康证方能上岗。

2. 如果检查患有传染病（如肝炎、活动性肺结核、化脓性或者渗出性皮肤病等），应立即调离岗位或辞退。

（三）食堂工作人员和保教人员要注意个人平日卫生

1. 要勤洗澡、勤更衣，要有专用更衣室。

2. 食堂工作人员上班时要穿干净的工作服，戴工作帽和口罩。

（四）贯彻"预防为主"的原则，做好食堂饮食卫生工作

1．餐具、厨房用具、各种器皿应该生熟分开，用后及时清洗干净。

2．用专用消毒柜消毒；洗菜、洗荤、洗水果等的水池应该分开，并且有一定的间距。

3．生熟食品的存放要分开，要有专用的冰箱和冰柜，不得存放无生产日期或者过期变质的食品。

4．要保持厨房整体环境的卫生，包括地面、门窗、桌椅、灶台等的清洁卫生，做到窗明几净、一尘不染。

5．厨房内要保持通风、干燥，无油烟、污浊气味；非厨房工作人员不得进入厨房内。

三、幼儿园膳食资金的监督管理

1．幼儿园膳食资金指的是为了实现平衡膳食，保证幼儿生长发育所需营养的专项资金，要保证膳食资金的合理，合法使用、专款专用、独立核算、统筹安排、收支平衡、防止腐败。

2．不得挪用伙食资金。必须建立健全膳食资金的监督管理体制，对资金使用情况进行经常性的检查和监督，做到收支有据，手续齐全，账、款、票据及时核对，做到账款相符。

第三编　幼儿卫生保健

幼儿日托机构卫生保健工作是保证幼儿身心健康的重要因素，而完善的卫生保健制度是做好卫生保健工作的前提。当今世界幼儿卫生保健的发展趋势集中表现在3个方面：卫生保健正从医院走向家庭、幼儿园和社区；保健内容从生理扩大到心理与社会；保健方向从治疗转向预防、康复与健康促进。幼儿日托机构应当根据国家有关法律法规的要求，结合当今世界幼儿卫生保健的发展趋势和本园的实际情况，在卫生保健制度制订、专业人员的配备、日常工作管理等方面做好卫生保健工作。

第六部分　卫生保健制度的制订

国家于2011年发布了关于托幼园所的卫生保健工作管理办法，幼儿日托机构的卫生保健工作的各项规章制度必须符合国家的要求，在国家管理规定宏观指导下制订适合本园所工作的管理制度。幼儿日托机构卫生保健工作的管理制度应包含幼儿一日生活的方方面面，涵盖面要广、制度规定要细致、不能有丝毫模糊和不到位的问题出现，要求全方位、全覆盖的保障幼儿身心健康成长。幼儿日托机构的卫生保健制度至少应包括以下3个制度。

一、幼儿一日生活制度指导要点

科学合理的生活制度是培养幼儿良好生活习惯的要求，是幼儿身心健康成长的重要

保证。幼儿日托机构应该根据不同年龄幼儿的生理特点及四季的变化，科学合理地安排幼儿一日生活，注意动静交替、劳逸结合、体脑结合、室内外结合，保证 2 小时以上户外活动时间。可参考下表资料。

幼儿一日生活时间安排表

序号	时间	活动内容
1	7：30～8：15	入园
2	8：15～8：50	早餐、洗漱
3	8：50～9：30	教育活动、区域活动
4	9：30～11：15	早操、户外游戏、区域活动
5	11：15～12：00	午餐
6	12：00～14：30	午睡、起床、洗漱
7	14：30～15：30	游戏、
8	15：30～15：45	午点
9	15：45～16：30	户外游戏活动、区域活动
10	16：30～17：00	晚餐
11	17：00～17：30	离园活动

二、幼儿膳食管理制度的制订及管理要点

见第五部分内容　幼儿营养膳食。

三、健康检查、防疫制度的建立及管理要点

（一）新生入园体检制度

1. 幼儿新生入托后需要过集体生活，因此入托前要进行全面健康体检。要求家长带领幼儿到指定医院体检。体检的基本项目包括：身高、体重、眼耳牙、心肺、肝脾、外生殖器、血红蛋白、肝功、乙肝表面抗原等 9 项。

2. 如果儿童乙肝表面抗原有问题，就需加做"乙肝两对半"检测，连续 3 个月正常者方可入园。对有传染病接触史者，需待检疫期满后才可入园，患有传染病者，需要治疗后重新体检，体检合格者方能入园。

3. 新生入园体检表上医院要加盖合格字样，体检合格证明有效期为 1 个月。

（二）定期体检制度

1. 幼儿入托后，根据卫生保健制度要求，每年体检一次，口腔、视力、血红蛋白、身高、体重每半年检查一次，体检后要做好记录和存档工作，结合上次体检结果并对照幼儿身高、体重发育等的标准值及时对幼儿进行生长发育评价和健康评价。

2. 要针对幼儿的生长发育特点和健康问题，做好个性化的卫生保健工作，如建立肥胖儿、体弱儿的个案跟踪，并与家长密切配合，共同关注幼儿卫生保健工作。

（三）晨检、全日健康观察制度

1．幼儿每日晨检的目的是尽早发现疾病，预防传染病的蔓延，杜绝安全隐患。

2．晨间检查主要内容有：一摸，摸额头判断是否有发烧情况；二看，看幼儿来园时仪表是否整洁，指甲是否剪短，咽部是否有红肿，皮肤是否有皮疹，面色、精神状态如何；三问，向家长询问幼儿在家睡眠、饮食、大小便等情况；四查，幼儿是否携带小刀、玻璃、花生米等危险物品。

3．每天早晨体检完毕后，合格的幼儿领绿牌进班，身体状况不佳的幼儿领红牌进班，已经发病并带药的幼儿需要领黄牌进班。

4．保健人员要认真填写领红牌和黄牌幼儿的晨检记录，做好服药幼儿的服药登记表，保管好药品，定点统一发放药品。

5．保健人员还需要对红牌和黄牌幼儿全天密切观察，一旦发现异常，及时由保健人员诊治或者送往医院诊治。

（四）体格锻炼制度

1．要有计划、有组织地经常开展适合不同年龄班幼儿特点的游戏及体育活动。幼儿至少每天做1次体操、进行1～2次户外活动性游戏。

2．每天坚持2～3小时或以上户外活动，加强日光浴、空气浴，结合季节的变化，适时地举办春游、秋游以及冬季锻炼等项目。

3．充分利用幼儿园现有场地、玩具和器械，加强自制玩具、器械的设计与开发，以激发幼儿参加锻炼的兴趣和积极性。

4．幼儿的体格锻炼还要坚持循序渐进、持之以恒、照顾个体差异以及动静交替、劳逸结合的原则。

（五）卫生消毒及隔离制度

1．要建立健全环境卫生制度。环境卫生制度主要包括以下内容：建立各班各处定期卫生大扫除制度和每日卫生清扫制度；保持地面、门、窗等处无污物、无杂物、无积尘蛛网；玩具、桌椅等幼儿每日接触的物品经常清洗和消毒，室内物品要摆放整齐。

2．厕所用后要及时冲刷，无粪垢，并认真做好消毒。

3．保持室内空气流通；消毒采样不得低于国家卫生标准规定的85%的要求。

4．成立本园卫生检查领导小组，对各处卫生进行定期和不定期的检查评比。

（六）幼儿个人卫生管理

1．幼儿的毛巾、水杯等要专人专用，要及时清洗和消毒。

2．饭前便后要洗手；幼儿的床单被褥等每周换洗1次，并经常在太阳下暴晒。

3．要求幼儿做好个人卫生清洁，如饭前便后洗手、勤洗澡、勤换衣、勤剪指甲等。

（七）消毒隔离制度

1．幼儿日托机构要设立保健室和隔离室，隔离室要配备隔离床以及隔离期间基本的生活用品。

2．一旦发现保健人员和幼儿患传染病应立即隔离观察和治疗；患儿所在班内要彻底消毒，家具、玩具、器皿、被褥、衣物和碗筷等必须经过严格消毒后使用，有些物品可以在日光下暴晒，加强室内通风，必要时还要进行紫外线消毒。

3．患儿要由专人精心护理，隔离期满后，由医生出具疾病痊愈、解除隔离的证明方可回班；和患儿密切接触过的保健人员和幼儿，要接受疾病检疫隔离制度，保证幼儿不混班、不串班，检疫隔离期满无症状表现者，由保健人员同意方可解除隔离。

4．幼儿离园超过一个月的，入园时由保健人员询问有无传染病接触史，若有接触史，需要进行隔离，隔离期满后，经保健人员同意方可回班。

5．保教工作人员以及幼儿在家中发现传染病，应立即报告带班教师和保健人员。根据传染病消毒隔离的相关制度，日托机构要及时采取相应措施。

（八）预防传染性疾病制度

1．贯彻"预防为主"的方针，做好经常性的疾病预防工作。

2．贯彻执行预防接种制度。具体内容有：幼儿在办理入园手续时应该查验预防接种证。未按照规定预防接种的，应该责成其家长或监护人予以补种；按年龄及季节完成防疫部门所布置的预防接种工作，建卡率达 100%；凡有禁忌证者不应接种或暂缓接种；日托机构根据定期接种通知，配合社区或医院接种点，做好预防接种的宣传、组织、登记、缴费，科学合理安排幼儿接种时间，落实预防接种制度。

3．传染病疫情报告防治制度。机构负责人是本单位疫情报告的第一责任人，应根据当地近期传染病和儿童传染病的规律，建立包括机构负责人、保健医生等人在内的传染病疫情防治工作小组，高度重视传染病预防工作。

4．严格控制传染病流行的关键是要做到早预防、早发现、早报告、早诊断、早治疗、早隔离。

5．严格晨检、全日观察、因病缺勤、病因追查以及登记制度，易感幼儿是重点检查对象。

6．发现传染病早期症状、疑似传染病患儿以及因病缺勤幼儿等情况时，应及时报告给机构负责人。

7．发现传染病后要立即进行消毒，对传染病密切接触者和患者按相关疾病的检疫、隔离期限和办法实施检疫、隔离，以防传染病疫情在日托机构大规模蔓延。

8．注意饮食营养，加强户外体育锻炼，多喝开水，提高幼儿身体抵抗能力，搞好环境卫生，保持室内空气流通。

9．告诫家长当地传染病流行期间不带幼儿去公共场所，遵守国家规定的防疫要求。

第七部分　卫生保健专业人员的配备

幼儿日托机构的卫生保健工作需要配备相关的专业人员，在国家颁布的托幼园所卫生保健工作的管理办法中有非常明确的说明。

一、负责卫生保健工作的专业人员的配备要求

根据卫生部、教育部于 2010 年发布的《托儿所幼儿园卫生保健管理办法》第十一条至第十四条，明确规定了托幼园所卫生保健人员配置的要求，所有幼儿日托机构必须严格执行。

1. 托幼机构应当聘用符合国家规定的卫生保健人员。卫生保健人员包括医师、护士和保健员。在卫生室工作的医师应当取得卫生行政部门颁发的《医师执业证书》，护士应当取得《护士执业证书》。在保健室工作的保健员应当具有高中以上学历，经过卫生保健专业知识培训，具有托幼机构卫生保健基础知识，掌握卫生消毒、传染病管理和营养膳食管理等技能。

2. 托幼机构聘用卫生保健人员应当按照收托 150 名儿童至少设 1 名专职卫生保健人员的比例配备卫生保健人员。收托 150 名以下儿童的，应当配备专职或者兼职卫生保健人员。

3. 托幼机构卫生保健人员应当定期接受当地妇幼保健机构组织的卫生保健专业知识培训。托幼机构卫生保健人员应当对机构内的工作人员进行卫生知识宣传教育、疾病预防、卫生消毒、膳食营养、食品卫生、饮用水卫生等方面的具体指导。

4. 托幼机构工作人员上岗前必须经县级以上人民政府卫生行政部门指定的医疗卫生机构进行健康检查，取得《托幼机构工作人员健康合格证》后方可上岗。托幼机构应当组织在岗工作人员每年进行 1 次健康检查；在岗人员患有传染性疾病的，应当立即离岗治疗，治愈后方可上岗工作。精神病患者、有精神病史者不得在托幼机构工作。

二、幼儿日托机构自有食堂人员配备要求

食堂工作人员和保教人员是幼儿一日三餐的密切接触者，他们个人的健康状况和个人的卫生习惯直接影响着幼儿的身体健康。

1. 按照幼儿园规模及幼儿人数 1∶70 的比例配齐食堂工作人员，做到分工明确、各负其责。

2. 炊事人员每半年到指定医院或医疗机构查体一次；无健康证、厨师证不得从事幼儿园食堂工作。如果检查患有传染病（如肝炎、活动性肺结核、化脓性或者渗出性皮肤病等传染性疾病），应该立即调离岗位或辞退。

3. 定期组织炊事员参加专业技术培训，使其做到技术熟练、操作规范。

第八部分　幼儿日托机构卫生保健的日常工作

一、教师及保育员卫生保健工作指导要点

1. 卫生保健工作时要主动、积极与幼儿沟通和交流，根据幼儿的需求提供帮助。保教人员应支持幼儿的独立性，能够充分发展自己的能力。例如，让幼儿自己涂润肤膏，保教人员系好裤子的扣子后，让幼儿自己拉上拉链等。

2．更加关注低龄幼儿。保教人员应通过面部表情、语言和身体接触（如微笑、与幼儿交谈、温柔地抚摸等）表达对儿童的关注和爱，让幼儿配合教师顺利完成卫生保健工作。

3．利用游戏、主题活动、区域活动等多种形式培养幼儿讲卫生的好习惯。通过讲故事、玩拓展游戏、开展区域活动、改编歌谣等，创造愉快的氛围，让幼儿接受卫生知识，养成良好的卫生习惯。

4．保教人员应确保每天有足够的清扫、消毒等卫生工作时间。保教人员通过适当的监督保证幼儿进行个人卫生和环境卫生的时间。

5．保教人员应在日常生活中注重自身清洁，做消毒工作时注意自身的保护，正确穿戴防护用品。并防止幼儿不恰当地使用卫生清洁材料。例如，防止幼儿将洗涤剂倒出来，不恰当使用卫生间等。

6．定期清洁卫生设施，公共卫生区域的垃圾桶应每天清空和清洁，创建良好的卫生条件，减少病原体的传播。

7．日托机构所有人员都应熟悉并遵循预防手足口病、肝炎、疱疹性咽峡炎、新冠肺炎等传染病的措施，并根据相关部门的建议接种疫苗。

8．当幼儿在幼儿日托机构中有皮肤发红或斑点、吞咽困难、呕吐、腹泻或者高热等传染病症状时，应立即口头并书面通知家长，这种规定应是所有保教人员和家长所熟知的。

9．保教人员必须详细地询问家长幼儿的健康状况、有无过敏史、睡眠障碍、食物禁忌等，并进行书面记录，家长签字并留存。

10．幼儿日托机构的所有区域禁止吸烟。

二、专职保健人员日常工作指导要点

1．制订并遵守卫生保健制度，督促卫生保健制度的落实。

2．完成卫生保健工作记录，所有记录的原始资料要做到：真实、准确、统计方法正确。卫生资料要有连续性，所有文字资料要保留 3 年。

3．定时巡视检查，有记录，定期进行检查、评比，使机构整体环境保持清洁、明亮、舒适的面貌。

4．把好新生入园体检关，每年要对幼儿、教职工进行一次全面体检，建立各种表卡、登记本，做到有报表、有分析、有配合治疗。

5．认真做好晨检、午检工作，切实做到一摸、二看、三查、四问、发现问题及时处理，并及时与保教人员联系。

6．保健医生除按要求制订食谱及计算各项营养量外，还应定期检查厨房和各种炊具的消毒方法及饭菜质量；指导、检查儿童进餐护理的过程；监督检查采购的各种食品。

7．做好预防消毒工作，处理一般疾病，大病要及时送医院治疗，发现传染病及时报告，进行隔离、消毒处理。

8．负责保健室医疗器械、用具及药物的使用和保管。做好常备药品的配备和使用情况的记录，注意节约与安全。妥善保管有毒药物，防止安全事故发生。

9．按照季节特点和保健工作的要求，督促有关部门做好防暑降温、防寒保暖和设备安全检查工作。

10．采取多种形式向工作人员，幼儿及家长宣传有关卫生保健方面的科普知识。

11．及时处理突发事故，做到及时、主动、认真、细心，急幼儿之所急。

12．配合保教人员培养儿童良好的卫生习惯，采取有效的预防措施降低幼儿龋齿患病率和视力低常发生率，提高幼儿龋齿矫治率与视力低常矫治率。

三、食堂工作人员日常工作要求

1．热爱本职工作，树立一切为幼儿服务的思想，努力提高服务质量，根据幼儿生理和年龄特点制作营养丰富、易于消化、适合幼儿的饭菜，促进幼儿身体健康。

2．努力钻研业务，提高烹调技术，做到色香味俱全，软硬适当，花色品种多样，促进幼儿的食欲，保证营养的质量。

3．严格执行营养卫生要求，把好食物验收关，青菜先洗后切，做到无沙、无尘、无杂质，食具餐餐消毒，熟食加盖，生熟分开，凡已腐烂变质的食物不能给幼儿吃，严防食物中毒。

4．搞好厨房的清洁卫生，保持厨房干净、整洁，每天小扫，每周大扫，厨房用具要定期擦洗干净。

5．注意个人卫生，上班穿好工作服，上厕所或干脏活后要用肥皂把手洗干净，定期进行身体检查。

6．落实食谱计划，坚持按时开餐，做好食物保温工作，做到公私分明，团结协作，不断改进服务态度。

7．遵守安全操作规程，合理使用操作工具，合理使用原材料，节约水、电、煤，爱护保管好所有厨房设备，做到不丢失、不损坏，存放整齐有序。

8．严格遵守《食品卫生法》及各项制度，搞好厨房、餐厅卫生，注意安全，讲究卫生，防止食物中毒。做好厨房灭蝇、灭蚊工作，严格消毒，严查、严堵污染源，确保安全卫生。

9．幼儿每日食物留样 48 小时，并对观察结果做好记录。

第四编　幼儿发展与教育

2001 年教育部颁发的《幼儿园教育指导纲要》中明确指出："幼儿园教育是基础教育的重要组成部分，是我国学校教育和终身教育的奠基阶段。城乡各类幼儿园都应从实际出发，因地制宜地实施素质教育，为幼儿一生的发展打好基础"。"幼儿园教育应尊重幼儿的人格和权利，尊重幼儿身心发展的规律和学习特点，以游戏为基本活动，保教并重，关注个别差异，促进每个幼儿富有个性的发展"。这些论述是幼儿教育的总则，为幼儿教育的发展指明了方向。各幼儿日托机构应以《纲要》为依据，结合自己实际，制订适宜的教育工作目标体系、课程、教育特色等完整的教育体系，使幼儿能够获得快乐、健康、个性的发展。下面将从幼儿身体和动作发展、认知发展、语言发展、情感和社会性发展 4 个部分展开论述。每一维度都将从幼儿发展目标、教育指导要点两方面进行解析。

第九部分　幼儿身体和动作发展

幼儿身体发育是指从出生到幼儿期结束儿童躯体、大脑和神经系统的发展。幼儿动作的发展主要是指躯体动作和手的动作的发展，即大动作和精细动作的发展。儿童身体和动作的发展有其自身的规律和特征，教育者要在尊重儿童身心发展规律的基础上实施教育和训练，才能有效地促进幼儿的发展。若违背儿童发展规律则会适得其反。

一、幼儿身体发育

幼儿身体发育主要包括躯体生长、大脑和神经系统的发育。

（一）幼儿躯体的生长

1. 1～3 岁是人出生后第一个躯体生长高峰期。
2. 幼儿期躯体生长趋缓，每年增高 6～7 厘米，体重平均增加 2 千克。
3. 幼儿身高、体重个体差异较大。
4. 在中国因地域不同，幼儿身高、体重差异也较大。

教育指导要点：

1. 要为幼儿安排足够大（5 平方米/幼儿）的室外活动面积。
2. 室内外有适合幼儿使用的体育器材，如塑胶跑道、平衡木、球类等。
3. 每日幼儿的室外活动时间保证不低于 2 小时。
4. 教师每日要组织早操或体育游戏。
5. 保教人员均要注意观察儿童饮食情况，发现幼儿出现厌食问题应及时与家长沟通并寻找原因和解决办法。
6. 日托机构提供的食物，必须营养均衡并且数量充足，保证让幼儿吃饱、吃好。

（二）幼儿大脑和神经系统的发展

1. 在幼儿期，儿童大脑的重量不断增加，至 6～7 岁已经接近成人的 90%。
2. 3～6 岁，幼儿的大脑的左半球快速发展，右半球成熟相对缓慢。
3. 逐渐形成左利手或右利手。
4. 幼儿期神经纤维的髓鞘化已经完成，运动能力有了非常快速的发展，5～6 岁可以进行比较复杂的运动。例如，跳房子、跳绳、双手排球、运球、游泳等。

教育指导要点：

1. 对于因遗传因素导致的脑发育迟缓，教师应注意观察幼儿的日常表现，发现儿童有不同于其他幼儿的异常反应，应及时与家长沟通，通告情况，督促家长及早就医。

2．观察幼儿情绪状况，及时调整教育内容，让幼儿保持健康的情绪状态。

3．加强锻炼，保持健康体魄，减少疾病，尽量避免传染性疾病对身体的损害。

二、幼儿动作发展

幼儿动作的发展主要是指躯体动作和手的动作的发展，即大动作和精细动作的发展。

（一）躯体动作的发展

躯体动作是指躯干、腿部、脚部、手臂等大肌肉动作。

1．儿童1岁左右会走，2岁会跑，3岁会双脚跳和独脚跳。

2．幼儿可以把简单动作连接起来，组成一系列动作，完成复杂完善的动作系统。

3．幼儿4～6岁时，能完成跑步、跳跃、跳绳、攀爬、打篮球、投掷、游泳等复杂动作。

教育指导要点：

1．重视幼儿动作发展，在教育课程中必须有体育运动类课程，且有时间保证。

2．教师利用托幼园所的条件，因地制宜的发展本园体育特色游戏，并呈常态化。

3．在进行体育游戏时要特别关注幼儿的安全，不做危险性动作。

4．经常检查体育器材、游戏器材，注意设备的安全性。

5．教师在幼儿做体操或游戏时不能离岗，不能做与工作无关的事情。

6．幼儿在运动时要有专门安全员进行防护。

（二）手的动作的发展

幼儿手的动作的发展亦是幼儿精细动作的发展。

1．幼儿2～3岁能做简单的穿脱衣服的动作，会拉拉链，能用小汤匙吃饭，给画涂色等。

2．幼儿3～4岁会扣扣子，使用剪刀，会画不规则的线条。

3．幼儿4～5岁会使用剪刀剪出不规则线条，会使用建结构游戏材料拼搭三维物体，会使用粗笔。

4．幼儿5～6岁会使用笔书写，会系鞋带。

教育指导要点：

1．发展幼儿精细动作的最好方式就是游戏，其中以建构游戏为最佳。

2．教育者要为幼儿准备丰富的建构材料，并经常更换。

3．要指导、帮助幼儿开发无毒无害的废旧材料做游戏材料。

4．教师在指导幼儿游戏时不能包办代替，要做幼儿游戏的支持者、帮助者、合作者。

5．要注重培养幼儿劳动意识，养成自己的事情自己做的良好习惯。

6．教育者要有目的、有计划地培养幼儿自我服务性劳动的意识和能力。

7．要将幼儿生活习惯、卫生习惯、劳动习惯的养成纳入到幼儿园课程中。

第十部分 幼儿认知发展

当幼儿在读书或思考时，就是在进行认知活动。幼儿的认知活动具体涉及幼儿信息加工能力的发展，幼儿对自然事物认知能力的发展和幼儿创造性思维的发展。幼儿通过各类游戏、体育活动、学习活动、自我服务性的劳动等方式获得经验，认知得到发展。

一、幼儿信息加工能力的发展

心理学研究中信息加工理论认为：人脑同计算机一样具有对信息加工的能力，幼儿的认知活动就是信息的获得、保存、加工和使用的过程。幼儿注意、知觉、记忆的发展是幼儿获取和保存信息的过程。

（一）幼儿注意力的发展

幼儿的注意力是其心理活动对一定对象的指向与集中。幼儿注意力是外部丰富多彩的世界通向儿童心灵的大门，若大门关闭，知识的阳光就无法射进儿童的心灵。

1. 幼儿注意力发展特点。

1）3～6 岁幼儿以无意注意为主。无意注意是一种依赖于外界刺激影响的注意，没有意志力控制，亦可称为情绪注意或消极注意。

2）幼儿末期（5～6 岁）有意注意在逐渐发展。它是一种积极注意，受意识支配，是一种自觉的、积极的注意力，是注意的高级状态。

2. 教育指导要点。

1）要配备足够大的空间，能让幼儿不受干扰的活动。

2）要投放一定数量的玩具，让幼儿有注意力训练和发展的载体。

3）教师要会观察幼儿在活动中的表现并记录。

4）教师要通过指导幼儿游戏，有意识的要求幼儿注意某一事物或某件事情，发展幼儿注意力。

5）要及时强化和鼓励幼儿有意注意发展的表现，激发幼儿使用有意注意力的兴趣。

3. 对教育者的要求。

1）教育者要具备基本的儿童心理发展知识，具备基本的心理学素养。

2）要有观察幼儿，与幼儿无障碍沟通的能力，要理解幼儿。

3）要掌握并不断更新训练幼儿注意力的方法。

（二）幼儿感知觉的发展

人认识世界是从感觉开始的，人所有信息均来自视觉、听觉、味觉、嗅觉、平衡觉等感觉器官活动。知觉是感觉的综合体，是整合了的感觉，是幼儿认知发展的初级阶段和主要方式之一。

1. 幼儿感知觉的发展的特点。

1）幼儿感知觉自出生后就开始发展，是发展最早、最快的心理过程。

2）视觉和听觉是儿童获得外界信息的主要通道，儿童 90%以上的信息来源于视觉和听觉。

3）幼儿感知觉发展从模糊的、笼统的、单一的状态向分化的、精细化的、整合的方向发展，幼儿期儿童的信息获得主要通过综合性的知觉活动获得。例如，幼儿看到狗等动物会从它的皮毛、身材长相等多方面认识，从而获得狗的整体印象。

2．教育指导要点。

1）丰富的环境是发展幼儿感知觉的重要载体，因此，日托机构的室内外环境布置要适合幼儿，为幼儿所喜爱，并且能根据一定需要进行变化。

2）教育者要根据幼儿的需要安排教育活动，充实活动内容，让游戏等活动内容丰富并富于变化。

3）家长要配合日托机构的活动，积极参与教师安排的亲子活动，多和幼儿交流，制造充满爱和理解的家庭环境。

4）以家长为主，日托机构配合，让幼儿走出去感受大自然、感受不同的人文环境，丰富幼儿的感性认知。

（三）幼儿记忆的发展

记忆是人脑对经历过的事物的反映。用信息加工理论的观点就是人对信息进行编码、保存和提取的过程。幼儿记忆后的材料能在头脑中留下"痕迹"，这些"痕迹"逐渐形成儿童的经验，并在儿童后续发展中具有重要的链接作用，它也是优秀文化传承的基本保证。如果没有记忆，人类会永远处于"新生儿"状态，不能进步和传承。

1．幼儿记忆的发展的特点。

1）3～7 岁是儿童记忆发展的关键期。

2）幼儿期以无意记忆为主，有意记忆、理解记忆逐渐发展。

3）幼儿受认知水平所限，不会自发的使用记忆策略，要在成人的提醒下使用。

4）幼儿的长期记忆逐渐发展，所形成的知识结构是按照一定顺序组织的，不是杂乱无章的。

2．教育指导要点。

1）因为幼儿期以无意记忆为主，以此，所谓的"死记硬背"在幼儿记忆某些事物时是合适的策略。

2）幼儿到4～6岁时，可以通过理解记忆某些材料，例如，故事情节，教师可通过用形象化的材料（如图画书、图片等）等帮助儿童记忆故事内容。

3）教师和家长要有意识地教给幼儿使用记忆策略，如复述、关联记忆、理解记忆。

4）对一些无意义的数字或材料，但又是必须的记忆材料（如父母的电话号码、家庭住址、父母等亲人的名字等），教师可以鼓励幼儿使用无意义记忆。

5）教师要经常有意识地给幼儿安排需要记忆参与的学习材料，教给儿童一些记忆策略，锻炼幼儿的记忆能力。优秀的记忆力是训练出来的。

6）合理安排训练时间，幼儿每次不超过 15 分钟；要让儿童体会到记忆的快乐，灵活训练，以鼓励为主，不能诋毁儿童的能力。

7）教师要在教育实践中逐渐探索适合不同年龄阶段的幼儿记忆训练的材料和方法。

二、幼儿对自然事物认知能力的发展

幼儿对自然事物的认知包括对空间和时间的认知、对数概念的认知等。

（一）幼儿空间的认知能力

空间认知就是对物体形状、大小、远近、方位等特点的知觉。幼儿每天都生活在空间中，每天都和空间打交道，不知道空间特性就无法生活。时间是伴随着人生活的每一刻，没有时间概念同样也无法生活。幼儿期儿童空间和时间的认知都在发生、发展，但认知水平有限，相比较其他感知觉，发展水平不高。

1．幼儿空间认知能力发展特点。

1）儿童在0～3岁时就能分辨大小。但物体大小的相对性，幼儿很难理解。

2）幼儿认识物体形状是有顺序的，从初期的正方形、圆形、三角形到幼儿后期能认识长方形、矩形、六边形等。对三维物体分辨其形状有困难。

3）幼儿期儿童能认识前后、上下、里外，幼儿末期能以自身为基点分辨左右。

2．教育指导要点。

1）不断丰富幼儿的感知经验，鼓励幼儿多活动、多操作。

2）教师和家长多和幼儿交流，通过各种游戏活动帮助幼儿认知空间特点。

3）经常帮助幼儿正确理解和使用空间关系词语。例如，前后、大小、粗细、宽窄、方形、圆形。

（二）幼儿对时间认知的发展

掌握"一天""一周""一年"这样的时间概念对幼儿是极其困难的，它要求幼儿有较高的认知能力，幼儿对时间的认知关系到空间认知的发展，与幼儿思维能力的发展有密切关系。因此，在幼儿期不能因为困难就放弃训练幼儿时间认知的努力。

1．幼儿时间认知发展的特点。

1）幼儿对时间的把握与具体的生活场景密切相关。例如，爸爸去上班了，就是早上到了；爸爸下班了就是到下午了。

2）对时间的顺序性把握不好。时间的顺序性具有相对性，如第二天的早上肯定是要排在前一天晚上的前面。这一点幼儿不好理解，他们认为：所有晚上都在后面。

3）幼儿后期，幼儿能正确理解"一天"的概念，但不能理解更长的时间概念，如"月"和"年"。

2．教育指导要点。

1）教师和家长要利用大自然丰富幼儿的知识经验，引导幼儿观察自然，理解时间。例如，每年春天带幼儿到公园、山野观察草木发芽、生长的现象，让幼儿了解春天和一年的关系。

2）引导幼儿从易到难、从近到远的认识时间。例如，从认识一天的早、中、晚到认识一周、一月、一年。

3）到幼儿后期可使用钟表认识时间。先认识整点、半点，后认识一刻钟等时间概念。

（三）幼儿对数概念的认知

1．幼儿对数概念认知发展的特点。

1）幼儿口头数数发展顺序是 3 岁时 10 以内，4 岁可以到 30 以内，5～6 岁 100 以内。

2）按物点数。即幼儿口头数数的同时，手能指点出具体物体。这需要幼儿把数字和实际物体联系起来，幼儿按物点数从 3～4 岁开始，5～6 岁可以做到准确无误。

3）说出物体数量的总数。说明幼儿已经具有数的集群的概念，这标志着幼儿数概念的形成。

2．教育指导要点。

1）按照幼儿思维发展规律，幼儿期以形象思维为主，幼儿末期开始萌发抽象逻辑思维。教师不能违反幼儿认知规律，应以实物或物体形象引导幼儿形成数概念。

2）在游戏中引导幼儿数概念的形成。

3）幼儿期不提倡幼儿书写数字。

4）不能以死记硬背的方式要求幼儿学习数字。

5）不能有意识地阻止幼儿学习数概念的兴趣和热情，要因势利导的引导幼儿认知数的概念。

三、幼儿创造性思维的发展

人不仅能认知事物的表面特征，还能通过表面特征追寻到事物内在的本质。这是人类同动物的本质区别，人类的思维是通过语言、动作和表象而实现的，是人类认知的高级形式。语言是思维的形式，思维是语言的载体，二者关系密不可分。幼儿思维已经出现了创造性，可以用新颖的有独创性的方式解决问题，教育工作者必须重视保护和发展幼儿思维的创造性，保护幼儿创新的萌芽。

（一）幼儿阶段思维发展的特点

幼儿期是儿童思维的发展加速期，也是关键期，这时期幼儿思维的发展有其独特的形式。

1．幼儿期以具体形象思维为主。即幼儿在思维时以物体的形象为支撑，依赖于物体形象进行思维。如幼儿在理解 1＋1＝2 时，应该以苹果等实物或图片加以辅助运算。

2．幼儿末期抽象逻辑思维开始萌芽。抽象逻辑思维是人类思维的最高级形式，即在思维时借助的工具是文字、数学符号等。例如，进行复杂的数学公式运算，它不依赖于任何物体形象，仅仅使用数字和数学符号就能完成。

（二）幼儿创造思维的发展特点

1．幼儿已表现出创造性思维的萌芽。例如，司马光砸缸的故事就说明这一现象。

2．幼儿思维的创造性不稳定，具有随意性的特点。幼儿创造思维和行为大多是无意而为之，非自觉行为。创造性的火花随处可见，但很难形成熊熊大火。

（三）教育指导要点

1．给幼儿创设一个适合创造性思维发展的良好精神氛围。教师和家长要认真观察幼儿创造力的表现，并及时给予鼓励和帮助。

2．允许幼儿失败、允许幼儿犯错误。

3．给幼儿创设一个适合创造性思维发展的良好物质环境。幼儿日托机构要给幼儿准备丰富的游戏材料，如不同材质的建构材料，木质的、塑料的、纸质的、废旧材料等多种材料，各类画笔、纸张等。

4．鼓励幼儿在游戏中多自己动手操作，鼓励儿童活动的多样性，培养独立性，激发创造性。

5．保护幼儿想象力的发展。幼儿通常通过语言和绘画来表达自己头脑中的想象，教师要及时关注、鼓励，而不应以自身的好恶或成人的评判标准去评价儿童的作品。

6．教师和家长可以通过设置一定的问题情境，设置奖励情节，激励儿童自己去考虑问题并解决问题。有意识地培养儿童的创造力。

7．教师在日托机构的教育课程中要设置幼儿创造性思维训练的游戏，如象征性游戏、建构游戏、语言游戏、绘画活动等，系统培养幼儿的创造性思维。

8．教师要保护幼儿的自信心，教育幼儿正确对待失败，帮助幼儿克服由失败引起的消极情绪。

第十一部分　幼儿语言发展

人类的语言是一种复杂的符号系统，是人类重要的交际工具，是人与动物的本质区别。儿童从牙牙学语到能准确表达自己的需要和思想，经历了一个从发生到发展的完整过程。3～6 岁的幼儿期是儿童语言发展的关键期，语言的发展水平关联着思维发展水平。因此，了解幼儿发展的水平和特点，可以更有效地帮助幼儿发展语言，提高思维和智力水平。

一、幼儿期语言发展特点

1．幼儿 3～4 岁是语音发展的关键期。从发出第一个无意义音节开始到 4 岁前，儿童可以掌握本民族的全部语音，若这一时期开始学习第二语言，其发音的学习也是关键时间。

2．幼儿期掌握本民族语言词汇的发展包括词汇量的增加、对词义的理解和词类的扩展。6 岁时大多数幼儿可以掌握 2000～3000 个单词；幼儿对名词和动词的掌握量较大，形容词、量词等词类较难学会。对与生活和游戏相关的词义的理解较容易，对抽象词的理解较难。

3．幼儿 2～3 岁可以说出简单的句子，到 5～6 岁时可以说出复合句，但句子之间很少出现连词。

二、教育指导要点

1. 重视幼儿发音训练。我国普通话的发音是规定的标准发音，因此，教师应该不断纠正自己的发音，给幼儿以正确的语音刺激。

2. 幼儿发音错误是很常见的，有些语音是儿童特有的"儿化音"，教师发现幼儿发音错误时应及时纠正发音。

3. 家长在家庭中也要重视儿童的语音发展，如果自身方言太重，发音不标准，应该让幼儿多听使用普通话讲述的故事等进行语言刺激。

4. 幼儿语言的发展有赖于丰富的语言刺激，应多与儿童说话，讲故事、做语言游戏，训练儿童语言能力。

5. 借助喜闻乐见的形式发展幼儿语言能力。例如，语言游戏、讲故事、复述故事、回答故事问题、学习歌曲、让幼儿续编故事，看图说话、上台演讲等活动都可以促进幼儿语言的发展。

6. 教师和家长要利用大自然，引导幼儿观察自然，丰富幼儿的知识经验，并用语言表达自己的感受；引导幼儿观察人们的社会生活，并用语言表达自己的看法，发展幼儿语言能力。

7. 教师要关注日常生活中的语言教育，在儿童就餐、洗漱、睡觉时不失时机地给幼儿良好的语言刺激。

8. 教师和家长要鼓励儿童阅读，给儿童提供适合幼儿阅读的图画和文字材料，让幼儿通过阅读了解自然和社会，增长知识、提高学习语言的兴趣。

9. 教师和家长应该经常抽出专门时间与儿童交谈，鼓励儿童多说话，鼓励儿童发表自己的观点，讲出自己的需要。教师和家长在儿童讲话时首先应该认真倾听，不打断儿童的讲话，应该多鼓励、少纠正、不批评。始终以鼓励、认可的态度对待儿童的自主说话。

10. 教师遇到"口吃"的儿童，不能讥讽、嘲笑，也要教育其他幼儿不讥讽、嘲笑。对待这类幼儿更要特别耐心、细心，保护儿童的自尊心。要及时提醒家长去专门的机构诊断和训练，尽快纠正幼儿"口吃"问题。

11. 日托机构不可以强行要求幼儿学习母语外的第二种语言，幼儿学或不学第二种语言取决于儿童自身兴趣，不能逼迫幼儿。

第十二部分　幼儿情感和社会性发展

情感俗称感情，是人的重要的心理活动，某种情感的产生都是有缘由的，或因事、或因人、或因物，因此，离开了具体事物就不可能产生情感。情感是人的主观感受，同样的事物会引起不同人不同的情感体验。幼儿情感的发展有其自身规律，幼儿情感的产生与认知有很大关系。教育者应该遵循其发展规律，有的放矢地进行引导，使幼儿情绪和情感正常健康地发展。儿童的社会性发展包括对社会的认知和情感产生，它可以帮助幼儿更好地认识社会、融入社会，成为具有社会意义的人，而非纯生物学意义的人，这对幼儿的心理健康成长有着极其重要的意义。

一、幼儿情绪情感的发展

儿童最初产生的是情绪，是与儿童生理需要是否得到满足相关。例如，新生儿饿了，就会产生愤怒的情绪，就会哭闹，这是人和动物共有的。而情感是与儿童的社会性需要相联系。例如，幼儿做了错事，就会受到妈妈的批评，从而产生痛苦的情感。

（一）幼儿情绪、情感发展特点

1. 婴儿会出现高兴、愤怒、悲伤、惊奇、害怕等基本情绪，幼儿期这些情绪更加细致化。

2. 幼儿的情绪是外露的、不稳定的、多变的，并能用语言准确表达。例如，我生气了。

3. 幼儿不善于控制自己的情绪和情感。

4. 幼儿可以观察、感受到别人正在经历的情绪，并会产生相同的情绪。

5. 幼儿会产生消极的情绪，如害怕的情绪，这是正常的、必需的。例如，幼儿看到深坑会感到害怕，就会采取躲开等处置方法，保护自己。

6. 2～3 岁的幼儿会产生简单的道德感萌芽，如抢别人的玩具是不好的。5～6 岁时在成人的指导下有明确的好坏观念，并将这种情感转换为行动的动机。

7. 幼儿的求知欲和好奇心是天生的，好奇、好问是幼儿的天性。随着年龄的增长，这种好奇心会转变成求知行为，在生活中和游戏中体现出来，并伴随着愉快情绪的体验。

8. 幼儿对色彩鲜艳的艺术作品或东西产生美感。从音乐、舞蹈、朗诵等艺术活动中产生美感。

9. 与事物具体形象相关联的东西通常会引起幼儿的美感，如花草、小孩、动物的形象，不喜欢抽象的、概括化的艺术作品。

（二）教育指导要点

1. 幼儿的情绪和情感是幼儿心理活动的自然流露，教师和家长应加以关注，但不可过分干涉。

2. 应引导幼儿理解别人正在经历的情绪和情感，学会移情，让儿童学会同别人的交流，自行解决同伴间的冲突。

3. 要帮助幼儿提高处理消极情绪的能力。例如，用榜样塑造法、脱敏法帮助幼儿克服不当的害怕情绪。

4. 教师和家长要帮助幼儿学习控制情绪的办法，学习用语言表达自己的需求，并请求别人的帮助。

5. 要保护幼儿的求知欲和好奇心，鼓励幼儿探索未知的领域，教给儿童正确对待失败的态度，锻炼儿童不怕困难，坚持下去的勇气和意志力。

6. 幼儿美感的培养主要通过音乐、美术等涉及艺术学科的内容进行。体育活动也可以培养幼儿对健美的感受。

7. 教师和家长应该多带儿童到大自然、博物馆、美术馆、名胜古迹等参观，让幼儿亲身发现美、感受美、表达美。

8．要把道德感的培养和美感的培养结合起来，塑造幼儿美的心灵。

二、幼儿社会性的发展

儿童一出生是个生物人，而要变成社会人，必须经过社会化的过程。儿童的社会化有时是有意识地进行，有时是在潜移默化中完成的。总之，儿童社会性的发展是朝着社会对人的要求的方向不断变化。社会性的发展可以使儿童更好地融入社会，成为有理想、有道德、有纪律、有文化的社会个体。儿童在发展社会性的同时也发展自己的个性，只有把个性和社会性有机融合，才能成为对社会有用的人才。

（一）幼儿社会性发展的特点

1．在集体活动场所，幼儿活泼好动，爱说话，喜欢摆弄物品，一刻也不停歇。

2．在幼儿期，儿童学会了怎样进行社会交往，以及怎样与同伴或家庭以外的人交往。

3．幼儿的活动场所从以家庭为主转移到以集体活动场所为主，幼儿依恋的对象从妈妈、家人转移到老师，对教师的依恋增加。

4．幼儿适应环境的能力随年龄不断改善。情绪控制力增强。

5．幼儿从初期以自我为中心考虑问题，做事情，逐渐过渡到能观察别人反应，并顾忌别人的感受。

6．幼儿能认识到自己与别人不同，有了初步的自我意识。

7．幼儿认知水平有限，很难进行自我评价，会遵从权威的观点。例如，教师说哪个儿童做错了，幼儿就会有同样的判断。

8．幼儿2～3岁知道男女有别，4～5岁这种性别认知趋于稳定，6～7岁达到性别一致性。

（二）教育指导要点

1．亲子关系即父母和儿童之间的关系是幼儿最重要的家庭关系，在儿童成长中不可替代，亲子关系的缺失会对幼儿的个性发展和社会性发展造成消极影响，甚至造成心理疾病。教师应特别关注这类儿童的表现，及时和家长沟通。

2．鼓励幼儿同伴间的交往，要求幼儿自己解决同伴交往中出现的矛盾和分歧，老师不要包办代替。

3．教师要像家人一样爱儿童，但要谨记教育的职责，不能溺爱幼儿，造成幼儿对老师的过分依赖。

4．发展幼儿个性，但要把个性与任性区分开来。不能放任儿童的任性行为。

5．传承中国优秀的文化传统，培养儿童爱家、爱亲人、爱朋友的情感。

6．鼓励幼儿力所能及地帮助需要帮助的人，提倡幼儿的亲社会行为。

7．及时制止幼儿的攻击性行为，对经常使用暴力攻击其他小朋友的幼儿要批评教育，使用恰当的惩罚手段，不能放任不管。

8．日托机构要实行男女分厕，没有条件的可以实行男女小朋友分组如厕的方式，培养儿童正确的性别观念。

第十三部分　幼儿日托机构与家庭、社会共育

家庭和社区作为幼儿重要的生活场所，其本身所具有的教育价值已成为近年来教育实践者和研究者关注的重要教育资源。幼儿日托机构与家庭、社区的合作共育对促进幼儿教育实践工作、促进幼儿和谐整体发展具有重要意义。

一、日托机构家长工作指导要点

（一）家长工作的主要内容

1. 指导家庭教育，改善家庭育人环境，提高家庭教育质量。

2. 实现家园同向、同步教育。日托机构与家长有着教育幼儿的共同任务，承担着幼儿全面发展的共同目标。家园同步、同向才能保证教育的一致性与连续性。

3. 更好地为家长服务。日托机构应秉承"尊重家长，爱岗敬业，热诚公正，优化服务"的理念，想家长所想，急家长所急，不断推出服务于家长的富有弹性的保教工作，博得家长的认可和满意。

（二）家长工作方法指导要点

1. 入园、离园交谈。利用接送儿童时间和家长交流儿童的日常表现是最方便、最有效的沟通方式之一。

2. 电话、E-mail、QQ、微信交流。利用微信群经常发一些儿童的在园视频、图片资料，鼓励儿童和家长。

3. 家园联系册。收集儿童在园的绘画作品、手工作品等材料，制成儿童成长档案，并让家长积极参与，写回信，加强与家长的联系。

4. 家访。不定期家访，当面交流。

5. 家长会。每学期开始或结束时召开家长会，集体交流，听取家长对日托机构的意见和建议。

6. 橱窗、家园联系栏、板报、家园论坛、刊物阅读区、园报等，宣传日托机构的工作，宣传教育成果。

7. 家长开放日。不定期开放，请家长进来，实际体验日托机构的工作。

8. 家长委员会。成立家委会，请家长代表监督日托机构的工作。

9. 家长学校。不定期开家长课堂，聘请专家讲课，为家长提供家庭教育指导。

二、日托机构与社区共育工作指导要点

社区是若干社会群体或社会组织聚集在某一个领域里所形成的一个生活上相互关联的大集体，是社会有机体最基本的内容，是宏观社会的缩影。《纲要》总则中明确指出："幼儿园应与家庭、社区密切配合，与小学相互衔接，综合利用各种教育资源，共

同为幼儿的发展创造良好的条件。"

（一）幼儿园利用社区教育资源

1. 走进社区，让幼儿感受自然和社会生活。
2. 利用社区对幼儿进行情感教育。
3. 利用社区对幼儿进行礼貌教育。
4. 利用社区培养幼儿合作与分享的习惯。
5. 利用社区培养幼儿的关爱情感。
6. 利用社区对幼儿进行多元文化教育。
7. 利用社区扩展幼儿园的教育资源和空间。

（二）幼儿日托机构为社区服务

1. 专家讲座。日托机构利用自身优势聘请专家为社区居民做生活、健康、教育等方面的讲座。
2. 幼儿日托机构的开放活动。不定期免费开放日托机构的游戏场地、运动设施等为居民服务。
3. 通过参与社区活动而服务社区。组织教师和幼儿参与社区组织的文艺会演、运动会等公众活动，成为活动的有力支持者、参与者。

第五编 后勤保障及管理

后勤工作是幼儿日托机构管理工作的重要组成部分。后勤工作的好坏直接关系到日托机构各项工作能否顺利开展，保教质量能否提高。后勤工作肩负着十分重要的任务，即建设和创建良好的工作环境，不断充实和改革教学设备；管理好财务和财产；改善教职员工与幼儿的生活福利；保障保教任务的完成等。后勤工作千头万绪，团结协作是搞好后勤工作的前提；摊子大、独立性强是后勤工作的特点；和谐的人际关系、少说多做是做好后勤工作的保障；服务育人是后勤工作的根本。本部分内容主要涉及日托机构的财务管理和资产管理。

第十四部分 财 务 管 理

一、财务管理内容

幼儿日托机构财务管理包括以下4个方面：资金筹措、资金分配、财务制度和财务监督。

（一）积极筹措资金

资金是财务管理的主体。通常民办机构办学经费以自筹经费为主。筹措资金是日托机构负责人最重要的日常工作之一，也是一项十分艰巨的任务。资金来源有多种渠道，主要有管理费、赞助费、其他创收，其中以前两项费用为主。幼儿教育是一项教育事业，因此通过提高教育质量来吸纳资金是筹措资金最主要的渠道。应开通吸纳资金的各种渠道，积极筹措资金，保障日托机构正常运转。

（二）合理分配资金

1. 提高资金使用效率是财务管理的根本任务之一。在支配资金时应本着照顾重点、兼顾一般的原则，将有限的资金合理分配，以确保日托机构能稳步、高速、全面地发展。

2. 幼儿园经费支出项目主要有人员费和公用费两项。人员费也就是大家常说的人头费，包括职工工资、奖金、社保支出等。公用费包括办公费、业务培训费、水电煤气费、维修费、设备费、资料费等。经费分配要分清主次，保证重点（人头费是重点），要考虑到特殊需要。预算要留有余地，要预留出部分资金，用于紧急事件和特殊事件使用。

3. 要有规范的预算程序，即由财务人员制订，园务会讨论通过，最后由上级主管部门审批。

4. 幼儿的伙食费要执行专款专用原则，不得挪用。

（三）健全财务制度

财务管理有章可循、有据可依、杜绝漏洞、合理支出，必须建立和健全财务制度，如各项经费入账制度、报销制度、财务和出纳制度、财产分类制度等。财务制度既要严格，又要合理；既要相对稳定，又要根据实际情况进行必要的调整和修改。

（四）加强财务监督

加强财产审计监督和财务检查，避免盲目花钱、不讲经济效益的情况。日托机构的资金来之不易，必须加强监督、严格管理，杜绝出现损公肥私、贪占挪用等违法乱纪行为。

二、财务管理的日常操作指导要点

（一）经费预算

本着"量入为出，统筹兼顾，保证重点，收支平衡"的原则，参照以往同期的经费支出情况，根据本身财力可能，结合每学期各项计划，在保证教职工福利待遇的前提下制订出预算草案，经负责人和上级主管部门审核正式确定。

（二）收入管理

凡日托机构的一切事业收入均开具正式收据入账，财会人员不得私自收取任何费用。收取的捐资助学金一律开具上级主管部门的事业收据，统一入账管理。

（三）支出管理

1. 每笔支出票据都有经手、证明、审核 3 人签字，且票据是正规发票，非正规的收据不收。

2. 重大的建设、维修、业务开支都要有使用资金计划，要有上级主管部门的审批字据和加盖的公章。大规模的维修、建设须报请有关主管部门审定，再按程序放款。

3. 制订符合本机构特点的差旅报销、公务补贴的有关事项说明，完善报销制度。

4. 对于大额的支出要最大限度地使用转账支票，尽量避免直接使用现金往来。

5. 根据日托机构自身情况可设计《经费使用申请表》《幼儿退费申请表》等多种经费表格，规范操作流程。

6. 按规定收取幼儿伙食费。根据本园情况制订收取的标准和交费方式。

7. 按照制订的带量食谱采购每日食品，严格控制采购的量，杜绝营养摄入不足或不必要的浪费。

8. 对于食堂物品进库、出库情况，食堂保管员都做详细记载，月底盘库一次。每日公布购菜明细，定期向家长公布伙食费使用情况明细，接受家长监督。

第十五部分 资 产 管 理

资产管理即对日托机构固定资产和流动资产实施管理，是对物的管理。

一、日托机构资产分类

1. 固定资产：指单位价值较大、可以使用多年的物品，包括房屋、土地、家具、图书资料、教具（特别是电化教具）、大型玩具设备、公用车辆、电器设备等。

2. 流动资产：主要是材料和低值易耗品。材料是指一次性使用或不能复原的物品，如煤炭、建筑材料、玩教具制作材料等。低值品是指既不够固定资产标准，又不属材料范围的用具设备，如低值的幼儿玩具、教具、餐具等。易耗品则指经常使用的消耗日用品，如肥皂、毛巾、纸张、消毒液、笔、颜料、笔记本等。

二、固定资产管理指导要点

1. 建立完备的资产管理制度，明确固定资产的管理人员的工作职责，固定工作流程，对资产管理者的工作任务及可能出现的工作失误或事故进行具体的规定，而且要从制度上、人员上予以保证。

2. 对所管理的资产进行分类入账，做到物物有账、账账相符、账物相符。固定资产应有资产账，由保管员分类登记保管，每学期至少查账两次。

3. 查账要做到账物相符，对已经损坏的物品要把原件保存好，报经负责人察看后，再行处理。

4. 日托机构主要负责人要督促保管员经常对全园资产进行清点核对，遇有丢失，要查明原因，追究当事人的责任。

5. 设置专门的库房保管固定资产，像电器设备、玩教具等，要定期做好物资设备的检查、维修工作，防止损坏丢失，延长使用年限。

三、低值易耗品的管理指导要点

1. 低值易耗品应由专门的库房进行储存，若没有专用库房，可以和部分固定资产合用一个库房。

2. 低值易耗品应设两账，即购入账和领物明细登记账。购入账和领物账要与出入的物品相符，每日盘存，并做到两账相符。对盘盈或盘亏的物品要认真查清原因，报请负责人批示后按规定手续处理，管理员不能私自处理物品，对不经批准擅自处理机构物品的人员要严肃处理。

3. 生活、文化用品（包括针、线、扣子、肥皂、手纸、毛巾、水杯、图画、手工用纸、彩色笔；节日布置装饰品，表演服装；教师的用品，如教具纸张、笔记本等各类物品）数量虽不多，但品种繁杂，应分类保管，储备数量适当。

4. 日常生活用品每月领取 1 次（各班、各部门按需要每月月底填写在领物登记本上，由管理人员按需要将物品准备齐全，月初发放）。

5. 教具每周领取 1 次（周末将所需教学用品填写在登记本上，由管理人员准备齐全，下班前发放至班），不在计划内临时所需的各类物品可以随时领取。

6. 物品领取人应按物品品种、数量验收，并签字领具。教具管理应做到每周小整理，每学期末大整理；充分发挥每一件教具的作用，缺少的教具或购置或配合教师动手制作，保证教育工作顺利进行。

四、幼儿食堂食品、物品的管理指导要点

1. 对于食堂储存的物品，为了使用和管理的方便，应按照物品特性分类储放，并由专人负责保管。

2. 设立食品库房、生活用品库房等，所有库房都应建立完善的管理制度，防止损坏或丢失。

3. 库房管理制度明细。包括物品验收入库制度、物品分类储存和保养制度、领物制度，所有购买物品必须有计划地根据需要进行采购，既保证供应，又不积压浪费。

第六编 教师队伍建设

《中华人民共和国教师法》第三条指出："教师是履行教育教学职责的专业人员。"可见教师职业具有专业性，有属于本专业必备的专业知识和能力，具有不可替代性，这是对教师职业的基本定位。人本主义教师观强调："以教师为主"，关注教师的需求、聆听教师的声音、重视教师的全面发展和专业发展，使教师在履行职责时成为一个主动者、探索者和创造者，充分尊重教师、相信教师、鼓励教师、激发教师的内在动力。以人为本是教师队伍建设和科学发展的核心，在新时代的教育背景下，幼儿园的承办者，管理者要树立依靠教师办好幼儿园的观念，树立为教师服务的观念，为教师自身的发展创造条件、提供舞台，使教师、幼儿园、幼儿共同发展。在教师队伍的管理中遵循以"教师为本"的理念，

重视教师中心地位，保证整个教师队伍的团结与和谐发展，才能通过全体教师的共同努力去创造辉煌业绩，实现管理的终极目标。本部分主要内容是幼儿日托机构人员配备数量与结构配备要求、教师队伍专业素质要求、教师专业成长、教师评价与激励机制等。

第十六部分　幼儿日托机构人员配备数量与结构要求

一、教职工配备数量要求

国家于2016年颁布的《幼儿园工作规程》第七章幼儿园的教职工，第三十八条明确规定："幼儿园按照国家相关规定设园长、副园长、教师、保育员、卫生保健人员、炊事员和其他工作人员等岗位，配足配齐教职工。"根据国家规定，结合本机构需求，在各类人员配备上特制订以下规定：每个幼儿日托机构配备1名园长，1名业务副园长、1名行政副园长；小班班额不高于25人，配备2名教师，1名保育员；中大班班额不高于30人，配备2名教师，1名保育员；保健人员按照国家要求配备；每100名幼儿配备1～2名炊事员；每100名幼儿配备1名专职保洁员；每园配备3～4名保安人员。

二、任职人员结构和基本要求

（一）国家对幼儿园教职工任职资格的基本规定

《幼儿园工作规程》第三十九条规定："幼儿园教职工应当贯彻国家教育方针，具有良好品德，热爱教育事业，尊重和爱护幼儿，具有专业知识和技能以及相应的文化和专业素养，为人师表，忠于职责，身心健康。幼儿园教职工患传染病期间暂停在幼儿园的工作。有犯罪、吸毒记录和精神病史者不得在幼儿园工作。"

本机构聘任的教职工均应符合国家基本规定要求，在此基础上有更加具体的、个性化的要求。

（二）任职园长的基本要求

1．《幼儿园工作规程》第四十条规定："幼儿园园长应当符合本规程第三十九条规定，并应当具有《教师资格条例》规定的教师资格、具备大专以上学历、有三年以上幼儿园工作经历和一定的组织管理能力，并取得幼儿园园长岗位培训合格证书。幼儿园园长由举办者任命或者聘任，并报当地主管的教育行政部门备案。"

2．日托机构任命或聘任园长还需要有3年以上幼儿园园长工作经历，管理经验较丰富。

3．年龄在30～55岁，身体健康、精力充沛。

4．具有开拓精神，能在规定的条件下完成预定的工作任务。

（三）任职教师的基本要求

1．《幼儿园工作规程》第三十九条规定。

2．具有大专以上学前教育专业毕业证书或幼儿教师职业资格证。

3．身体健康，无不良嗜好。

4．具有 3 年以上幼儿园工作经历者优先考虑。

5．大专院校学前教育专业或相关专业实习生只能作为配班教师，不可做主班教师或班主任。

（四）任职保育员的要求

1．《幼儿园工作规程》第三十九条规定。

2．具有中专及以上学历。

3．年龄在 18～55 岁的女性。

4．身体健康，无不良嗜好。

第十七部分　教师队伍专业素质要求

全面加强教师队伍建设，已成为我国加快教育现代化，建设教育强国，实现中华民族伟大复兴的一项重大政治任务和根本性民生工程。2019 年 2 月，中共中央、国务院印发《中国教育现代化 2035》从战略与全局的高度提出了新时代教育现代化，建设教育强国的重大部署，明确将"建设高素质专业化创新型教师队伍"作为十大战略之一，强调教师队伍的师德师风建设、教师资格准入制度、教师专业素质提升、教师评价与考核机制建设等问题。其中，对教师专业素养的要求是高素质、专业化、创新性 3 个核心要求。

教师素质是教师道德、知识、能力、情意的综合统一。

一、具有高尚的师德

1．能够理解和把握社会主义核心价值观、具备公民道德素养。

2．能够理解和把握中国传统文化的主要内容并具有爱国主义精神。

3．有爱国、爱家、爱儿童的大爱情怀。

4．能够将职业伦理内化为职业精神，并在教育过程中表现为相应的道德的、伦理的专业行为。

5．具有法律意识和法律精神。

二、具有专业知识

1．了解哲学，经济，法律等方面的基本知识。

2．具有一定的文学，伦理学，历史学，社会学等方面知识。

3．熟知儿童身体发育及卫生保健知识。

4．熟知幼儿教育理论及相关知识。

5．掌握幼儿游戏、区域活动等教育方法及相关知识。

6．能了解幼儿教育理论及实践发展的前沿及发展趋势。

三、具备专业能力

1. 观察幼儿的能力。
2. 与幼儿沟通与交流的能力。
3. 支持、指导幼儿游戏各种教育活动的能力。
4. 培养幼儿社会行为与情绪以及人格健康成长的能力。
5. 幼儿运动能力培养与活动设计能力。
6. 幼儿艺术感受力的培养与活动设计能力。
7. 与家长的沟通联系能力。
8. 实践反思能力。
9. 进行教学、科学研究的能力。
10. 至少掌握一门外语。
11. 计算机操作及文字处理能力。

四、教师的情感和社会性

1. 认同社会，对社会生活有积极态度，社会适应能力较好，具有亲社会人格。
2. 认同工作，对工作有肯定、积极的态度。
3. 情绪稳定，能冷静处理消极事件。
4. 能主动与人交流，无人际交流障碍。

第十八部分 教师的专业成长

教师的专业成长是指教师个体在专业上不断发展的历程，是教师不断接受新知识、增长专业能力的过程，包括教师在职业生涯中提升其工作的所有活动。

一、终身学习的理念

20世纪70年代，联合国教科文组织在《学会生存——教育世界的今天与明天》的报告中，提出了"每个人必须终身继续不断学习"的教育指导原则。《幼儿园教师专业标准（试行）》提出了幼儿教师终身学习的理念："学习先进学前教育理论，了解国内外学前教育改革与发展的经验和做法；优化知识结构，提高文化素养；具有终身学习与持续发展的意识和能力，做终身学习的典范。"幼儿教师的职业特点、教育对象的特点、社会需求及自身价值等因素，决定了每位教师必须具有终身学习的意识和能力，成为一个自觉地终身学习者。

二、专业成长的途径

（一）自主学习

有主动学习的意识，根据工作需要不断学习新知识，增加新能力。"活到老，学到老"。

（二）实践反思

幼儿教师的实践反思能力是专业核心素质之一，幼儿教师要具有对自身实践经验的不断自省和反思的意识和能力。通过实践反思，不断提升业务水平，达到专业成长的目的。

（三）职后教育

职后教育是指职后学历教育，幼儿教师入职工作后可在职接受本科及硕士、博士学历教育，提升学历层次以适应不断提高的工作需要。

（四）职后培训

职后培训是指在职工作期间接受工作单位安排的短期培训和自己自主参加的短期培训，职后培训针对性强，培训时间短，是教师提升业务水平的重要途径。日托机构的保健人员、管理人员要经常参加各类短期培训，不断提高业务水平。

第十九部分　教职工评价与激励机制

一、教师评价工作指导要点

教师评价是幼儿园管理者对教师工作和能力的价值的判断过程。教师评价标准是管理者对教师的期望，是教师工作应达到的预期目标和标准。教师评价应是对教师工作和能力的综合性评价，但其核心评价内容应是教师工作评价。

（一）教师评价指标

1．计划、工作与能力。
2．班级管理工作与能力。
3．教育实施工作与能力。
4．人格特质。
5．家园沟通工作与能力。

（二）教师评价方法与步骤

1．教师工作的评价应注意始终以工作为评价中心，教师的人格特质、个人兴趣、爱好不是评价的内容，也不应涉及个人隐私问题，教师评价评的是工作而不是"人"。
2．将评价工作在学期初始就告知所有参加评价者。
3．成立日托机构教职工考核评定小组，组成人员应包括：机构负责人、教师代表、保育员代表、后勤人员代表，负责教职工年终考核工作。
4．制订评价方案。幼儿园要根据本园实际情况制订有针对性的评价方案。评价方案应包括评价周期、评价对象、评价者、评价方法等内容。

5. 反复讨论。要增加评价方案的公平性和透明性，给大家公平竞争的机会，形成良好的评价氛围。

6. 制订评价标准及评价工作细则。

（三）收集信息

教师工作信息是评价的重要依据。信息应包括教学计划、教案、听课记录、幼儿作品、活动记录、问卷等内容。收集信息的渠道来自教师、家长、幼儿、领导等。收集信息的方法因人而异，对家长多采用个别访谈、座谈、问卷的方式，对教师或领导可采用观察、问卷、听课、谈话等方式，对幼儿大多采用观察、活动产品分析、谈话等方式。所收集的信息应是客观、准确和可靠的，对似是而非、模糊不清的信息则应摒弃不用。问卷的问题应简明易懂，可采用匿名的问卷调查。

（四）考评并分析评价结果

一般考评工作安排在学期末进行。考评过程要突出民主性、公平性和透明性，可吸收非本园的专业人员参与或监督考评工作。考评工作一般应在一周内完成。考评后应立即着手分析考评结果，对考评方案和成绩情况进行量化分析，得出最终结果。

（五）反馈考评结果

幼儿园可采用书面或面谈形式或是开会公布的形式反馈考评结果，让被评价对象认可。

二、教师激励工作指导要点

1. 用考评结果结合考评外的日常工作表现综合做出判定。以机构设置的教职工考核评定小组最终评定结果为准。

2. 根据综合评定结果做出晋升、加薪、颁发奖金等奖励决定。

3. 对不称职的教师可做出扣发奖金、换岗、停职甚至开除的惩罚决定。惩罚与奖励都应公平公正。

4. 考评工作以"年"作为评定时间单位。

5. 根据多年持续考评工作进展及成果，以管理制度的方式固定下来，形成日托机构教师考核与激励机制，并在实践中不断完善，将逐步提升日托机构的管理效能和管理水平。

三、保育员与职工考核与激励工作

略。